グローバルな時代の経営革新

林　正樹
遠山　曉　編著

中央大学企業研究所
研究叢書24

中央大学出版部

はしがき

　日本経済は，依然として景気低迷を脱出できないでいる．また多くの製品市場が成熟化するなかで，消費者の購買意欲はますます低下したままであり，景気回復の兆しも十分に見えていない．このような状況においても，多くの企業は，自らの生き残りをかけて積極的にグローバルな視点から販売網・調達網の拡張や製造機能の移転・分散化などによる経営革新をますます加速させている．大企業のみならず中小企業までもが多くの海外拠点やパートナーを持ってグローバルなビジネス活動を展開しつつある．

　しかし，かつての高度成長期のようなゼロサムゲーム的競争戦略に立つ海外進出戦略や経営革新は，当然のごとく，影をひそめている．これまで以上に，いかに海外の企業，経済，社会，市民生活と"共生・互恵の精神"，"宇宙船地球号"，あるいは"Win-Win"等々の言葉で表現される関係性を確立して，いかに限られた経営資源を有効活用するかという視点にたった戦略展開や経営革新が喚起されている．

　このようなグローバルな時代の経営革新に対して，本書は，次の二つの現状認識のもとにアプローチするものである．第1に，現代の経営革新は，国内の企業間だけでなく，海外拠点やカスタマーのビジネスプロセスにまで外延的に拡大化して，ビジネスプロセスの一体化・融合化をはかり各々の機能の効率的効果的遂行を可能にしつつある．必然的にグローバルなビジネス展開は同時にローカルなビジネス展開であるという「グローカリゼーション」として接近しなければならない．しかも徐々にオープンなビジネスプロセス，オープンなネットワーク組織としての調整によって国境を越えて共存・共生の論理の実現を可能にしつつある．このようなグローカルなビジネス展開は，異質な政治，経済，文化，生活という企業環境要因とあいまってますます組織や管理の複雑性を増幅させていることは言うまでもない．単なる組織構造，戦略，情報化などの問

題として対応することはできない．またグローバル視点を重視すればするほどローカルな視点を同時に重視しなければならない．

　第2に，グローバルな時代（＝現代）の経営革新のイネーブラーとして情報通信技術の役割が，ますます増大している．その背景には，10年前までは「スーパーコンピュータ」が備えていた処理や貯蔵機能が，見方によっては今日の日用品化したパソコンレベルで実現できる面もあり，しかもインターネットを中心とする通信技術が，単なるメール的活用にとどまらずに，文字や数値だけでなく音声，動画・イメージ情報までも一本の回線で効率的に高品質で送信することが可能になり，ビジネス上の各種情報を総合的に効率よく伝送できるようになったからである．これらの情報通信技術環境を駆使することによって，サプライヤーからカスタマーまでのビジネスプロセスは，グローバルなビジネス環境においても単なる直線的プロセスとしてだけではなく，ハブ＆スポーク型プロセス，ハイパーリンク型プロセスとして再構成されつつある．

　中央大学企業研究所では研究プロジェクトを編成・再編しつつ，長年にわたって経営革新に関わるテーマを掲げて学際的・総合的研究を行い，その成果を当企業研究所叢書として上梓してきた．最近では，1998年のアンケート調査およびヒヤリング調査に基づいて，2001年に池上一志編著『現代の経営革新』（中央大学企業研究所『研究叢書』20）のテーマの下にプロジェクト研究成果を発表している．本書は，その続編である．

　本書の特徴は，第1に，前回調査時点（1998年）以降の経営革新の特徴を研究するために，「グローカリゼーション」の視点を重視する「グローバルな時代の経営革新」というテーマの研究プロジェクト（主査：遠山　曉）と，新技術や新製品開発を重視する「ベンチャー企業の経営者精神」いうテーマの研究プロジェクト（主査：林　正樹）という二つの研究チームがそれぞれ調査，研究報告会を重ねた研究成果を収録している（第1章～第5章）と同時に，第2に，前回のアンケート調査では情報システム革新と経営戦略・経営組織の革新とを別々に調査したが，今回の調査（2002年）では，この二つのプロジェクトが合同で「トップマネジメント調査グループ」（責任者：林　正樹）を設置し，製造

業1,000社に対してアンケート調査とインタビューによるフォローアップ調査を行い，その分析結果を収録している（第6章〜第10章）という特徴がある．

先の二つの現状認識に立つ本書の分析が，現代の「グローバルな時代の経営革新」の実態に，どこまで迫っているか，各位のご意見・ご批判を頂けたら望外の喜びである．

なお，一連の経営革新に関わる当研究所プロジェクトメンバーとして研究にご参加いただき，われわれ研究メンバーを叱咤しつつ指導してくださった村田稔先生が2002年3月に，鮎沢成男先生が2003年3月に，めでたく70歳の定年退職を迎えられた．本書は，両名誉教授への心からの感謝の意を込めて上梓したものである．

2003年8月22日

「ベンチャー企業の経営者精神」プロジェクト主査

林　　正　樹

「グローバルな時代の経営革新」プロジェクト主査

遠　山　曉

目　次

はしがき

第1章　グローバルな時代における経営革新と競争戦略
　　　　——関係性重視のプロセス・イノベーション——

遠　山　　　曉

1．グローバルな時代の経営革新 …………………………………… 1
2．経営革新におけるICT環境への期待と限界 …………………… 3
3．関係性とビジネスプロセス ……………………………………… 13
4．競争戦略におけるプロセスイノベーション …………………… 19
5．関係性重視のICTベースの競争戦略 …………………………… 26
6．おわりに …………………………………………………………… 31

第2章　グローバルな時代の経営資源
　　　　——企業の公共性を意識して——

海老澤　栄　一

はじめに ……………………………………………………………… 35
1．経営資源からみた利益追求型企業の行動原理 ………………… 36
2．環境多様性と人間特性 …………………………………………… 41
3．企業に求められる公共性と共同性 ……………………………… 47
　おわりに …………………………………………………………… 55

第3章　地域企業の経営革新
　　　　──組織間ネットワーク戦略とネットワーク・
　　　　　コーディネート組織──

田　中　史　人

　はじめに
　　──地域と企業をとらえる視点── ································· 59
　1．地域企業の経営戦略 ································· 64
　2．地域産業と地域資源 ································· 73
　3．地域産業ネットワークとコーディネート機能 ············· 79
　4．地域産業ネットワークの編成による経営革新 ············· 83
　おわりに
　　──ネットワーク・コーディネート組織の創出に向けて── ····· 89

第4章　スタートアップ企業のイノベーション
　　　　──広域多摩地域を対象としたアンケート調査をもとに──

本　庄　裕　司

　はじめに ··· 101
　1．分析方法 ··· 102
　2．変　　数 ··· 104
　3．推定結果 ··· 108
　おわりに ··· 112

第5章　新規開業企業の経営実態と創業活動促進への
　　　　政策課題

中　山　　　健

　はじめに ··· 117
　1．創業ブームとベンチャーブームの関係 ···················· 118
　2．創業活動への注目と第3次ベンチャーブーム ············ 122
　3．起業環境と新規開業企業の経営実態 ······················· 123

4．起業阻害の要因 ································· 127
 5．起業促進の要件 ································· 131
　おわりに ·· 134

第6章　日本の製造企業における戦略策定と本社機能
　　　　――質問票調査と面接調査に基づいて――

芦　澤　成　光

 1．課 題 設 定 ·· 139
 2．本社機能についての既存調査 ····················· 141
 3．本社スタッフ部門の機能 ·························· 143
 4．戦略と組織の重要性と本社スタッフ機能の変化との関係 ···· 146
 5．本社スタッフ部門がビジョン，戦略策定に果たす機能 ······ 148
 6．知識・情報共有化と本社スタッフ部門の機能 ············ 162
 7．研究開発活動と本社スタッフ部門との関係 ·············· 168
 8．ま　と　め ·· 174

第7章　経営革新と情報化に関する実証研究
　　　　――アンケート1次集計結果の検討を中心に――

安　積　　　淳

　はじめに ·· 177
 1．アンケート調査の概要 ···························· 178
 2．企業経営における情報化の現状 ··················· 179
 3．企業経営と情報技術の関連性 ····················· 194
　むすびにかえて ······································ 205

第8章　進化し深化する環境経営と経営学の課題

所　　　伸　之

　はじめに ·· 209

1．環境経営の現状——2つのアンケート調査の結果から……210
2．経営学の課題——事実の確認・把握から事実の理論化へ‥228

第9章　日本企業の雇用システムにおける変容
　　　　　　　　　　　　　　　　　　　　　　鄭　　炳　　武

　はじめに……………………………………………………235
1．日本の雇用システムの特徴……………………………236
2．雇用形態における変化…………………………………240
3．ワークシェアリングの導入問題………………………247
4．変化に対する労働組合の対応…………………………260
　むすびに……………………………………………………262

第10章　グローバルな時代の経営革新
　　　　　　　　　　　　　　　　　　　　　　林　　正　　樹

　はじめに……………………………………………………267
1．グローバルな時代の国際的生産分業ネットワーク…269
2．グローバル企業の国際立地戦略（アンケートに見る実態）…280
3．トップマネジメントの経営革新（アンケートに見る実態）…287
4．インプリケーション……………………………………294

アンケート集計表

第1章　グローバルな時代における経営革新と競争戦略
―― 関係性重視のプロセス・イノベーション ――

1．グローバルな時代の経営革新

　多くの企業は，長引く景気低迷と市場の成熟化，そして価値観の多様化に伴う消費の多様化のなかでの経営革新の難しさを感じていながらも，さらなる顧客の価値創造や満足の実現を通じて自らの維持発展を図ろうとしている．とくにこれまで以上に積極的に情報技術を駆使してビジネスプロセスの革新への努力をしている．

　たとえば競争力のある大企業は，情報技術を駆使してこれまで高度成長を支えてきた系列店方式や親企業・下請け方式によるタイトな関係性を前提にするビジネスプロセスの抜本的見直しをして「力のある」サプライヤーやカスタマー企業に絞り込み，それら企業との間でオープンでありながら強い信頼による関係性を確立してビジネスプロセスを再構築しようとしている．上流に向かってはサプライヤーのみならずサプライヤーのサプライヤー，下流に向かってはカスタマーだけでなくカスタマーのカスタマーまで外延的に拡大して，その協調関係のなかで顧客価値の創造や満足の実現を図って競争力を高めようとしている．

　また大企業のみならず中小企業までもが，バブル以降においても販路拡張や製造コストのさらなる削減を図ろうとして海外への直接投資を行うなど外延的拡大の範囲は，ますます広がっている．大企業のみならず中小企業までもが多くの海外拠点を持つようになっている．必然的に新たに進出した海外拠点でも，現地企業のみならず，国内サプライヤーやカスタマーの当該海外拠点との間に

おいても円滑なビジネスプロセスを構築して国内同様の質の高い効率的な取引関係の構築が必要になる．ビジネスプロセスは国内のみならず国外にまで外延的に拡大されることになる．

　このようなグローバルな時代には，各企業が自らのビジネスプロセスを中心にして単純に自己完結的に整合性を高める"エンタープライズ型"のプロセス変革の発想では，明らかに限界が生じ始める．むしろ海外拠点も含みカスタマーのカスタマー，サプライヤーのサプライヤーまでも包含して"バーチャル・エンタープライズ型"ビジネスプロセスとして再構築する経営革新が競争戦略上重要になってくる．

　この技術的基盤となるのが言うまでもなく専用回線を介さずにホームページや電子メールを作成操作する感覚によって情報システムの構築や管理を可能にする低廉なインターネット技術と，低価格で高性能のクライアント・サーバー型コンピュータ・システムやPCに代表される今日の情報技術 (ICT : Information and Communication Technology) 環境である．

　本章は，グローバルな情報ネットワークに支えられたビジネスプロセスの革新そのものを正面から取り上げるものではない．たとえグローバルであろうとなかろうと"バーチャル・エンタープライズ型"ビジネスプロセスの発想のもとに，ICTベースの経営革新がその成否を握っているという認識にたって，その理解と方向性を提示することに力点を置いている．まずICTの有効性の論拠として一般に受け入れられている米国商務省のレポートを再検討しつつ，ICTの特性と限界を明らかにする．これを前提にしてこの今日的ICT環境でのビジネスプロセスの革新が持続的競争優位を実現する源泉として機能するために，ICTをいかにビジネスプロセスにおいて活用するべきかを検討する．とくに，ICTを駆使することによって，「認知的信頼（cognition-based trust）」を基盤とする「トランザクション（transaction）」としてのコミュニケーションではなく，むしろ「感情的信頼（affect-based trust）」を基盤とする「関係性（relationship）」としてのコミュニケーションの存在がビジネスプロセスを構成する企業間に存在するときに優れた組織能力（organizational capability）となり持続的競争優位

の真の源泉になることを明らかにする．そしてこの典型的・原初的ケースとして中小企業の事例を取り上げてその妥当性を検証する．

2．経営革新におけるICT環境への期待と限界

　個々の企業レベルでのビジネスプロセスの革新がエンタープライズ型からバーチャル・エンタープライズ型に向かうには，言うまでもなくICTが重要な技術基盤として据えられる．ICTに対しては，いつの時代，どんなビジネス環境においても，イノベーションの特効薬や万能薬のような期待が生まれる．十字架の銀を溶かして製造された「銀の弾丸（silver bullet）」のように「狼人間」を一発で葬り去ることができるかのような効力を期待しているのである．

　とくに90年代中頃からのインターネットを中心にしたICTの驚異的な性能の向上，低価格化，操作容易化の進展は，過去に経験したことのないレベルの技術的経済的合理性を備えている．とくにインターネットを利用した1990年代中頃からのeビジネスを行う企業，eビジネスのための技術を提供する関連企業など，いわゆる「ドットコム企業」の急速な増大とそれらの企業の株価高騰・投資増大による急激な大規模化は，わが国の既存の中小企業やベンチャー企業にとっても，ますますICTは，大企業とも十分に対抗しうるイネーブラー（enabler）になるという期待を増幅させることになる．

　長引く景気低迷期における経営革新や競争戦略のイネーブラーとして今まで以上の期待を増幅させた背景としてとくに次の点が存在する．

(1) 米国商務省の「ディジタルエコノミー」論
　かつて米国経済は，1980年代中頃からそれまでの長期にわたる景気低迷の回復を目指して徹底した構造改革にとりかかる．その成果は，1990年代に入るとともに顕著に現われ，急速に消費が回復し，失業率が低下し始める．1973年から1995年までと，その後の4年半を比較するならば，（労働）生産性の上昇率，投資率，実質賃金上昇率などは，すべて大幅に上昇しており，他方では，失業

図表 1-1　現代の経営革新・競争戦略展開の構図

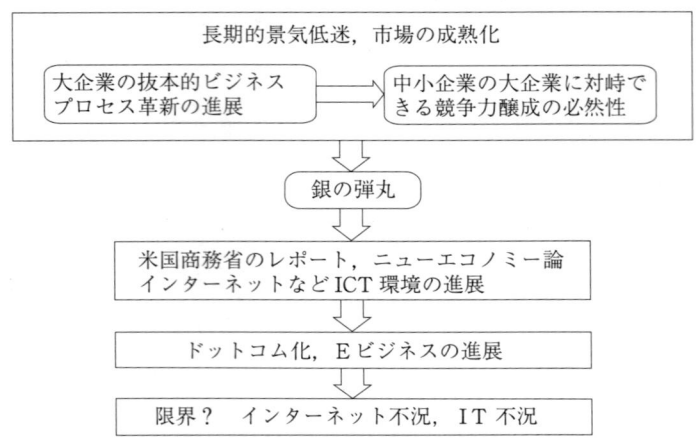

率やインフレ率が著しく低下して，持続的景気拡大が進んでいることが明らかにされる（米国商務省，2000，2002）．とくにICT関連産業をはじめとして多くの産業における株価は高騰を続ける．株価高騰に伴う投資の拡大によって，経済が持続的に成長し続けて，見事に世界経済を牽引する立場を回復することになる．

　このような米国経済については，ICTへの投資が主役を演じており，そのインフレも失業率も上昇することのない好況は，景気循環をなくして半永久的に続くだろうという見解までも現われる．これがわれわれに強い衝撃を与えた初期の「ニューエコノミー論」である．事実，2000年に至っても米国のICT投資（IT投資）は，GDP成長の37％に寄与しており，依然としてICTが生産性の向上に大いに貢献していると分析評価する（米国商務省，2002）．

　しかし，現実には2000年中頃からインターネットを駆使してビジネスを展開して1990年代後半の株価高騰を牽引した「ドットコム企業」の多くの企業は破綻し始める．2001年に倒産したインターネット企業は前年比の2.4倍に達したのである（webmergers.com社の2001年8月調査）．

　さらには，2001年には13万5千人からのレイオフが発生する．またインタ

ーネットによる電子商取引（eコマース）は，小売販売の1％にとどまりさほどの伸びを示していないことが明らかになる．そして2000年後半からはICT企業を中心に株価が低迷し始める．ICT投資の上昇率も急速に低下傾向を示して景気が停滞し始めたのである．これらの事実から2001年には，景気後退期に入ったという評価も多くの支持を受けることになる．このような状況は，すでに2000年頃から「インターネット不況」あるいは「ネットバブル」の崩壊として予想されていたものである（Mandel, 2000）．極端なニューエコノミー論は，徐々に影を潜めることになる．

ところが，2002年の米国商務省の報告書「ディジタルエコノミー2002」では，この景気停滞・後退期に至っても，ICTは，依然として過去に経験したこともない生産性向上に強力な貢献をしていることを明らかにしたのである．

すなわち，2000年からの2年間，成長の停滞と景気後退と評価される時期においても，ICT資本ストックは，増大し続けており，ICTを提供するサービス業を中心にして依然として雇用が増大している点を明らかにする．また，他方では，ICTによって代替される事務職の雇用の減少が進み，「ICTの生産面」における生産性の向上だけでなく，「ICTの利用面」における生産性も上昇し続けていると分析したのである．そして，ニューエコノミーの概念については，「ICTとその関連投資によって生産性の高い伸びが実現される経済と定義をする」（米国商務省，2002, p. v）．依然として，ICTは銀の弾丸であるかのような期待を抱かせている．

他方，1991年頃からのバブル崩壊以降，長期の景気低迷にもがき続けている日本では，1990年代後半から当然であるかのように，そして米国商務省のレポートから確信を得たかのように米国をお手本として，後述のインターネット・ブームを追い風としてICT投資の増大による経済回復を模索し始めたのである．

とくに2001年には，ビジネス界だけでなく，日本政府もICTは，K. E. ボールディング（Bouldhing, 1964）の「偉大なる大転換」をイメージしたのか「産業革命以来の歴史的大転換」という表現のもとに「e-Japan戦略」を唱え，「IT戦略本部」を設置してICTを技術基盤にする重点施策を展開して経済回復

と知識創発型社会の実現を主導しようとする（日本政府，2002）．「革命の炎は辺境の地から」という過去の歴史的事実を踏まえるならば，果たして中枢が主導する変革が革命レベルに至るかどうかはいささかの疑問もあるが，たぶんに米国商務省のレポートやニューエコノミー論の影響が強く反映された結果であることは否定できない．

(2) インターネットとPCを中心にする情報技術環境

1990年代に入るまでは，基本的に，専用の通信回線によって多点で発生するデータは，専用回線によって中央のメインフレームと称する大型の中央集中制御型の汎用コンピュータ・システムで集中処理することにより，情報処理の単位コストを低下させて規模の利益が実現できるという発想のもとに情報化が進展する．この時代は，ICTは，専門的情報処理能力を持つ要員と膨大な資金が必要になることから基本的に大企業クラスが利用する技術であったと総括できる．また処理されるデータ情報も基本的に数値や文字データに過ぎないために，「豊かなコミュニケーション」をするレベルに達していなかったのである．

しかし1990年代からは，小さなパソコン（PC）やワークステーション（WS）を公衆通信回線などによって相互接続して，あたかも大型コンピュータ・システムと同様の機能を発揮させる安価な分散協調（制御）型システムが実用化され始めたのである．クライアント・サーバー・システムは，その典型的なものである．また個々のパソコン自体も，見方によっては10年前の超大型コンピュータと称したレベルの処理や貯蔵機能を備えながら低価格化・日用品化するに至ったのである．

しかもこのようなパソコンがインターネットと連動して，企業レベルだけではなく，一般消費者レベルであっても数値や文字情報の生産・貯蔵だけでなく，音声・映像情報までもディジタル化することによって統合的に生産，貯蔵，流通させることが可能になる．単なる数値データ処理や文書作成の道具としてだけでなく，フェース・ツー・フェースに近い「豊かなコミュニケーション」を実現する基盤が整ってきたのである．

他方，1990年代前半には，高価な専用回線を使用せずに，個人間のメールのやり取りに利用されたPC通信が，実務にも利用され始める．そして，専用回線を使わずにインターネットを基盤とするWebコンピューティングが可能になる．これは，電子メールの送受やホームページの閲覧を容易にするブラウザ・ソフトの発達により，電子メールを送受する感覚のもとにインターネット（Web環境）を通じて取引に関連するあらゆるデータを実に容易にかつ低コストによって送受信できるような情報システムの構築を可能にする．とくにこのようなWeb環境によって，取引データは，電子メールと同じ発想で送受されながら，通常の業務処理に利用されるコンピュータ上の基幹データベースと連結して，データベースの更新処理を可能にしたのである．またコンピュータ上で処理した各種の情報を，やはり電子メールを送受する発想によって，また取引先側は，ホームページの閲覧の発想によって情報を受信することを可能にしたのである．

しかも個人間のコミュニケーションや企業や他の組織体間の多様なコミュニケーションにも十分に利用できる機能を備えるだけでなく，組織と個人間の複合的なコミュニケーションにも利用できるようになる．さらには，単なる電話，映像，FAX，データ通信など殆どのコミュニケーション・メディアを別々の回線を使わずに，一本の回線によって，効率よく，高品質に送信する総合ディジタル通信網のさらなる発達と通信コストの急速な低下が進み，やはり一般大衆レベルでも大いに利用可能な水準になりつつある．現在注目されている光ファイバーによるブロードバンド化とP2P（ピアツーピア）といわれるパソコン同士の相互接続の実用化は，個人間，B to C，B to B等々のコミュニケーションやビジネスプロセスのあり方を抜本的に変える技術的合理性が潜んでいる．

十分な資金力や人的能力を備えていない中小企業までもが，直接的に消費者である顧客や供給先などの取引先にまでビジネスプロセスを拡張させることによって大企業に対抗して競争戦略を展開する技術基盤の整備が可能になったのである．

(3) ICT環境先行型発想の限界

1)　ディジタルエコノミー論の問題点

　米国商務省は，2001年からのバブル崩壊後であっても，ICT投資の増大が依然としてICT関連産業の生産性を向上すなわち「ICTの生産面」における生産性の向上を実現するだけでなく，他産業の生産性向上すなわち「ICTの利用面」における生産向上にも大いに寄与し続けていることを明らかにする（米国商務省, 2002）．

　しかし，このような特性は，わが国においても共通する特性として認識できない．

　製品を需要する側のICT化が進むと，基本的にはその製品を提供する側の産業の生産性が向上する点は米国と同じである．しかし逆にICT化が進んでいる産業からの製品を購入しても購入側すなわち利用面の生産性の向上には必ずしも至らないことが実証されている（宮川, 2001）．すなわち，わが国では，米国のICT投資ブームによる需要の増大，それに伴うアジアのIT中間財需要の増大によって引き起こされたICT関連産業中心の「ICTの生産面」における生産性向上であって，関連する産業における波及的効果や「ICTの利用面」における生産性向上が生まれず，生産性向上への寄与が殆どないという結果が導出されるなど米国と対照的特性が現われている．その理由を宮川は，内発的に生産性向上への企業変革が行われないからであると分析している．

　現在では，2000年頃にコンピュータ，電子部品，通信機器などわが国ITブームを演出し，一時的に僅かなりにも製造業界の生産性を押し上げ，ときの経済企画庁長官の「明るい兆し」という言葉に貢献した「情報関連三業種」は，在庫調整そして抜本的構造改革をせざるを得ないほど生産性を低下させたことは周知のことである．なぜならば，情報関連三業種は，米国のICT需要の停滞，それに伴うICT中間財需要の停滞により，関連業種自体の生産性も低下し，関連する他業種における利用面への波及的効果も依然として高くはない．

　しかし，米国ではマクロレベルにおいて生産性が向上し続けているという事実認識によって，情報化の推進に5年から10年の遅れで模倣する特性の強い日

本でも，今後米国同様の他産業への寄与により生産性向上が増大してくるかの期待感を依然として強く持っている．しかも，なぜかマクロレベルにおける生産性向上は，同時に個別企業体レベルでの生産性向上が進んでいるような錯覚をする傾向がある．

　残念ながらこのような連動は存在しないことも，米国の実態調査によって明らかになっている．米国での個別企業体レベルでのICT投資が生産性向上を実現するか否かについては，相反するような結果を導く優れた実証研究が存在する．

　ICT投資によって生産性が向上しているという結果を導いた研究では，ICT投資によって生産性が向上している企業では，意思決定の分権化，自己管理チーム，教育訓練の充実，インセンティブ・システムや評価システムが充実しているなどの特性が存在することが明らかになっている．つまり人的・組織的変革と連動させることによって生産性を向上させているのである．しかも，ICT投資による生産性向上の約半分弱は，「企業効果要因（firm effect factors）」によるものであることが明らかになっている（Brynjolfsson et al. 1994，遠山 2001）．ちなみに米国商務省の一連のレポートも，個別企業体レベルでも生産性が向上しているという論拠にこの実証研究の成果を引用しているが，マクロ的視点から接近するゆえなのか人的・組織的変革との連動に関する分析を重視していない．

　またICT投資と生産性がなんら相関関係がないと分析する研究でも，今日のように知識集約的時代での生産性や収益性の向上は，情報を利用して組織の調整とコントロールを行う「マネジメントの生産性（情報の生産性）」の向上によって左右されることを明らかにしている．やはり人的・組織的変革と連動しなければ生産性や収益性の向上が困難なのである（Strassmann 1991）．（「企業効果要因」や「マネジメントの生産性（情報の生産性）」は，まさに人的・組織的要因であり，本章で重視する「組織能力」あるいは「ケイパビリティ」を操作化したものといえる．）

　これらの実証研究から，ディジタルエコノミーやニューエコノミー論の発想は，ICTが企業革新のイネーブラーとして単純に機能を発揮するとは考えられ

ない．またICTを駆使して競争戦略を展開する場合に，ICTをイネーブラーとして機能させるためには，人的・組織的要因とくに組織能力を重視しなければならないことが明らかであろう．

2) 現状のICT環境利用上の問題点

既存のビジネス方式と関連付けることなくインターネットによるWeb環境を介して直接的に顧客を開拓してビジネスを展開するレベルの「ドットビジネス」や「eコマース」が若干下火になったとはいえ，依然として盛んである．また逆にサプライヤーなどの上流工程との間でも部品調達のeマーケットプレース（電子市場）を介して品質向上・コスト削減・納期短縮を可能にする効率的な調達・製造の実現が盛んに行われている．インターネットを介してビジネスプロセスを上流・下流に外延的に拡大させたり，見方によっては全体プロセスの短縮化を実現しつつある．インターネットへの接続をして顧客やサプライヤーと直接取引関係を確立することから既存ビジネス形態に対して「ドットコム（.com）化」と呼ばれる．

たとえば，多くの人に衝撃を与えたNHKの特集「情報技術革命の衝撃」でも，鹿児島のさつま揚げを製造販売している小規模企業や東大阪市の板金業者などが，インターネット・モール（商店街）やeマーケットプレース（電子市場）というインターネット時代特有の仲介業者の支援によって，地元近隣地域のみを自らの市場とするのではなく，一挙に全国を自らの市場とすることを実現し，全国の消費者から直接注文を受けて売上増大を実現しているケースが取り上げられたことがある．このように，仲介業者を介して直接的に顧客と取引関係を確立しようとする企業やこのようなインターネット利用を支える技術環境を提供するドットコム企業は，1990年代後半から異常なくらいに増大する．そして米国と同様に日本でも，インターネット・ビジネスが現在どのような利益構造を実現しているか否かについては問題とせずに，将来でのビジネスの可能性と期待からナスダックやマザーズなどの店頭公開株式市場を活性化させて経済回復が実現しつつあるかの印象を生み出したのである．

しかし，ナスダックの時価総額は2000年だけでも半減し，日本に2000年に

も進出したナスダックは2年余で日本から撤退することになる．これらの市場で育った企業の多くは，日米ともに依然として万年赤字から脱出できずに株式市場から撤退，吸収・合併をするものが少なくない．また，先のNHKの事例でもインターネットを中心とするICT環境がやや「銀の弾丸」的に扱われ，このビジネス展開によって売上が伸びたこと示しながらも営業利益が増大したか否かについては触れていない．おそらくビジネスとして採算ベースに至っているとは考えられない．

その理由・背景としていくつかが指摘できる．

○競争者と物流コストの増大

インターネットによって地理的にも市場が拡大することは，潜在的顧客を増大させるだけでなく同時に競争者も増大させることになる．またビジネスプロセスの外延的拡大は，情報の流れとモノの流れが同期化しないことも多く，市場の地理的拡大は，在庫量の増大や倉庫設備・流通システムなどへの投資を急増させることもあり，必ずしも単純に市場の拡大が利益構造を実現するとは限らない．

○均質化・標準化の論理

インターネットによって既存ビジネスから離れて当該企業固有のビジネスモデルをつくることはかなり難しい．基本的に均一化・標準化の論理のもとで機能するインターネットや情報処理技術を駆使してビジネスモデルが構築される．したがって，インターネット取引において，先行的に模倣困難なビジネスモデルを構築して競争優位を実現したとしても，均質化，標準化の論理のもとでの情報通信技術環境である限り，模倣も容易であるためにそれが持続するとは限らない．

○リピート率が低い

インターネット取引においては，既存ビジネスプロセスにおける製品やサービス価格よりも割引を行うことや新たな情報コンテンツ・ビジネスではギブアウェイ（無料）の発想によって提供するなど，利益の実現よりも市場の拡大そのものに力点を置く傾向がある．顧客は，依然として試験的利用の割合も高く，

図表 1-2　スーパーストア対オンライン小売業者の関連コスト比較

	スーパーストア	オンライン小売
平均売上高	100	100
売上割引	(10)	(20)
積送諸費用	0	11
売上税	7	0
顧客支払額	97	91
売上原価	(67)	(58)
サービスコスト	(3)	(10)
総利益	27	24
賃貸料	(1)	(5)
労務費・店舗費用	(11)	(0)
Webサイト代	(0)	(3)
マーケティングコスト	(3)	(17)
純利益	12	(1)

（　）はマイナス値

Source : *Forbs*, March 1999 (Earle & Keen, 2000, p. 100)

　リピート率が低いためにコストパフォーマンスが既存ビジネスよりも悪いのが実態である．必ずしもインターネット上の製品やサービスが安いとはいえない（図表 1-2 を参照）．

○インターネット取引が小規模

　インターネット・ショッピングは，わが国では，2001年には総務省の調査によると，インターネットを利用する人の52％が経験しており，年々増加傾向にあることが示されている（総務省　通信利用動向調査「企業編」, 2001, pp. 36-39）．しかしインターネット・ショッピングの先進国であり，すでに通信販売が日本以上に定着している米国においてさえも，取引額は，総小売総額の1％にも満ちていない．わが国でも同じ傾向にあることは容易に推測できる．まだまだビジネスとして成り立っていないのである．

　インターネットを中心とするICT環境も単純にWebサイトを作り，ドットコム・ビジネスを独立させて株式公開をするような単純なドットコム型ビジネス

やインターネットの利用方法では，なんら経済的価値を生み出すものではなく競争戦略における有効なツールとはならないのである．ネットワーク環境は，競争企業間に共通する「ショバ代（table stakes）」にしか過ぎずに持続的競争優位の源泉にはならないのである（Porter 2001）．

しかし，現実にはインターネットを中心とするICT環境を駆使して持続的競争優位の源泉として成功させている企業が存在する．これらの企業は，インターネットを中心とするICT環境を駆使するビジネスプロセスを支えるサプライヤー，顧客，従業員等々のステークホルダーとのコミュニケーションを「トランザクション（transaction）」としてとらえずに，「関係性（relationship）」としてとらえているようだ．関係性の確立こそが持続的競争優位の源泉としての組織能力（capabilities）を形成していると推測できる．

3．関係性とビジネスプロセス

(1) トランザクション型コミュニケーション

一般に送信者と受信者との間におけるコミュニケーション・チャネルには，構文論のレベル，意味論のレベル，実用論のレベルが存在する（Shannon & Wiever 1949）．構文論のレベルは，送信されたメッセージが正確に効率的に受信者側に届くか否かが問題となる．意味論のレベルは，さらにこの受信されたメッセージの意味内容が受信者によって正確に理解されたかどうかが問題となる．そして実用論のレベルは，さらに一歩踏み込んで，この受信され，理解されたメッセージが受信者の目的的行動や判断に影響を与えるか否かが問題となる．そしてもし目的適合的でないならば，実用論のレベルのコミュニケーション・チャネルでは，再度，発信側の情報源に対してさらなるメッセージの要求をするフィードバック・ループを備えているのである．受信者側も情報源を持ち発信者となって，送信者側を受信者とする相互作用的関係性が存在しないのである．

ちなみにこれまでの企業における情報システム化実践の最大の課題は，情報

システムの利用者（受信者）が単なる情報の受信者となるのではなく，利用者自身がコミュニケーションのイニシアチブをとって，フィードバック・ループの組込みによる対話機能を意思決定や判断に適合的情報を駆使して受信できるようにシステム化することであった．DSS（意思決定支援システム）の発想あるいはEUC（エンドユーザーコンピューティング）の発想であり，まさにこの実用論のレベルおいて情報システム化を構想していたと言えよう．

　第3の実用論のレベルにとどまらずこれらの3つのレベルに共通する特徴は，いずれもが一方を情報源と発信者，他方を受信者として特定する一方通行のコミュニケーション・チャネルとしての特性を基本的前提にしている点である．確かに第3の実用論のレベルは，フィードバック・ループを備えており相互作用的コミュニケーションのチャネルであるかの印象を与える．しかし，このレベルであっても，基本的に発信者と受信者としての機能は特定されており，情報源も一方にしか存在しないのである．基本的に構文論レベルや意味論レベルにおけるコミュニケーション・チャネルの一方通行的コミュニケーションと特性は同じである．

　トランザクション型コミュニケーションは，マーケティングの世界で言う「刺激・反応パラダイム」や「交換パラダイム」といったマーケティング観を支えるコミュニケーション特性として現われている（嶋口，1995）．刺激・反応パラダイムは，供給側が一方通行的に顧客に対して購買動機を刺激して購買反応を生み出そうとするものである．また交換パラダイムは，供給側は製品やサービスという価値を提供し，顧客側はその対価として金銭を支払うが，そこには双方とも自分の提供する価値よりも受け取る価値のほうが自分にとって大きく，双方とも満足を高め，双方の価値を大きくするという考え方である．

　いずれも一方通行のコミュニケーションのなかで個々の取引時点に取引単位ごとに顧客が満足する価値や効用を実現したかどうかを重視する発想と言える．長期的視点から供給側，顧客側双方にとって価値や効用を高めたかどうかは問題としないのである．両者の間で取引を成立させる信頼関係は，個々の取引単位での期待に対する効果を重視する認知的信頼（cognition-based trust）が存在

する程度に依存すると言えよう．

　伝統的なドットコム企業は，基本的にインターネットを介して一方通行のトランザクション型コミュニケーションを支援して「刺激・反応パラダイム」や「交換パラダイム」に基づくビジネスプロセスの構築に焦点を置いて，上流工程や下流工程の顧客までビジネスプロセスを外延的に拡大している（Dickson & Desanctis, 2001）．伝統的に供給側と顧客側との間に存在していた「情報の非対称性」の存在を依然として維持したままのコミュニケーションの効率化に過ぎない特性も潜んでいる．すなわち顧客側が保有する情報量は供給側と対等ではなく供給側の保有する情報に依存して顧客側の購買決定がなされる関係である．

　また，これまでの情報システム化実践と大差なく，第3の実用論のレベルもしくはそれ以下のレベルでのイノベーションに過ぎないと言えよう．すなわち一方的通行的トランザクション型コミュニケーションの発想が基調になっている．そこでは，効率的，効果的，経済的なメッセージ交換やインターフェースの親和性・柔軟性などに重点を置くことになり，ヒット率，検索エンジンの能力，Web店舗設計などトランザクションを重視することになる．

図表1-3　コミュニケーション特性の比較

特　　性	トランザクション型	関　係　型
チャンネル	一方通行的コミュニケーション スポット的・単発的	相互作用的コミュニケーション 長期的・継続的
信頼関係	認知的信頼	感情的信頼
送受信者の関係	二分法的（独立・分離型）	一体化・融合型
評　　価	効率的，効果的	人間的，創造的，学習的

(2)　関係型コミュニケーション

　刺激・反応パラダイム，交換パラダイムであろうと基本的には，あらかじめ顧客側の期待効用すなわち供給側への要求が明確化されており，満足の価値基

準が明確になっていることを仮定した一方通行のトランザクション型コミュニケーションである．しかし，現実には顧客自身が自ら明確な要求や価値基準を持たないままに供給側との間で相互作用的コミュニケーションを行い，徐々に自らの要求を明確にしたり，満足基準を確定したりするなかで取引が成立することも少なくない．このような状況において顧客側の価値創造や満足を実現し，他方では供給側も価値創造と獲得を実現して維持発展するためには，継続的に相互作用的コミュニケーションを繰り返すことが重要になる．

　また，取引関係を離れた現実のコミュニケーションの場合においても，あらかじめ目的や期待効用や価値基準を明確にしてコミュニケーションをするとは限らない．双方が情報源と発信・受信機能を備えて継続的に相互作用的コミュニケーションをするなかで，徐々に双方ともに期待効用や価値基準を明確にしてくることが少なくない．またこの相互作用的コミュニケーションによって双方の期待効用と価値基準は，徐々に相互に納得いくものに収束してくることもある．とくに創造的活動においてはこのような双方向のコミュニケーションによる関係性の確立がその成否を決めると言ってよいであろう．

　このようなコミュニケーションを意味あるものにするには，個々のトランザクション単位での情報交換の効率や効果を問題とするトランザクション型コミュニケーションと異なり，送受信者の社会的コンテクストに応じた情報の内容や豊かさこそを問題とする送受信者間の人間的信頼に基づく強い信頼関係が必要になる．この信頼関係は，単なる認知的信頼にとどまることなく長期的継続的な人間的・心理的な相互作用的コミュニケーションのなかから形成される感情的信頼（affect-based trust）が強く影響を与える．これが関係型コミュニケーションであり，最も有効な方法は，いかにインターネットがマルチメディア化しようとも，情報の豊かさ（richness）が最も高いフェイス・ツー・フェイスによるコミュニケーションということになろう．

　この関係型コミュニケーションは，もちろんトランザクション型コミュニケーションと明確に対峙するものではない．まずはトランザクション型コミュニケーションを通じて相互作用的コミュニケーションを展開する「場」が形成さ

れないことには関係型コミュニケーションを可能にする相互作用が困難だからである（和田，1998）．すなわち反復的なトランザクション型コミュニケーションの継続のなかから形成される傾向がある．

インターネットを駆使してビジネスプロセスを革新する場合には，この「場」の形成を支援するものでなければならない．具体的には，リピートの創出を可能にすることが土台になる．そのためには，顧客側のインターフェースは，顧客自身にパーソナライズやカスタマイズさせ，クッキー，セルフ・ファイリング，データマイニング機能を充実させ「My XYZ」的個人ページの作成を可能にして，リピートをしやすいようにする．さらには，顧客の情報の非対称性をなくす情報提供機能，ギブアウェイ（無料）機能，各種のオンライン・フォーラムに見られるような供給側と顧客側あるいは顧客側だけのコラボレーションやコミュニティを可能にする機能などが必要になり，現実に実践されつつある（Keen 1997, 2000, Earle & Keen 2000）．

このリピートを生み出す仕掛けが供給側と顧客側のインターフェースになるWebサイトにもりこまれることによって，徐々に両プロセスの一体化，融合化することが可能になる．リピータとしての顧客側が供給側の製品やサービスの開発プロセスとの間でコミュニケーションを成立させたり，供給側が顧客のビジネスプロセスの再構築に参加させることが可能な状況において関係型コミュニケーションが実現するのである．とくに顧客側が主体的に供給側のビジネスプロセスに参加することが重要になる．顧客による「関係性の自己管理」機能の支援がインターネットを駆使するビジネスプロセスの革新において重要な鍵になる．

(3) 関係性とケイパビリティの醸成

ビジネスプロセスの革新によって競争戦略上の効果すなわち持続的競争優位を実現しようとするならば，そこには，価値があり，希少性があるだけでなく模倣困難なケイパビリティが存在しなければならない（Barney 2001）．しばしば情報技術や知識ノウハウなど，価値があって，希少性があり，模倣が困難な

個々の資源を指摘する場合もある．しかし，その多くは，時間とコストが許されるならば模倣できだけでなく代替することも可能である．真に源泉となるものはこれらの資源を組み合わせて高度の能力を発揮させる組織固有の能力である．これらは形式化が困難な暗黙知であり，持続的競争優位の源泉を構成すると言えよう．しかし，個人的レベルでの暗黙知であれば，必ずしも持続的競争優位を実現するものではない．たとえば，高度なスキルを持つからといっても，そのスキルを持つ人材をスカウトすれば容易に移転可能だからである（遠山，2002a）．

　組織における殆どの暗黙知は，個人的に自己完結的に生成されるのではなく，コミュニティや場すなわち関係性コミュニケーションによる行為によって生成される．そこでは，組織の持つ価値観や行動様式や感情的信頼に基づいていることが多く，そのコンテクストでの考え方や行動パターンが大きく影響を与える．このようなコミュニティや場すなわち関係性における知識のストックと生成プロセスを集合的暗黙知（collective tacit knowledge）と呼び，これが組織的暗黙知を創出することになる．もちろん，ここでのコミュニティや場すなわち関係型コミュニケーションは，組織内だけではなく，サプライヤーや消費者との間に形成されるコミュニティや場においても生じる．この組織的暗黙知の形成過程には，まさに組織の持つ歴史的経緯や経路依存性，因果関係の曖昧性，社会的複雑性が潜在しているために，模倣困難性を増幅することになる（Barney, 2001）．

　持続的競争優位の源泉は，個々の資源が組み合わさって生成されるケイパビリティだけでなく，むしろこのような組織的暗黙知に左右されるといって過言ではない（遠山，2002a）．感情的信頼に基づく関係性型コミュニケーションの存在による組織的暗黙知こそがICTを駆使するビジネスプロセスを高度に機能させて固有の組織能力となり，持続的競争優位の強力な源泉となるのである．サプライヤーや小売店のビジネスプロセスだけでなく，顧客の消費プロセスまでもが一体化・融合化して各々が関係性を自己管理する全体的な能力こそが持続的競争優位を実現しているのである．インターネットを中心とするICTはその

能力形成を支援するのであって，ICT を駆使する情報システム特性や ICT の利用の仕方そのものが模倣困難性を生み出しているのではないのである．

4．競争戦略におけるプロセスイノベーション

(1) プロセスイノベーションの今日的意義

　企業革新の戦略と言えば，まず念頭に浮かぶのは，顧客満足を実現する価値の創出つまり製品開発のイノベーションであろう．バブル期であろうとバブル崩壊後の景気低迷期であろうと，また市場の成熟度がどの程度であろうと，さらには当該産業が成長期あるいは衰退期であろうと，なぜか最も力を入れる企業の革新戦略は，抜きんでて「新製品開発」に象徴される製品イノベーションの傾向がある．

　しかし競争優位を導く製品やサービスを開発したとしても，現在では，競争企業がさらなる付加価値をつけて製品やサービスを市場に投入してくるのにそんなに時間がかからないために競争優位は長続きがしなくなっている．この状況で競争優位を維持し続けるためには，常に顧客満足を実現する新製品やサービスを生み出し続けねばならない．人的能力・資金的能力が競争優位の鍵になってくる．しかし現実には人的・資金的能力に制約がある多くの企業にとって絶えざる製品開発はかなり難しい問題がある．しかも開発プロセスだけでなく，製品を提供するにあたっての原材料や部品調達の工程，組立・製造の工程のイノベーションにとどまらず，販売流通の工程など顧客に至るビジネスプロセス全体のあり方が競争優位に重大な影響を与えることも明らかである．しかしビジネスプロセス全体のイノベーションへの意識は，実際には，製品開発プロセスのイノベーションに対する意識と比較するならば，かなり低いようである．

　供給側が顧客の行動を分析して顧客満足や顧客の価値を実現するであろうアイディアを創出して，画期的な製品を開発しようとも，その価値を利益として実現できなければ意味がない．これまでにも，顧客の満足を実現できる素晴らしい新製品・サービスを開発しながらも，製造・販売のプロセスが非効率的・不

適切であったために，業績が上がらずに数年のうちに業界から撤退し，逆に当該製品・サービスを模倣して追随的に参入した会社が，その後，優れた製造・販売プロセスを構築して持続的競争優位を実現してしまった事例は少なくない．

たとえば，1980年代後半から1990年代前半に，ファンやモーターも使わずにマイナスイオンを駆使する空気清浄器が人気を集め，この企画開発をした企業は，製品製造・販売をしないファブレスのビジネスモデルを駆使して成功したと当時高く評価され，最優秀ベンチャーとして各方面から讃えられた．しかし，販売プロセスに関連する誇大広告の指摘を発端として倒産に至り，現在，再興の過程にある．しかし追随的に当該市場に参入した大手企業は，製品特性よりもむしろ巧みな製造・販売のビジネスプロセスを駆使して当該市場での業績を急速に伸ばしたのである．この事実からもビジネスプロセスのイノベーションの重要性は十分に認識できる．また高コスト，低品質，低生産性，遅滞の要因の80％以上は「製品」特性にあるのではなく「プロセス」特性に関連するという実証研究（Deming, 1986）からもプロセスイノベーションの重要性が認識できよう．

さらには，技術管理論や競争戦略論においても現在のように不安定な経済状態，市場の成熟度の高い場合には，低価格化競争が中心になり，製品イノベーションよりも，プロセスイノベーションを重視するほうがイノベーション効果は高いという分析を有効にする実証結果が存在する（Stalk, Evans & Shulman 1992, Utterback 1994）．しかも新製品開発には，ハイテク産業や医薬品産業に見られるように膨大な時間とコストを費やすことが多く，しかもその成功率はかなり低いことも明らかになっている．製品イノベーション重視の戦略は，とくに既存中小企業レベルでは，かなり現実性を欠くことになる．脆弱な資金力と人材の中小企業にとっては，大企業以上に否応なくプロセスイノベーションを重視する必要があろう．

なお，製品イノベーションよりもプロセスイノベーションを重視するほうが現実的アプローチであるとしても，製品イノベーションとプロセスイノベーションとを明確に分離して実行できるものではない．製品開発のアイディア創出

プロセスやアイディアの具現化のプロセスに顧客側の反応や要求をいかに適時に効果的にフィードバックして開発プロセスに組み込むか，そしていかに製造・販売流通プロセスと同時並行的（コンカレント）に製品開発を行えるようにするかのように製品開発のイノベーションにおいてもプロセスイノベーションを密接に関連付けなければならないからである．

(2) 関係型アプローチの必然性
1) 順序的・直線的プロセスの限界
　高度なオペレーション効率の向上を支援できるインターネットを中心とする今日のICT環境は，ビジネスプロセスの再構築において，かつての大型コンピュータをメインフレームとする中央制御型システム環境以上の情報処理やコミュニケーション能力を発揮する．したがって，中小企業であっても人的・資金的に無理することなく，積極的にICTを駆使することによって，従業員間だけでなく顧客やサプライヤーとの間に強い信頼に基づく関係性を重視したプロセスイノベーションの推進を可能にする．

　強い信頼に基づく関係性とは，供給側と顧客側，供給側と需要者側，製造販売者と消費者等々の二分法の論理によって展開される単純な取引関係ではない．それは，両側が概念的にも実体的に区別することが困難な一体化・融合化した関係である．この関係性は，すでに指摘したように両者が相互作用的コミュニケーションを継続的に展開するなかで形成される感情的信頼の存在が重要になる．

　伝統的なプロセスイノベーションは，基本的にトランザクション型コミュニケーションを基調とすることが多い．すなわち基本的に二分法の発想のもとにおいて，顧客価値の満足，顧客価値の創造がビジネスプロセスへの役割期待であると受け止めている．そしてこの顧客の満足を個々に実現することが現実的に困難であるという事実認識に立っている．製品やサービスの「品質の向上，コストの削減，納期の短縮」が実現できるならば，殆どの顧客満足の実現や顧客価値の創造ができるという仮定に立っているのである．

しかも現在のビジネスプロセスの構築においては，基本的にTOC（制約理論：Theory of Constraints）的発想の各種の構築技法が重用される傾向がある．これは，プロセスのインプットとアウトプットをあらかじめ明確にして，プロセス全体を最適に設計しようとする合理的アプローチである．具体的には，目的の実現を阻止する可能性のあるプロセス上の制約条件（ボトルネック）の存在を前提に，それを生かし，強化することによって，「品質の向上，コストの削減，納期の短縮」に密接に関連するプロセス全体のスループットの増大と仕掛在庫の削減というパフォーマンス基準によって全体プロセスのアウトプットを最適化しようとする．つまり，あらかじめ顧客の消費プロセスや顧客企業のビジネスプロセスは所与とし，「品質の向上，コストの削減，納期の短縮」が顧客満足を操作化したアウトプットとして明確にし，提供側の部品・原材料の調達，組立，販売，流通などに関連するフェーズを因果関係的に一連のプロセスとして最適化しようとするものである．

このようなビジネスプロセスは，基本的にインプットとアウトプットを明確にした上で，供給側の論理に立った一方通行的なトランザクション型のアプローチによってビジネスプロセスを「順序的・直線的プロセス」として構築するものである．

2） 関係性の自己管理

しかし，価値観が多様化した昨今では，顧客の要求は，必ずしも「品質の向上，コストの削減，納期の短縮」によって集約できるというほど単純ではない．顧客によっては，購入するという行為のプロセスそれ自体が目的になっている場合もある．また顧客は，自らの満足基準や価値基準を明確にしないままに供給側の日常的DMや訪問などから供給側に問い合わせをするなどしてコンタクトを取っていることが多い．この日常的に接触するなかで感情的信頼による関係性が醸成される．この関係性のなかで徐々に満足基準や購入目的，購入する製品やサービスが特定化され，購買活動が展開されることも現実の姿として少なくない．伝統的にビジネスプロセスは，顧客の注文から開始して，納品までという理解がなされる．ここでは，顧客の注文からビジネスプロセスは開始す

るのではなく，顧客の日常的な営業，技術部，顧客センター等々の思いつき的接触からすでにビジネスプロセスは開始しているのである．

このような関係性に支えられたビジネスプロセスの構築のためには，単に顧客の要求する製品やサービスを提供するのではなく，供給側が顧客や消費者側のプロセスを所与とすることなく，日常的に顧客側のビジネスプロセスや消費プロセスにもなんらかの形で関係したり，参加したりすることが必要になる．

なぜならば，もともと顧客は購入すること自体が目的ではないからである．購入によって得た製品やサービスを自らのビジネスプロセスで利用したり，消費したりすることによってなんらかの「ソリューション」や価値の実現を図りたいのである．この「ソリューション」や価値実現は，まさに顧客自身のビジネスプロセスや消費プロセスの遂行過程で行われるからである．

また，顧客自身は，すでに触れたように，必ずしも明確な購入目的，満足基準や価値基準，そして購入する製品やサービスそのものを明確にして，供給側と接触するのではない．このような不明確な事項は顧客の主観的評価・認識の世界であり，他者である供給側が明確にするには限界がある．供給側と顧客側との一体化・融合化で構成されるビジネスプロセスを，顧客自身が主体的に"サーフィン"するなかで，徐々に明確に認識できるようにしなければならない．そのためには，顧客自身が自らビジネスプロセスをアレンジしたり管理することができなければならない．顧客によるビジネスプロセス上での供給側との関係性を自己管理（self-management of the relationship）できることが重要になる（Keen, 1998, 2000）．

具体的には，ビジネスプロセスが真に個々の顧客満足や顧客の価値実現を実現しようとするならば，満足基準や購入すべき製品やサービスが特定できていない顧客であろうと特定できている顧客であろうと，個々の顧客自身が自ら適宜ビジネスプロセスを「パーソナライズ」や「カスタマイズ」することによって関係性の自己管理を可能にしなければならない．インターネットを中心とするWeb環境は，この関係性の自己管理を実現する有効なツールであり，これを駆使することによってビジネスプロセスは，必然的に供給側を中心とする「順

序的・直線的プロセス」から顧客側を中心とする「非線形プロセス」や「スポーク&ハブ」(Keen, 2000) あるいは「バリュー・スレッド」(Finger & Aronica, 2001) のプロセスとして具体化されることになる．

3) 関係性確立のためのICT環境

　ICTを駆使して単純にビジネスプロセスの「短縮化」や「中抜き」によって順序的なビジネスプロセスを構築して製品やサービスを提供するだけではない．さらには，顧客のプロセスに適合するように顧客の利用プロセスにおける調整作業までしてから納品して，本来は顧客自身が行う据付け作業の負担を軽減してやる等々は典型的なものである．またインターネットを駆使して据付け後であろうとプロセスの異常を供給側がインターネットを介して直接感知して保守サービスを行うこともある．言うなれば供給側のビジネスプロセスの外延的拡大による顧客のプロセスとの一体化・融合化が必要になる．

　また，供給側の最終端である小売店におけるPOS情報の分析によって顧客の要求や消費動向を製品開発プロセスにフィードバックさせるだけでなく，ICTを高度に活用して顧客側も利用・消費する側として自らの意見を直接的に提供側の製品開発プロセスに反映させることによって顧客の価値や要求を明確にしつつ，ビジネスプロセスの「短縮化」や「中抜き」を推し進めることがある．たとえば，PCメーカーによく見られるようにインターネットにおけるヘビーユーザーのフォーラムにおける意見を的確・迅速に製品開発プロセスに反映したり，コンピュータ周辺装置であるルーターの世界最大メーカーであるシスコ・システムズのようにWebコンピューティングを駆使した販売チャネルにより顧客企業や消費者自らが請求書，送り状，納品書などを随時出力するなど，本来であれば供給側のビジネスプロセスにおける作業に顧客や消費者の参加によってコスト削減を実現するなどもその典型であろう．

　もちろん，インターネットを中心とするWebコンピューティングによってこのような供給側のビジネスプロセスと顧客側のビジネスプロセスや消費プロセスが融合したり外延的拡大をしたりする技術環境そのものの整備によってだけでは，持続的競争優位を実現できるものではない．このビジネスプロセスを通

じて，供給側と顧客側が感情的信頼のもとに共同してビジネスプロセスの効果が実現できるように行動し，各々が共同して一層の価値の創出と獲得と満足の実現に向けて学習していく組織的暗黙知が存在しなければならない．これらが総合的に機能して持続的競争優位を実現する組織能力あるいはケイパビリティを醸成するのである．

4) 関係性とビジネスプロセスのケイパビリティ

しばしば，最近の競争戦略の成功要因は，インターネットやその他のICTを駆使するプロセスイノベーションによって，ビジネスプロセスを「より複雑に」，「より長く」することによって模倣困難性や代替困難性を実現することであるといった分析が少なくない（Stalk, Evans & Shulman 1992）．また多くの支持を受けているといってよい．

しかしながらすでに指摘したように，ICTの活用度が高いビジネスプロセスであればあるほど，ICTが本来持っている均質化・標準化・画一化を進める特性のゆえに，ビジネスプロセスも均質化・標準化・画一化したものになってくる．インターネットを中心とするICTを駆使すればするほど，製造から消費者までビジネスプロセスが拡大して，ビジネスプロセスは，「より複雑に，より長く」なっている印象を与える．確かに従来，企業単位でビジネスプロセスを再構築していたものが，企業間にわたって単一のビジネスプロセスであるかのように機能させるのであるから，この視点から見れば，「より複雑に，より長く」なっている．しかし，情報システム設計の視点から見るならば，逆に「より単純化，より短く」なっている．すなわち中間の卸や流通業者のビジネスプロセスを構成するモジュール単位としての機能がなくなり，製造と小売店や消費者が直結するような「中抜き」現象が進展しており，全体として「より単純化，より短く」している．

したがってビジネスプロセスそのものは，ますます模倣可能性が高くなっており，競争優位の源泉とはならない．現実に，このようなプロセスイノベーションを実現した企業が競争優位を実現している真の要因は，むしろこのようなビジネスプロセスを構築し，それを高度に駆使しようという感情的信頼に基づ

く関係性のなかで醸成される組織的暗黙知（ケイパビリティ）の存在である．これこそが，真の持続的競争優位の源泉として認識できる（遠山，2002b）．

次節では，ICT そのものよりは，このような感情的信頼に基づく関係性のなかで醸成される組織的暗黙知すなわちケイパビリティの存在がビジネスイノベーションを成功に導く真の要因となる典型的な中小企業の事例を取り上げて分析・評価してみよう．

5．関係性重視の ICT ベースの競争戦略

(1) 関係性重視のビジネスプロセスの革新

1）「ダン」企業概要と業界構造

1986年に靴下の卸問屋から企画・製造・卸，小売に業態変換をした大阪の中堅企業「ダン」（社員約94名，資本金333百万円）の事例を取り上げる．同業他社が，現在，商品の標準化を図り，海外生産により安価な商品の大量販売に活路を求めているのと異なり，5,000種類以上の品揃えと，国内ならではと評価される高品質商品の販売で差別化を図っている．ICT を高度に駆使して商品保管と物流を担う協同組合「靴下屋共栄会」を核に据えて「ダン」本社，製造会社（編物業者），染色会社，糸商社，そして217の「靴下屋」（直営80，フランチャイズチェーン137店）や直営の「ショセット」47店などを，1つのビジネスプロセスとして統合したSCM（Supply Chain Management）を構築して高い評価を得ている．まさに多品種少量生産型企業でありながら，「店の隣に工場がある」をビジネスプロセスの理念に据えて，製造会社，物流拠点，店舗などの商品在庫をなくし，製造会社は売れ筋死に筋を的確に反映することによって，必要なときに必要な量だけを生産して迅速に納品するビジネスプロセスを構築している．

繊維業界は，バブル崩壊以前から常に不況の波にさらされている業界である．しかも，靴下に限らずカジュアルウエア関連は，ますますアジア地域での生産と中抜きと称される流通経路の短縮のもとに安価な製品の大量輸入が進み，国内会社の多くが苦境に陥っている．靴下の国内生産量は，1990年代初頭と比較

するならば,すでに50％以上減少している.「平均以上の収益性」がある業界を見つけて,そこで平均以上の利潤を実現しようとする伝統的なポジショニング戦略に立つならば,まさに業界としての「魅力度」は,殆どなく,参入を避けるべき典型的業界に相当しよう.

「ダン」の業績評価指標は,当業界における海外輸入業者の過剰在庫処分による靴下価格の異常な低下のあおりを受けて平成14年度は評価指標が悪化している.しかしそれ以前は,4期連続で売上高を常に上昇させている.ROS（売上高利益率),ROI（投資利益率),ROE（自己資本利益率）等々殆どの経営指標も設備投資に力を入れた2001年度のみ若干の低下が見られるが,基本的に優良企業として評価できよう.

この主要な要因の1つとしてICTの高度利用が指摘されている.ちなみに2001年には「関西ICT戦略会議」からICTを戦略的に駆使する優秀企業として選ばれたことからも明らかなように,一般に「ダン」の持続的競争優位の源泉は,このICTを駆使したSCMそのものの機能特性にあるかの評価が存在する.「ダン」が持続的に競争優位を実現している基盤には,ポジショニング戦略と言うよりも,むしろ資源ベース・ビューに立つICT戦略を展開している結果として評価すべきではなかろうか.

2) ビジネスプロセス特性

「ダン」のビジネスプロセスを支えるネットワークシステムの基本特性は次のようになっている.

（売上や注文データ・情報）

　　各店舗におけるPOSシステムの売上や注文データは,毎日,本社だけでなく物流拠点を介して製造会社,染色会社,糸商社に送信される.

（在庫・物流情報）

　　物流拠点における毎日の入出荷状況・在庫状況,過剰在庫・欠品状況など商品1単位ごとの詳細な情報が毎日,製造会社に送信される.また,染色会社,糸商社に送られる情報は,製品数ではなく,各企業の業務の効率化ができるように換算し直して送信される.たとえば,糸商社へは糸の長さに換算

された情報である.

(生産計画情報)

　各製造会社は,「ダン」の注文を予測して,自ら製造すべき品目・数量を決定し,原材料の手配と生産を開始する.生産したものは原則としてすべて「ダン」が引き取る.製造会社と「ダン」は,「ダン」側の分析を踏まえて1週間に1回の会議で生産計画の微調整をする.

　このようなネットワークシステムによって支えられるビジネスプロセス特性は,図表1-4のように総括できる.ビジネスプロセスに参加するすべての組織にとって抜本的な変革効果が現われるに至っている.

図表1-4　ダンのビジネスプロセス(SCM)

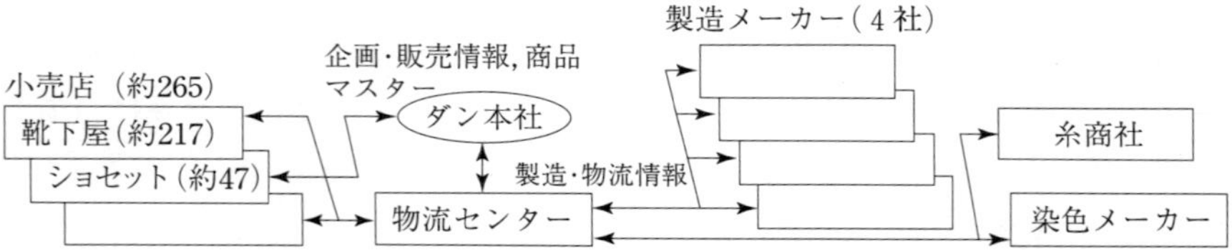

```
                        製造メーカー(4社)
小売店(約265)  企画・販売情報,商品   ┌──┐
┌─────────┐  マスター           ├──┤    ┌─────┐
│靴下屋(約217)│◄──►  ダン本社  ◄──►├──┤    │糸商社  │
├─────────┤                     ├──┤    ├─────┤
│ショセット(約47)│◄──►         ◄──►└──┘    │染色メーカー│
└─────────┘     製造・物流情報            └─────┘
                  ▼   ▲
                物流センター
```

(2) 感情的信頼による関係性と競争戦略

　「ダン」のICTを駆使するSCMは,中小企業のなかでは,確かに優れた特徴を備えており高水準のネットワークシステムとして評価できる.各店舗―本社・物流拠点―製造会社―糸商社・染色会社等々の業務がICTによって1つのビジネスプロセスとして統合されてまさに全体として"バーチャル・エンタープライズ・プロセス"として機能しており,その完成度は,実に高い.SCMに参加する全企業は,「単品バラ」による売上・注文状況情報を共有する.しかも情報は利用企業にとって役に立つ形式で加工提供される.そして,製造会社,染色会社,糸商社は,発注を待たずに原材料の手配や生産にとりかかるなどコンカレント(同時並行的)な処理を可能にしている.また製造会社の製造状況だけでなく生産計画データを「ダン」側の分析に基づいて生産計画の変更などにも共同して取りかかっている.

図表1-5 「ダン」のプロセス・イノベーションの成果

参加企業	特　性	変革前	変革後
（全　体）	棚卸資産回転日数 （製造＋卸＋小売日数）	194日	17日
（小売店）	発注商品の納品率 発注から納品までの日数 店舗バックヤードの在庫	40％ 不定	85％ 1〜2日 95％減
（本　店）	シーズン末不良在庫 返品率 品揃え絞込み（1シーズン）	700品番	90％減 95％減 350品番
（製造メーカー）	納品率 残糸・残品		50％減 80％減
（糸商社）	調達リスク 納品日数	14日	50％減 3日
（染色会社）	加工日数	20日	1日

関西情報センター「関西IT戦略会議」資料と調査結果をもとに作成する．
http://100sen.kiis.or.jp/recommend_IT_100/grt_com6.html（2002, 9. 21）

　一般的には，このような特性を持つビジネスプロセス・モデルが同業他社にとっては実に模倣困難なレベルの機能であり，持続的競争優位の源泉であるかのように評価されている．

　しかし，このビジネスプロセス・モデルそのものは，必ずしも特異性があったり，「ダン」固有の特性を備えているというのではない．「情報共有により，売れる分だけ製造し，欠品・過剰在庫をなくす」各種のシステム的機能は，しばしば組織間の連係によるこれまでの「製販同盟」型のビジネスプロセスと大差がないものである．まさにSPA（製造小売）の典型的なモデルであり，価値があり，大いに希少性が高いことは確かである．したがって必ずしも技術的に模倣困難性が高いとはいえない．事実，この「ダン」のビジネスモデルと殆ど同じ機能を備えたシステムが，同じ地域（奈良県）の靴下問屋によって構築されたことがある．しかしこの問屋は，十分な成果を上げることができずに失敗に至っている．

「ダン」の持続的競争優位の源泉は，参加企業間における運命共同体的な感情的信頼に基づく関係性の形成にあると言えよう．20年以上前からの「ダン」社長を中心にする製造会社の経営者との「ものづくり」に関する勉強会が，その後，協同組合としての「靴下屋共栄会」という形に発展して，加盟会社全体の製品の保管・物流の全体的管理を可能にしただけではない．そこでの「ダン」の社長や幹部と参加企業との間での週1回のフェイス・ツー・フェイスのミーティング，これらが「ダン」社長と参加企業の経営者間の目に見えない感情的信頼による関係性を醸成し，SCMを高度に機能させる原動力になっている点に注目すべきである．多くの中小企業がそうであるように，もともと情報化の必然性を認識しておらず，製造に直接的に関係しないICT投資に疑問さえ感じるレベルの零細的製造メーカー自身が，単にシステムの開発・導入をするだけでなく，むしろ導入後に正確かつ適切にシステムを運用管理するからこそ参加企業全体の利益を生み出す源になるという認識に至るには，長い時間を費やすことになるのは当然のことである．

　社長以下SCM推進責任者らが熱意を持って推進した参加企業への耐えざる啓蒙・教育の展開，他方，靴下という「ものづくり」に関する「ダン」社長と製造会社との共鳴・共感の存在，そこから生まれた製造会社側の真摯な学習姿勢が相乗的に作用している．1989年にSCMの構築に取りかかってから5年を経過してようやくにしてSCMの効果が現われ始め，10年近くを要して競争優位の源泉になったと自らの情報ネットワークを評価している．

　「ダン」が斜陽の地場産業界において持続的競争優位を実現したのは，当然，ポジショニング戦略を展開したからではない．ICTを高度に駆使したSCMは当該業界では秀逸なビジネスプロセス・モデルであることは確かである．これが競争優位を持続させている直接的な源泉とは評価できない．むしろ製造会社をはじめとする参加企業と「ダン」との間に存在する長期的継続的な相互作用的コミュニケーションによる強い感情的信頼関係の存在に注目しなければならない．この関係性から生まれた「このシステムで適切に情報処理をして運用管理しよう」とする参加企業全体の中で形成されたICTケイパビリティと組織能力

が源泉になっていると言えるのではなかろうか.

　すなわち，単純に個々の取引ごとに製品サービスの品質，価格，スピードなどが「ダン」の期待に満足するか否かというトランザクション・レベルでの認知的信頼による関係性のレベルではない．受注，売上，在庫情報など徹底した情報共有，頻繁なフェース・ツー・フェースのミーティング，製造メーカーの主体性を尊重した生産計画化など，相互作用的コミュニケーションによって，たとえ個々の取引において効用と期待にズレが生じてもお互いに容認し合い，明確な参画意識のもとに長期的継続的関係のなかで両者の機能を一体化・融合化させて革新していこうとする感情的信頼の上に成り立つ関係性が機能しているのである．このような関係性のもとに形成されるICTケイパビリティそして組織能力がSCMの機能を高度に実現させていると評価できる．したがって，伝統的な系列関係や親企業・下請け企業関係のように親企業がイニシアチブを持って一方向的コミュニケーションを通じて形成される関係ではないことは明らかであろう．

おわりに

　本章において取り上げた「ダン」の事例は，必ずしも今日的なICT環境を前提にしたものではない．「ダン」は，ようやくWebブラウザーやISDNへの移行を検討している段階である．しかし，一般的にネットワークなどのICTを駆使したビジネスプロセスの革新そのものが持続的競争優位の源泉であるかのように評価するなかで，真の源泉は，ICTにあるのではなく感情的信頼に基づく関係性の存在が真の源泉として機能して，これがICTを駆使して外延的に拡大されたエンタープライズ型ビジネスプロセスを高度に機能させるケイパビリティを形成している典型的事例として評価できよう.

　インターネットなどのICTは，認知的信頼をベースにするトランザクション型ビジネスプロセスの革新を重視するために持続的競争優位の源泉にならない．しかし，このような革新を基盤として長期的継続的関係が成立するなかで感情

的信頼を徐々に醸成して関係型ビジネスプロセスの革新の実現を支援することは確かである．しかし，「ダン」の事例は，すでに感情的信頼のレベルの関係性が存在しているなかでICTを高度に駆使するビジネスプロセスの革新を実現したものである点に留意する必要があろう．また「ダン」のビジネスプロセスは確かにネットワークによって外延的に拡大したエンタープライズ型ビジネスプロセスであるが，今日的ICT環境を前提にしたものではない．しかしながら，感情的信頼に基づく関係性の存在を真の源泉とするグループ全体のケイパビリティこそが持続的競争優位を実現することを優れて教示する事例と言えよう．

なお本章では関係型コミュニケーションの最も基盤となる信頼関係は感情的信頼であり，トランザクション型コミュニケーションを支えるのが認知的信頼であると特性を対比的に展開している．しかし多くの関係型コミュニケーションに関する研究成果では，認知的信頼のなかから次第に感情的信頼が醸成されるという視点を重視して，認知的信頼も感情的信頼とともに関係型コミュニケーションを支える信頼関係として位置付けている．本稿では，トランザクション型コミュニケーションによるビジネスプロセスのイノベーションのレベルでも期待に対する効用や効果に関する受信者の「認知的信頼」がその成否の鍵を握っているという特性を重視して対比的に検討している点をお断りしておく．

参 考 文 献

Barney, J. B.(2001), *Gaining and Sustaining Competitive Advantage*, 2nd ed., Prentice-Hall, 2001.

――(2001),「ポジショニング重視かケイパビリティ重視か　リソース・ベースト・ビュー」, *Diamond Harvard Business Review*, May, pp. 78-92.

――(2001), "Is the Resource-based "View" A Useful Perspective for Strategic Management Research ? Yes", *Academy of Management Review*, Vol. 26, No. 1, pp. 41-46.

Barney, J. B.(1991), "Firm Resources and Sustained Competitive Advantage", *Journal of Management*, Vol. 17, pp. 99-120.

Brynjolfsson, E. and L. Hitt(1993), "Is Information Systems Spending Productive ? New Evidence and New Results, "*Proceeding of 14ᵗʰ International Conference on Information Systems*, Orlando, FL.

―――, Malone, T. W., GurBaxani, V. and A. Kambil(1994), "Does Information Technology Lead to Smaller Firms ?", *Management Science*, Vol. 40, No. 12, December, pp. 1628-1644.

Dickson, G. W. & Desanctis G.(2001), *Information Technology and the Future Enterprise : New Models for Managers*, Prentice-Hall（橋立，小畑，池田，山本訳『ICT企業戦略とデジタル社会』，ピアソン・エデュケーション，2002）．

Earle, N. & Keen, P. G. W.(2000), *From. com to. profit–Inventing Business Models That Deliver Value and Profit*, Jossey-Bass.

Finger, P. & Aronica, R.(2001), *The Death of e and the Birth of the Real New Economy*, Meghan-Kiffer Press.

Grant, R. M.(1991), "The Resource-Based Theory of Competitive Advantage : Implications for Strategy Formulation," *California Management Review*, Spring, pp. 114-135.

Hammer, M. & J. Champy.(1993): *Reengineering Corporation – A Manifesto for Revolution*, Harper Business（野中郁次郎監訳『リエンジニアリング革命―企業を根本から変える業務革新』日本経済新聞社，1994）．

Keen, P. G. W.(1997), *The Process Edge – Creating Value Where ICT Counts*, Harvard Business School Press.

―――& M. McDonald(2000), *The eProcess Edge – Creating Customer Value and Business Wealth in the Internet Era*, McGraw-Hill（沢崎冬日訳『バリューネットワーク戦略』ダイヤモンド社，2001）．

Mandel, M. J.(2000), The Coming Internet Depression, Basic Books（石崎昭彦訳『インターネット不況』東洋経済新報社，2001）．

Porter, M. E.(2001), "Strategy and the Internet," *Harvard Business Review*, March, pp. 63-78（「インターネットでいかに優位性を実現するか 戦略の本質は変わらない」Diamond Harvard Business Review, 2001, May, pp. 52-77）．

―――(1980), *Competitive Strategy*, Free Press, 1980（土岐 坤，中辻萬治，服部照夫訳『競争戦略』ダイヤモンド社，1982）．

Saloner, G., Shepard, & Podolny, J.(2001), *Strategic Management*, John Wiley & Sons（石倉洋子訳『戦略経営論』東洋経済新報社，2002）．

Shannon, C. E. and W. Weaver (1949), *A Mathematical Theory of Communication*, University of Illinois Press.

Stalk, G. Evans, P. & Shulman, L. E.(1992), "Competitive on Capabilities : The New Rules of Corporate Strategy" *Harvard Business Review*, March-April, pp. 57-69.

Strassmann, P. A.(1997), *The Squandered Computer*, The Information Economics

Press.
――(1990), *The Business Value of Computers*, The Information Economics Press.（末松千尋訳『コンピュータの経営価値』日経BP出版センター，1994）.
――(1995), "Productivity is the measure of success," *Computerworld*, October 23th, p. 97.
Utterback, J. M.(1994), *Mastering the Dynamics of Innovation – How Companies Can Seize Opportunities in the Face of Technological Change*, Harvard Business School Press（大津・小川訳『イノベーションダイナミックス』有斐閣，1998）.
クロー G. V.・一條和生・野中郁次郎（2001）『ナレッジ・イネーブリング』東洋経済新報社.
嶋口充輝（1995）『顧客満足型のマーケティングの構図』有斐閣.
遠山 曉（2001）「情報技術による企業革新」『現代の経営革新』所収，中央大学企業研究所叢書，pp. 3-32.
――（2002 a）「情報技術と持続的競争優位の再検討」『経営研究』（大阪市立大学）第52巻，第4号，pp. 25-41.
――（2002 b）「今日的プロセスイノベーションの戦略的価値」『商学論纂』（中央大学）第43巻第6号，pp. 343-373.
日本政府（2001）http://www.kantei.go.jp/jp/it/network/dai1/0122summary_j.html（2 Sept. 2002）.
野中郁次郎，竹内弘高（1996）『知識創造企業』東洋経済新報社
米国商務省（2000）『ディジタルエコノミー2000』（米国国務省リポート）室田康弘訳，東洋経済新報社，2000.
――（2002）『ディジタルエコノミー20002/03』（米国国務省リポート）室田康弘訳，東洋経済新報社，2002.
http://www.esa.doc.gov/508/esa/DIGICTALECONOMY2002.htm（2 Sept. 2002）
宮川 努（2001）「ICT化での生産性向上――企業変革への努力不可欠」日本経済新聞，2001年7月13日.
和田充夫（1998）『関係性マーケティングの構図』有斐閣.
http://www.dansox.co.jp/top/topt.html（1 January, 2003）.
http://100sen.kiis.or.jp/recommend_IT_100/grt_com6.html（21 Sept, 2002）.

第2章　グローバルな時代の経営資源
——企業の公共性を意識して——

はじめに

　グローバルな時代に生きる人間にとって重要なことは，いずれの国や地域に住んでいようとも，地球上に住む生き物は人間だけではないということを認識することである．日本を代表するある企業の元トップが地球問題に言及し「地球をむしばみながらの経済成長にどれほどの意味があるのか」という主旨の言葉を述べていた．

　人体を流れる血液にはエネルギーを生み出す動脈系と汚れた血液を元に戻す静脈系の2つの流れがあり相互に循環している．そのアナロジーで産業群を動脈産業と静脈産業という分け方で説明することがときに成されている．自然界では当為とも言えるこのような循環システムが機能しているのに，なぜこのような言い方をわざわざ産業界で言わなければならないのであろうか．その最も大きな理由は，経済価値や貨幣価値追求に奔走する企業が利益追求に直結する動脈産業にのみ深い関心を寄せ，その後ろで循環システムの機能を本来半分担っているはずの静脈部分を単に売上げ増や利益追求に関係がないということで，軽視ないし無視してきたからではないかと，思われる．

　私利私欲型の企業やヒトは，経営資源を自己都合の論理のみに合わせて調達，加工，販売する．その結果は株価操作，粉飾決算，虚偽の商品表示，書類の改ざん，お手盛り退職金などになって現れている．ある意味ではグローバル化時代を迎えた先進諸国の企業行動は，21世紀に入る前後から"犯罪人"扱いされることが従前に比べて多くなっているようにも思われる．

本章ではこのような迷路に迷い込んだ現象を重く受けとめて，企業の存在意義を根本から見直し，その存在意義のもとでの経営資源との取り組みを考えることにしたい．なぜならば企業にとって有利に働く経営資源つまり"お金儲け"に直接貢献する資源にのみ深い関心を寄せ，環境や自然，社会，公共，生活などと本来関係のあるはずの資源にはそれほど注視しない企業行動を見直す必要がある，と考えるからである．

経営資源はその意味で，経済価値や貨幣価値を生み出す資源のみではなく，社会性や循環性，公共性，共同性などを生み出す生命資源をも包含する概念でなければならない．経営資源の見直しを企業の公共性という視点から試みるのが本章の主たる狙いである．

1. 経営資源からみた利益追求型企業の行動原理

(1) 経済価値指向と経営資源

ガルブレイスは過去の成功行動が現在のニーズや必要な政策にうまく対応できなくなるので，成功の意味を問い直すことが必要であるという[1]．つまり近代の産業経済では国内総生産，雇用，所得，消費など，モノの量の大きさが成功の尺度になっており，総量を大きくすることに最大の関心事がおかれていることを指摘する．そこでは自動車や飛行機，コンピュータ，鉄道網，高速道路網の伸びや普及度が繁栄の指標になっている．

経済の繁栄が果たして生活の豊かさの基準になるであろうか．世界一の利益率を誇っている企業でストックオプションを受けている従業員の心の豊かさはお金の豊かさと等しいのであろうか．

企業の達成すべき目標が経済価値つまり貨幣価値を中心にした利益や富の追求であることは，一般に認知されている．その利益追求行動は，自由競争の原理にもとづいて正当化される．しかしその行動は同時に以下のような問題を生み出すことになる[2]．

・ 報酬の体系に談合やわいろ，共謀，価格操作などが働き，不均衡になるこ

とがある．
- 競争それ自体が自己目的化する．
- 人材の短期実績主義や投資資金の短期回収，苦手な非効率業務の外部委託が恒常化しており，市場経済そのものが不安定化する．
- 多数の論理による民主制の横暴が横行する．

経済価値を高めることに関心のある経済成長は，果たして人々の悩みや苦しみを取り除いてくれるのか，という疑問がラミスによって投げかけられている[3]．対抗発展という言葉を使って，捨てるためにモノを作るような経済活動に費やす時間を減らすこと，そしてエネルギー消費も減らすこと，経済以外のものを発展させることの重要性を説く．

本来，地球資源の価値は人間が特定の資源に価値を見出すかどうかとは関係なく，生来的に存在している．資源の価値は経済有用性のみで測定すべきではなく，生き物全体の有用性を前提に考えるべきなのである[4]．

経営資源の流れを概観してみると，伝統的なヒト，モノ，カネから近代的な情報，技術，文化，時間，ブランドなどのような，形としてはつかみにくい，抽象的な資源への関心シフトがみられる．しかもこの流れは一方から他方へシフトという流れではなく，新しい資源が伝統的な資源を取り込んで複合的な相乗効果をねらうところに特徴がある．

地球上に存在している地下資源や天然資源は，"自然物"である．その自然物には，単にそこに存在している"単なる自然物"と人間にとって有用な価値をもたらす"有用な自然物"の2種類がある．経済価値や商業価値，貨幣価値を追求する企業やヒトは，2種類の自然物のうち"有用な自然物"のみを経営資源として認めてきた．"単なる自然物"は無価値で非価値なモノとして無視されてきたとも言える．言い換えれば経営の対象となる資源とはみなされなかったのである．動脈系にのみ関心を払う行動は，結果的に生態系の再生産機能を無視し，自然の持続不可能性を増幅することになる．自然の循環プロセスに違反する行為が商業価値を過度に追求する企業やヒトによって展開される．

有用な自然物中心の経営資源化が自己都合を最優先するという意味では，人工物中心の経営資源つまり技術，文化，ノウハウ，ブランドなどの近代的経営資源にも同様の動きがみられる．つまり自己都合は資源の囲い込みや独占化，専有化戦略として具体化する．経営資源の囲い込み行動を企業はなぜ好むのだろうか．その理由を以下の4つで検討してみよう．

① 量的に希少な資源や入手困難な資源を一極集中することによって，競争上優位にたてる．市場支配の論理に近い行動である．

② 質量共に豊富な資源を経営資源化することによって，意思決定の選択肢が増強され，経営戦略の設計幅が広くなる．

③ 有用な資源を数多くもつことによって，カードを手元に複数枚おくことができ，交渉の取引上優位にたつことができる．

④ 予知できない将来に備え資源に冗長性やスラックがあると，質の高い危機管理が設定できる．

グローバルな時代の企業は，まさに上で述べたような理由から，資源の囲い込み行動に走る．さまざまな経営資源を複合的に組み合わせることによって付加価値を高め，競争上優位にたつことに専念する．しかしそのような個別企業の経済価値追求行為が，次で述べるような副作用や反作用をもたらしていることも看過してはならない．

(2) 経済価値の限界

グローバルな時代の企業は，ミクロ，マクロ技術双方の革新的進歩発展の支援を得て，その行動半径がまさしく地球的規模で展開される．1企業の行動であっても大気圏をめぐって大気の流れを変えてしまうほどの大きな影響を及ぼすので，慎重な行動が求められる．以下で慎重さを欠いた企業行動が結果としてもたらす問題点を列挙しておこう．

① 社会性の欠如：経済価値中心の企業行動は，目的合理性の追求が主たる経営課題である．他とのかかわりへの配慮が欠落した"自己満足型"の経営であり，社会性を欠く．

② 領域限定・固定化：目的所与の経営行動は短絡的な目的実現を誘導する．時に手持ちの経営資源の範囲内で実現可能な目的を設定する．自分が住んでいる井戸全体が1つの宇宙であると錯覚してしまう．

③ 直線の論理：冗長度を許容しないので，選択肢が狭まりある意味では余裕のない猪突猛進型の行動を誘発する．直線の論理が横行する．

④ 形式論理：経営資源の囲い込みは，周囲との連動や協働による潜在可能性の機会を削ぐことになる．具体的な成果のあがる分野に限定した行動を好む．

⑤ 生存可能性の短縮化：囲い込みは時間の経過とともに同質化，一様化を1つの文化として定着させる．長期的な生存可能性は現在の効率追求ではなく，異質性や多様性との遭遇，複雑な現象への挑戦などによって初めて互恵や互酬の機会が芽生え，長期存続を可能にする．強者の論理の一方的押しつけは，生存可能性の機会を削ぐことになる．

(3) ブリコラージュ・マネジメント

経営資源の配列や組み合わせを変えたり，好奇心から一部遊びを含む仮説設定をしたり，事後的に目標や目的を設定する，という経営行動を単純に合理的でないという理由でマネジメントの対象から外してよいのだろうか．できごとの断片を組み合わせ，たぐりよせて事後に構造を作るのは神話的発想の1つとされている．そしてこのような偶発的に起こる現象をマネジメント行動の世界に取り込もうとする運動がある．球技でボールが偶発的，不規則的に跳ね返る非本来運動のことをブリコラージュ（bricolage）という[5]．

ブリコラージュでは，ベクトルの方向があらかじめ運命づけられている必要はない．手元にあるものだけではなく，入手可能なものを何でも利用して，何かを作り上げる知的作業が可能となる．論理の厳密性や整合性，一貫性を重視する近代的合理主義では，およそ認知されていない行動である．あらかじめ決められた計画に沿って材料と道具を用意して製作を進めるのがエンジニアの思考であるのに対して，ブリコラージュではあり合わせの材料を寄せ集めて仕事

をする．エンジニアの思考に対して野生の思考とよんでいる．日本の食文化とのアナロジーで言うことが許されるとすれば"寄せ"鍋の感覚に近い．予想のたてられない不連続で非線型の流れの肯定である．

ブリコラージュをマネジメントの対象にすると，以下のような行動に期待がかかる．

① 対象の広域性：より広い範囲から新規性に富んだしかも異質性の高い資源収集が可能となる．

② ショックアブソーバ：環境攪乱下の外圧である環境変化のショックをある程度吸収し，ショックアブソーバの役割を果たす．

③ 対人関係の架橋：人的資源のうちの特に対人関係を積極的に利用し，組織の領域それ自体の架橋を可能にする．

④ ソフト資源の活用：目に見えない，頭の中の一部に隠れているような未成熟の資源は，目的が事後に見えてくるような状況下で，大いに役に立つ．潜在的なソフト資源が顕在化してくる．

ブリコラージュ・マネジメントの，ある意味では，でたらめな行動を側面から支えてくれる識者がいる．ここではベルクソンとヴァイツゼッカーの主張をみてみよう．まずベルクソンである．彼によれば知性と本能に認識の違いはあるけれども，両者は相互に発展しながら類似の性格をもつことがあるという[6]．そしてこの両者は不連続な運動体の行動の中で生命の制作活動を展開することになる．

次にヴァイツゼッカーである．彼は生き物の行為を主体が変化しながらもそれ自身はそのままの状態で至り，また主体は運動しながらももとの位置にたち帰ってくることがあることに注目する[7]．この反論理的作用は，生命現象を説明する円環運動の仕組みの中で具現化されてくるという．つまり生命論を形成する主体は，能動性と受動性，形式と内容の逆転可能性を秘めた状態でゲシュタルトクライスという生の円環運動全体を形成することになる．

円環運動の中では，主体と客体，精神と肉体という対立関係は超越され，主体の全一性が実現する．その意味で相反する要素は共時態の中で出会っている

のであって，要素はそれぞれが同等の資格や価値をもっていることになる．西田幾多郎の"であい"における「一」「多」の同時発生を前提にした絶対矛盾的自己同一性の考え方も，この共時態の中で理解可能である[8]．

　経営資源の中でも人的資源には，意識があり価値があり創造性があり主体性がある．他の経営資源に付加価値をつけるのも，また逆に付加価値を減ずるのも人的資源次第である．さらに社会的動物でもある個人主体を特定の企業組織内に囲い込むことも，生きる尊厳を削ぐことになるので人間を正しく理解していないことになる．以下では，人間のもつ諸相を経営主体という視点からみておくことにしよう．

2．環境多様性と人間特性

(1) 環境複雑性と目的あいまい性

　人間をとりまく環境には，大きなくくりで自然環境と社会環境がある．前者の自然環境は生命体すべてがその生命維持のために相互にかかわっており，共生のイメージで表現できる．しかもその関係はいつも信頼のおける関係ではなく，ときに敵対関係にもなる．捕食，地震，洪水，乾燥，などの現象を考えれば容易に理解できよう．そのために生物は自己を長期に存続させるために自然環境に働きかけ，自分自身を機能的，構造的に変形，進化させることによって，適応能力を身につける．

　一方社会環境は，複数の人間が集まるところすなわち対人関係すべてが考察対象となる．自然環境と共にこの社会環境もあらゆる人間にとってその生命の維持のために欠かすことのできない存在である．ここでも自然環境と同様，信頼関係と敵対関係とが交錯し同居している．人間は社会の枠の中で生かされまた生きていることになる．澤潟によれば，「人間は社会の一員であり，社会の担い手」なのである[9]．固有の存在意味や価値をもつ人間は，判断や思想，宗教，行動の自由を求めながら，社会からの制約や拘束を受ける．

　自然環境や社会環境の複雑，多様でしかも異質な現象に直面する生物は，非

連続な流れの中で生きており，偶然性や非決定性が日常的に存在する．人間も例外ではない．そのため目的追求行動も勢い，その行方が不明になる．直線的，一方向的な動きが期待できない以上，生命の発展や動きにとって合目的的行動は，環境との共生行動では少なくとも実現不可能な極めて効率の悪い行動となる．ベルクソンの生命の躍動や創造的進化は，機械的生命観を否定し，無意識やはずみによるプログラム化されていない進化を基盤にしている[10]．

　問題の発見や創造はあらかじめプログラム化されたシナリオに従って生み出されるものではなく，偶然を伴う創発の過程で生まれる．個人によるものごとの主体的，能動的かかわりは，客観的真理や普遍性を伴う科学的認識の世界とは異なる．科学的認識はあくまでも主観的，個人的認識にしか過ぎず，超個人的知識とは相容れない．科学的見地では機械論的人間観や歴史観にもとづく思考過程を重要視し，思考の自由を求める主張に対しては，懐疑的であった．

　ポラニーは人間の知識について新たなる視点を見出した．それは「われわれは語ることができるより多くのことを知ることができる」という事実の提案である．外見上で認知される知識の他に脳や網膜に刷り込まれた潜在的な知覚が暗黙の力として機能する．そしてその知覚は主体的，能動的経験として結実することになる．語るより多くのことを知る部分は，語る以前の潜在的知覚として作用している．ポラニーはこの機能を暗黙知と名づけた[11]．外見上認識されている知識すなわち形式知だけでは，創発や創造，未来の可能態を手元に手繰り寄せることはできない．環境の側にある不確実性や不連続性，あいまい性などは，暗黙知と共に生命行動の未決定を誘発し，将来の可能性を増幅する．

(2) 経営主体としての人間の諸相

　多様性に富んだ企業体は，私企業や公企業のみならず，宗教法人や学校法人，ボランティア団体も含めてすべて経営体であると考えることができる．なぜならばわれわれが考える経営とは問題解決や問題発見・創造などを複数の人間の協働で行う営みのことだからである．その経営の遂行者のことを経営主体とよぶことにする．

何らかの営みに，たとえそれが仕事であろうと趣味であろうとを問わず，自主的に参加するヒトはすべてが経営主体になる．すなわち何らかの役割や働き，機能をもち問題解決，問題発見，問題創造などに貢献することによって，自己が所属している複数の組織体の長期存続を支えることが経営主体の固有の仕事になる．われわれが考える経営主体は，したがって特定少数の経営者や管理者，施政者，町のボスなどを指すのではない．自己の信念や価値基準にもとづき，自主的，能動的，積極的にものごとに働きかけ，自分の立場をしっかりもって判断し，提案し，行動するヒトすべてが経営主体なのである．

われわれが考える経営主体は仕事や趣味，ボランティア，公的活動などを含めれば基本的に多重人格者である．つまり幾つかの異なった組織の経営に同時に携わっているのである．大きく類型化を試みると，組織人，自由人，公共人，共同人の4つに分けることが可能である．しかもこの4つは生命体としては均衡しており，等価であるという命題を設定することができる．なぜならば，経営主体としての人間は，環境多様性に対する適応能力や潜在能力をもつことによって初めて，その存在意義が認識されるからである．以下ではそれぞれを人間観としてとらえ，個別にその基本特性をみておこう．

1) 組織人人間観

組織人としてのヒトは，材やサービスの調達，加工，財やサービスの流通，保管，販売などの過程で通常，協働作業を伴う．組合や企業，集団，提携などのさまざまな協力システムが実際にはこの仕組みを支える．付加価値形成を伴う加工処理過程では，所定のルールや規範がありその規定に従うことが求められる．

付加価値生成過程で，ある種の拘束が生ずるのは集団作業を前提としている以上，協働生産の摂理でもある．生物には，何をしてもよい自由は存在しないことを考えれば，当為であるとも言える．この第一の協働作業を前提としモノやサービスの生産活動に参加する人間観を組織人と名づけよう．

2) 自由人人間観

第二は生活者としてのヒトにかかわる人間観である．第一の組織人として得

た報酬を自己の生命維持や持続のために消費する．その自己の生命維持は自己の生活価値観にもとづき，自由な判断と行動の存在が前提となる．飽食の時代と言われている現在社会は，"モノ"の所有や浪費に過剰に興味があり，本来の自由の意味をはきちがえているという批判があるのも，十分にうなずける．この第二の自由な行動を前提とした人間観を自由人と名づけよう．

　第三の人間観に入る前に，経営主体としてのヒトの組織人と自由人との関係について少し考えてみよう．前者は"制約，拘束，縛り"と後者は"解放，ゆるみ，たるみ"という形容が適切であるとすれば，両者の間にどのような関係が成り立つであろうか．大きく3つのモデルに分類できる．

　1つは敵対関係にあるモデルである．このモデルでは昼と夜，ウィークデイとウィークエンドとを明確に分離し，相互に関係を断ち切ることによって，自己主張することになる．前者は組織人という名の仕事人間であり，後者は自由人という名の趣味人間である．1人の経営主体の中にいずれかの人格が強く現れているということが問題になる．なぜならば，自然環境や社会環境との共生を意識した社会的生き物であるはずの経営主体が，いずれかにしか自分の存在価値をおいていないからである．

　2つめは融和の関係にあるモデルである．このモデルでは昼と夜，ウィークデイとウィークエンドとが混在一体となっていて，両者の区別がつかない状態である．最初のモデルは，いずれか1つのみが強く現れているのに対して，2つめのモデルは公私混同状態であることを基本特性とする．企業の私物化と家庭の会社化が同時に発生している．このモデルもわが国では結構主流になっているのではないだろうか．近代工業化社会を迎える前の家業に近い雰囲気が，グローバルな時代に存在していることの不思議さである．

　3つめは組織人と自由人が1人の経営主体の中で独立していながら相互に連関しているモデルである．自己主張しながら相互に刺激や影響を与え合い，時に自己超越することもある．自己超越は自己創造や自己発見を伴うので，環境変化に適応できる生命体としての経営主体の新しい組織人や自由人の道を切り開くことになる．

2人の異なった性格をもつ自分がおり，いずれもが主観なのである．つまりそこでは複数の超越論的主観が共同している，と考えることができよう．フッサールの間主観性概念を応用することが可能であろう[12]．

3） 公共人人間観

第三の人間観は，組織人，自由人共に欠落している社会性や一般性に着目した公平者としてのヒトである．法すれすれのきわどいところで金儲けをする企業人や経営者達，南の国々からバージン資源を無秩序に買いあさっている企業経営者達，贅沢三昧に明け暮れている先進諸国の消費者達は，地球という地域の中の限られた天然資源の恵のお陰で生かされているという意識が欠落している．

民と官との関係でも，一方が他方に過度に依存する仕組みができあがっており，両者の重なる最も重要な部分すなわち"公共"の部分が空洞化しているのである．経営主体は，公共の部分にも生産や生活の部分と同様の比重をおくことになる．協同生活の前提となる"入会地"のような性格をもつ．公共人という人間観がふさわしい呼び名となろう．

"公"衆の施設や"公"園，"公"民館などの呼称でわれわれの頭の隅に残っている部分を表面に出して，経営主体の柱の1つとして据える試みが今望まれていよう．ヨーロッパの歴史の中では，「市民社会」を形成する理論的バックボーンとして公共性が論じられることがある[13]．

地域における社会関係がどのようなものであるかが第三の経営主体すなわち公共人としての存在を決定づけることになる．特定の目的をもたず，責任の所在もあいまいで，全体性や総体性との関係が問われる極めて把握の困難な説明しにくい領域である．公共人の存在理由をあえて正当化すれば，組織人や自由人が無視ないし軽視してきたしかも両者の行動に関係する共通部分であると言うことになろう．この部分を軽視することによって両者は乖離し，次第に第一または第二の経営主体に特化することになり生命力の潜在性が損なわれるという現象を現出することになる．

特定の目的をもたない公共人という人間観は，個人が意図的に発案し，意図的に参画することによって初めて公共人という人間観形成のスタートラインに

着くことができる．組織人、自由人の統合により新たなエネルギーが生成される．広範囲な関心領域の便宜をはかるためのある意味ではゲシュタルトのような上位の包括概念が必要となる．そこでは抽象度が高くてしかも説得性のある理念や哲学を含む公共性哲学が求められよう．

　生き物や生物のような生命体を分析対象にすれば，Selznick（セルズニック）の生命力という価値形成が有力な候補の1つになるであろう．相互浸透をベースにした，しかも単純な合理性や単純な利己性を超越した"生命道徳"のような新しい規範作りが必要になるかもしれない．セルズニックは，組織構造を公式領域を越えて相互に外部の複雑な非公式システムとつながっている仕組みと理解し，その組織には全体（wholes）として個人が参加することの重要性を強調する[14]．公式と非公式とを連結させているという意味で，われわれの公共人人間観と符合するところがある．

4） 共同人人間観

　あるグループの構成員が規模の大小を問わず，特定の限定された利害ではなく，共通の生活にかかわる基本的な条件を共有することで，暗黙の合意に達して生活を共にする集団を共同（コミュニティ：community）という．そしてその共同生活に参加するヒトを共同人という．生活の基盤全体を支えることがコミュニティの形成条件となる．したがって会社や教会，学校，会合などは厳密な意味ではコミュニティとは言えない．

　コミュニティを物質的価値の共有のみならず精神的価値や生活空間の共有まで含めた集団活動であると規定すると，経営資源の共有化や社会資源化が具体的な議論の対象になる．空間を限定すれば共同生活や原始共同社会あるいは特殊宗教団体，歴史的民族主義のようなイメージと連動してしまうことになる．ハイデガーに例をとれば，人間の複数の共同性を本来性にまでさかのぼり，本来のあり方つまり民族のあり方にまで考究することになった．ナチズムとの親和性が議論されるようになったのは，必然的でもあった[15]．

　ここではもう少しゆるやかに考えておきたい．つまり，これまで述べてきた3つの人間観である組織人，自由人，公共人を風車の羽のように部分的に重ね

合わせ，その中心にある3つとも重なった部分が共同人であるという理解である．なぜならば，複雑でかつ異質で多様な，より難易度の高い問題やテーマと取り組むときに欠かせないのは，問題を共有する仲間の存在である．しかもその場では，所属する組織の枠を超越して情報交換する逞しさとダイナミズムが強く求められる．これこそがコミュニティの強さなのである．つまり共同人は組織人，自由人，公共人をつなぐカタライザーであり，社会システムの神経系でもある．シナジーの発信源が共同人でありコミュニケーターなのである．

3．企業に求められる公共性と共同性

(1) 利害関係者の公共性

　企業にとっての利害関係者は，その利害が直接利益や損失につながるという基準で設定されることが多かった．具体的には，株主，顧客，債権者，従業員，行政である．しかしこれらの直接利害関係者にのみ配慮した利害関係者論は，いかがなものであろうか．

　利己的な企業は，コンプライアンスやガバナンスなどの経営学用語でその行動が批判の対象になる．見て見ぬ振りをする企業は，第三者の批判にさらされることが多くなってきた．その背景に，利害関係者には直接以外に"間接"利害関係者が存在することへの認識がある．具体的には利害関係者は生態系の中に，あるいは生命有機体の中に存在しており，その対象は人間，それも商取引と無関係なヒトも含めた生活者としての人間のみならず，生命体全体にも及んでいるということである．なぜならば生物としての人間は生物全体の循環システムの中でしか生きられないからである．生きている生き物すべてが利害関係者なのである．

　経済同友会代表幹事の小林は利害関係者の範囲を株主，従業員のみならず，地域社会，社会一般，地球環境，人権，未来社会にまで広げる提言をしている[16]．あえて言えば自然界に"利害"という言葉はふさわしくないであろう．なぜならば人間の都合で勝手につけた名称だからである．経済（eco-nomy）と生態

(eco-logy) とは，本来語源が同一である．新しいグローバルな時代の経営管理では，伝統的利害関係者に代わる共生関係者を枠組み設計の際に考慮することが望まれるであろう．

(2) 企業行動の公共性

経営資源の公共性を考えるときに，社会の仕組みや機能を変えるような動きを無視することはできない．ここでは，TMOとPFIを取り上げてみよう．まずTMO（Town Management Organization）は商店街を中心とした地域の活性化に国や行政の助成を得て，実施上では民間の経営スキルを組み込もうとする試みである．もう1つのPFI（Private Finance Initiative）には，行政体の種々の事業運営に民間の経営スキルを導入し，事業運営全体の効率化を図ろうとする狙いがある．これらの現象は経営の対象に官や地域が入ってきたことを意味している．

その一方で，医療や教育，福祉，交通といった，どちらかというと"公共"を意識した分野に市場経済の論理をもちこむと，社会的矛盾や混乱が生ずるという指摘もある[17]．経済合理性を過度に追求してきた結果，費用の発生を極力抑えるために，費用の内部化を行わず環境という外部に費用の後始末を委ねてしまう結果，社会的混乱が必然的に発生するという論理である．

民活という名の規制緩和は，経済的にそれも一時的に生活を豊かにするカンフル剤としての効果はある．しかし結果として自然環境を破壊するばかりでなく，伝統産業や保全産業をも破壊することになる．家木の主張によれば，公共投資という名の社会的浪費は「豊かな社会」の負荷を増加させ後世に責任を押し付ける社会費用を増加させ，社会的損失を伴うことになる[18]．公共投資に過度に依存することのさらに大きな問題は，生態系や生命圏の再生不可能な損失をも生起させていることである．

公共性という言葉は，歴史的にみても国家の違いからみても，きわめて多様であいまいな内容を含んでいる．家木の論述を参考にしながらその概念化を試みてみよう．

　　　社会的，文化的，風土的，自然的，歴史的条件によって規定される地

域のうえに存在する共通の意識のこと．

　公共性は特定の個人や団体，企業，国家などに帰属する概念ではない．公共の広場では，生き物にとっての生命権，あるいは人間とそれ以外の生き物との共生維持権，循環型社会を維持するために必要な環境権のような総合的必要性が語られる．ドイツ系ユダヤ人のアレントは，「公」についてすべての人によってみられ，聞かれ，可能な限り最も広く公示されること，を意味すると述べている[19]．言い換えれば，非個人化され参加者の意識が共有化され1つの共通世界を形成するところに公（おおやけ）すなわち公共性が誕生する．

　公共性は誰によって維持管理されるのであろうか．自分の意思にもとづいて組織する活動をとおして成立する，という考えを踏襲すれば，その管理主体はマネジメントそのものということになろう．社会的機関としての機能をもつマネジメントは，資源調達，その組み合わせ，配分，評価という作業を担当する．マネジメントは企業だけのために存在するのではなく，非営利団体を含めたあらゆる組織をも対象とする[20]．

　企業にも公共性が必要であるということになれば，経営資源の公共性つまり公共財についても，企業は何らかの役割を果たさなければならないことになる．その役割は直線型ではなく循環型のビジネスプロセスの中で発揮される．その場合，企業は循環型社会の一員として位置づけられることになる．自社だけの狭隘なマネジメントではなく，資源の占有と共有，環境との共生，原因と結果の違いがあいまであるような反論理性には，個別企業のマネジメントに比べてはるかに高度で複雑なスキルが要求されてこよう．つまり企業のコスト管理が先にくるのではなく，公共の価値管理が先にくる．ビジネスの成果全体の評価では，周囲の関連諸ビジネスとの関係がどの程度有機的に結合しており，かつ相互にどのような貢献をしているかが問われることになる．

(3) 地域の公共性

　地域にとって多様性は重要な検討課題である．北イタリアにある「第三のイタリア」は，カンパニリズモと言われる強力な郷土主義を背景に多様な産地を

抱えている[21]．もともと北イタリアは都市を1つの国家とする都市国家の思想が強く，地域そのものが1つの中心でありその中心同士の結びつきによって多様な文化を育んだという歴史的背景がある．マルチコアまたはマルチセンターの発想に近い，ヴェネチィア，ボローニャ，フィレンツェを囲む「第三のイタリア」地域には，機械，電機・電子製品，繊維・衣服・皮なめし・皮製品，靴，木工・家具，陶器などの中小・零細企業が集積していて，これらが相互支援し合いながら産地間の産業連関を形成している．近代工業化社会を迎える前の家業に近い雰囲気が，グローバルな時代に存在していることの不思議が「北イタリア」にはある．

"協業化を前提とした専業化"の動きであるとも言える「北イタリア」はミラーボールのようなあるいはモザイク模様のような，個々の固有の存在がありながらある意味では自己主張しながら相互補完し合い，部分とは全く異なった概念を全体として醸し出す．自己主張，自己超越，全体創造のメカニズムがうまく作用しているとも言える．地域が吸引力となり，コミュニティセンターの役割を果たしている．ある意味では広域な地域の共通意識を取り込んだ共同体の公共性がうまく醸成されているようにも思える．

経営資源の視点からみれば，個別企業の経営資源と共同体や公共性を意識した社会資源とがうまく調和している様子がうかがえる．つまり専業化が個別経営資源であり，協業化が共通の地域または社会資源という図式である．

公共性の評価は，公共の利益の程度によって行われる．多様な価値が交錯するので画一的な評価は，極めて危険である．共通の理解が得られる程度の抽象性や一般性が求められる．公平性や持続性が評価のキーになると思われる．

先に述べた協業化と専業化との連動を一般化すると，組織人と自由人が1人の経営主体の中で独立していながら相互に連関しているモデルになる．自己主張しながら相互に刺激や影響を与え合い，時に自己超越することもある．自己超越は自己創造や自己発見を伴うので，環境変化に適応できる生命体としての経営主体の新しい組織人や自由人の道を切り開くことにもなる．

(4) 複合型の人間観を支える職務の多機能性

　混沌とした環境下での経営主体は，必要に応じて臨機応変に適応方法を考えていくことが肝要である．人間以外の生き物の世界では，仕事の内容があらかじめ決められているという筋書きは存在しない．働き蜂に例をとると，仕事の緩急に合わせてその仕事の内容が変わる．敵の来襲時には防御，食料不足時には餌の調達，敵を襲うときには攻撃，夏の暑いときには羽を震わせ送風，幼虫の糞がたまるとその排出，敵や餌のありかの探索とその結果の連絡など，種々異なった仕事を状況からの指示や命令によって自主的に遂行する．1匹ごとの仕事が固定していないところがミソである．巣を守る蜂全員が多面体であり多機能型であり，緊急度や重要度に応じて遊撃隊として支援する体制が整っている．役割が硬直的に決まっているのは単機能であり，環境対応能力や生存の潜在能力は限りなく減ずる．

　専門化は単機能を誘発する．単機能は部分化を意味する．部分化は全体の流れを見えなくする．ある程度のゆるみ，たるみ，スラックのような健全な無駄は，単機能を回避し，多機能を意識するための行動に欠かすことのできない要素だと考えられる．健全な無駄を善しとする組織では，次のような条件整備をしておくことが望まれよう．

① 機能を厳格に規定し固定化するのではなく，自分の能力や機能性に応じて，弾力的，能動的に問題を創造することが許されるような文化を経営主体が作ること．

② コンフリクトが発生したとき，いい加減なところでいずれかの案に集約させるのではなく，徹底的に議論を尽くし，創造性構築に結びつくような道を探ること．

③ 情況や環境の変化を的確につかみ，そのつどタイミングよく対応できる力を経営主体が備えること．

④ 各経営主体は自主的で能動的，主体的，開放的な行動様式を備えること．

(5) 共同体としての企業行動

　先にふれたブリコラージュ・マネジメントを実践するためには，従前からある"囲い込み"を前提としたマネジメントではなく，広域空間との資源のやりとりを前提とした開放型のマネジメントが必要になる．また同時に個性をしっかりもつこともかなりの程度要求される．つまり自己の存在理由を社会や地域との連動性を意識した固有の働きの中で認知することが求められる．やや限定的に言えば，固有価値と共有価値の同時保持を実現することが求められる．その際の基本思想は，環境との共生を前提とし相互互酬の機能を確立することである．

　本章ではすでに反論理性のもつ意味が明らかにされている．そして主体の生命維持に欠かせないのは，共時態の行動を前提としながら相異なる要素をゲシュタルトクライスの運動の中に組み込むことであることも知った．具体的には円環という循環運動にあらゆる反論理性要素が取り込まれ，ときに相手と等価の状態を現出する．

　この円環行動を前提に企業行動を概観すると，単純な直線行動ではなく，相互交流を前提とする循環行動が求められる．ちなみに直線論理では原因・結果が明確であるのに対して，循環理論ではサイバネ理論が適応されるので原因・結果という単純な棲み分けは存在しない．それは時間の経過の中で，原因が結果になり，結果が原因になるからである．循環社会では資源の共有・共用が運動命題になる．その社会では経営資源の社会化が進む．つまり，循環のある時点では結果であっても，次の時点では事前の結果が原因になる．

　ここでは，社会を少し限定的にとらえ，共同体という"共通性"を企業経営に取り込んだ事例を2つみてみよう．

　まずはイギリスのボディショップというスキンケア関連の企業である．企業経営に2つの大きな特徴がある．1つは容器の回収を原則としていることである．そのため量り売りを販売の基礎において詰め替え方式を採用している．もう1つは経済支援を必要としている地域の発展に結びつく公平な取引を行っている．全製品アイテムのうち，10％を共同体取引（community trade）にしてい

る．製品購入上最適な品質や適正価格でなくても，世界各地にある特産品を全アイテム10％の枠内で購入する，という仕組みである．このような制度を利用して，ニカラグアの小作農業者からセサミオイルの購入やガーナの女性グループから植物性油脂の仕入れなどが実現している[22]．

次は東アフリカ海岸の島国モーリシャス共和国の共同体運営である．経済的に貧しい，人口130万人の国である．共同体が国民の職業能力開発に力を入れている．その結果失業者やホームレスはいない．就業率100パーセント，識字率98パーセントと先進国並みかそれ以上である．大人達が共同で子供の世話をしている．異なった5つの文化的背景をもつ人々が，相互に違いを尊重し相互依存や協力体制が保たれている[23]．

企業と国という違いがあるものの，両者には以下のような2つの共通の要素があることがわかる．

① 個人の自由と共通の善に奉仕する協同意思の存在：個人の権利の享受と社会への責任
② 多様な使命や文化の存在と共通のビジョン，方向性の存在：個の尊重と節度のある協働の同居

共同体は市民や住民が自由に参加し，意見交換できることが成立の要件である．そのためには，公開性を前提とした公共性原則が欠かせない．公共性は意思形成の過程が権力と支配の行使によってではなく，自由保障の効力確保によって実現する[24]．ハーバーマスは市民が重要な公共財について意見を交換する社会生活の一部のことを公共圏とよんだ．17，18世紀は，公共圏の役割をコーヒーハウスやサロン，カフェなどが担った．最近ではインターネットを中心とした電子メディアがカフェの役割を演じている．

公共性原則から言えば，アクセスが容易であること，公開性が維持できること，公の利益に貢献すること，コミュニケーションが多対多で接合していることなどがその中心課題となる．しかしその一方で，大衆を操作する現象や公共圏を特定利害関係者の経済欲求充足の商品とみなすことによって，逆機能が惹起し質的低下をもたらしていることもまた事実である．

(6) 共同体行動の基本特性

公共性を支える理論的視点でもある共同体行動の基本特性について，若干の検討を加えておこう[25]．

① 共同体能力の形成：共同体の諸活動を支える活動家がニーズや問題の所在を明確にする．

② 市民参加：市民はそれぞれが共同体に自主的，主体的に参画し固有の役割を担う．

③ 市民主導型のプロジェクト：イギリスで興ったコミュニティビジネスにみられるように，住民や市民が老人介護や母子家庭の支援を行う．

④ 共同体主導型の自治体，民間企業：共同体の運営には，ときに市民団体の人数が多くなり，特定の集団に利するような行動を伴って政治的な圧力団体化することがある．このときに公共性の原則に帰り，自治体や民間企業がオンブズマンの役割を担う必要がある．目標はあくまでも資源節約や資源共用を含む公共サービスの質の向上に貢献することである．

⑤ 共同体間の協力体制：元来共同体の領域は人為的に設定される．したがって特定共同体の領域を越えた相互のコミュニケーションや資源利用は，ときにライバル意識を醸成しながら相互補完や適度の緊張感の維持，異質性との遭遇によるシナジー効果の発揮などをもたらす．

これらの共同体能力を高め，相乗効果を発揮させるための基盤整備は，おのずから情報ネットワークの構築いかんにかかってくる．その際の必須の条件は，中枢神経と末梢神経の同時整備である．これによって初めて，参加する市民の側の独自性，異質性に対する共同体側の共通性，共用性という反論理性が同時に実現できるようになる．生態系とのアナロジーで言えば，持続可能で循環型を意識した生命圏の実現が可能となる．

企業という組織も社会という組織もヒトを基盤にしており，共同体という点では共通部分がある．組織の存在目標は利益をあげるのみではない．存在することについても認識することが重要である[26]．企業が経済合理性を追求することは，最終的な目標ではなく，途中の目標や部分的な目標にしか過ぎないので

ある．

おわりに

　デジタルネットワークの活用によって，異なった能力をもつ複数の企業が1つの企業のように行動することができると言われている．たとえば企画，設計，製造，販売の専門企業が1つのネットワークとして提携すれば，かなり精度の高い価値を備えた商品やサービスを社会に提供することが可能である．

　次第に入手困難となる自然資源，一人勝ちする機会の減少，規模の経済追求の限界，優勝劣敗やコスト削減行動の限界などを想定すると，われわれが今取り組まなければならないテーマは，おのずから見えてくる．それは，社会的公器としての企業の役割を再度検討し直し，資源共有を基盤に据えた協働価値創造や発見につながるテーマを探索することである．グローバルな時代の企業の協働範囲は，特定地域に限定する必要はない．むしろ地球的規模で提携先を探すことが可能な時代を迎えていると考えてはどうであろうか．

　市場そのものが飽和状態であるにもかかわらず，製品を大量に市場に投入し続ける愚は，今すぐにでも止めなければならない．経営資源のうちの技術がその愚かな企業行動を救ってくれる可能性がある．その秘訣は技術が時間と空間の制約を解き放すという働きにある．具体的には，オンデマンド・マーケティングの展開であり，BTO（Build To Order）の思想の導入である．そこでは標準性と独自性が1つの製品やサービスまたはそれらを組み合わせた複合製品や複合サービスの中で，うまく同居している．資源の有効利用を考えたときに，あり余る商品群を店頭に"これでもか""これでもか"と並べ，消費者の嗜好心をあおる仕組みは，資源の有効利用や共同利用を志向する健全な企業や消費者とは相容れないやり方である．

　ブリコラージュ・マネジメントでアイディアの創発性を養い，公共性やコミュニティ・マネジメントでは資源共用の方法を議論し，循環マネジメントでは資源の循環利用の可能性を既存資源中心に検討する．経営資源の社会資源化，

そして社会資源の公共資源化への試みが期待される．これらの資源情報にかんする拡がりと公開性は，インターネットを基軸にしたプラットフォームが論理的な共時態の世界を現出する．

　循環型社会では天然資源相互互恵を前提にした地球的規模での大きな資源流が海流，気流とともに生命圏を支える．資源流がゲシュタルトクライス運動の主体的な支えになり，公共財を意識した資源にかかわる情報がグローバルネットワークを介して，"公有"化されることが期待される．

1) ガルブレイス, J.「新しい価値観に対応を」『日本経済新聞』, 2003年1月3日.
2) 猪木武徳『日本経済新聞』, 1999年12月6日.
3) ラミス, D.『経済成長がなければ私たちは幸せになれないのか』, 平凡社, 2000年, 134-135ページ.
4) 岩淵孝『現在世界の資源問題入門』, 大月書店, 1996年, 11, 197ページ.
5) レヴィ=ストロース, C.『親族の基本構造 上・下』, 番町書房, 1978-1979年.
6) ベルクソン, H., 真方敬道訳『創造的進化』, 岩波書店, 1979年, 167-181ページ.
7) ヴァイツゼッカー, V., 木村 敏訳・註解『生命と主体』, 人文書院, 1995年, 189-197ページ.
8) 西田幾多郎『善の研究』, 岩波文庫, 1950年.
9) 澤潟久敬『個性について』, 第三文明社, 1972年, 106ページ.
10) ベルクソン, H., 真方敬道訳, 前掲書.
11) ポラニー, M., 佐藤敬三訳『暗黙知の次元─言語から非言語へ─』紀伊國屋書店, 1980年, 15ページ.
12) フッサール, E., 細谷恒夫, 木田 元訳『ヨーロッパ諸学の危機と超越論的現象』中公文庫, 2001年.
13) ハーバーマス, J., 細谷貞雄, 山田正行訳『公共性の構造転換』, 未來社, 2000年.
14) Selznick, P., *The moral commonwealth — social theory and the promise of community*, University of California Press, 1992, pp. 234, 237, 238.
15) ハイデガー, M., 原佑他訳『存在と時間』, 中央公論社, 1980年.
16) 小林陽太郎「出でよ！　超「市場主義」の経営者たち」『プレジデント』, 1999年7月号.
17) ガルブレイス, K., 鈴木鉄太郎訳『豊かな社会』, 第四版, 岩波書店, 1990年.
18) 家木成夫『環境と公共性』, 日本経済評論社, 1995年, 20-25, 126-131ページ.

19) アレント, H., 志水速雄訳『人間の条件』, ちくま学芸文庫, 2001年, 75ページ.
20) ドラッカー, P., 上田惇生訳『明日を支配するもの』, ダイヤモンド社, 1999年, 5-9, 14-45, 109-157, 143-144ページ.
21) 岡本義行『イタリアの中小企業戦略』, 三田出版会, 1994年.
22) 『読売新聞』1999年1月21日.
23) ヘッセルバイン, F., 他『未来社会への変革－未来の共同体がもつ可能性』, フォレスト出版, 1999年, 25-27, 32-38, 163ページ.
24) ハーバーマス, J., 細谷貞雄, 山田正行訳, 前掲書, 197-207, 264-279ページ.
25) Douglas, S., *New Community Networks : wired for change*, Addison-Wesley, 1996, pp. 17-18.
26) Parsons, T., *Structure and Process in Modern Societies*, The Free Press, 1960, p. 21.

第3章 地域企業の経営革新
―― 組織間ネットワーク戦略とネットワーク・コーディネート組織 ――

はじめに――地域と企業をとらえる視点

「平成の大合併」と呼ばれる市町村合併の推進に見られるように，現在，地方分権が声高に叫ばれている．しかし，東京圏への一極集中は緩和されるどころか，かえってその様相を強めているのが実態ではなかろうか．地価下落による東京都心部への人口回帰，情報サービス産業の東京への集中化傾向など，地方圏が，製造業，中心市街地，第三セクターなどの空洞化に悩まされている中，その格差がますます拡大しているように見受けられる．いまだかつて経験したことのないような激しい産業構造の変化に見舞われている現在，中央官庁など政治・行政主導の市町村合併や地方分権化といった従来型の対応だけでなく，新しい視点から地域の問題をとらえることが求められている．

(1) 地域と企業

地域に関する議論は，非常に多様性を帯びている．そこでは，政官主導による合併・分権の議論だけでなく，地域住民を主体とした草の根レベルの問題提起まで，さまざまな展開が見られる．その中でも，地域住民に根ざした展開として主流になっているのは，福祉や環境といった課題を中心に据え，地域をコミュニティ（生活共同体）としてとらえる社会生活的な議論であろう．高齢化や労働人口の減少といった問題に直面し，コミュニティとしての地域はその重要性を増してきている．しかし，それらの議論は，どちらかといえば企業社会や

産業社会に対するアンチテーゼとして描かれている側面が強いのではなかろうか．すなわち，産業社会からの脱却といった視点を強調した議論が多いように思われるのである．しかし，現代社会は，企業活動なくして成り立つものではない．企業および産業活動をポジティブにとらえ，企業との共存，ないしは産業活動を主体にした視点でとらえていくことが求められている．

　この産業活動を主体とした観点で地域のさまざまな課題を考えていくことは，有効なアプローチ手法の1つといえよう．それも，人々がその日常生活のかなりの部分で，なんらかの関係を持っている企業活動（個人事業主であれば，商店やSOHOなどの活動）に焦点をあて，地域における企業の存在，すなわち，その組織と戦略の観点から地域の問題を考えるのである．以前より立地地域の問題は，グローバルな展開をしている多国籍企業の国際経営（その組織や戦略）の主要な課題であった[1]．これからは，グローバル企業の論理だけではなく，地域に根ざした企業からのパースペクティブ（ものの考え方）が重要性を帯びてくるであろう．アメリカ・シリコンバレーのネットワーク型地域産業システム[2]，イギリス・ケンブリッジの知識集約型ハイテク企業集積（「ケンブリッジ現象」）[3]，イタリア中部・北東部の「第3のイタリア」と呼ばれる中小企業集積[4]など，現在このような観点での調査研究や，それに基づいた具体的な産業支援施策の展開などの現実的な取組みも多く見られるようになってきた．しかし，地域の問題は，①その社会的現象に関する側面――社会学的観点――，②経済活動の側面――経済学的観点――，そして，③政策的な側面――政治・行政学的観点――といった視点からの研究がいまだ主流であり，地域内での個別組織（企業，産業支援機関，地方自治体，大学等教育研究機関，NPOなど）の組織構造や組織過程，そして戦略といった経営学的な観点からの研究は，まだまだ些少な状況であると思われる．現在のような技術進歩や生活環境の変化の激しい時代であればこそ，地域における個別企業の組織や戦略といった視点を中心に，地域をマネジメントしていくという経営学的視点に基づいて，地域が抱える課題に対処するためのさまざまなアプローチを展開していくことが求められている．

　さて，このようなアプローチ手法で地域の課題を考察していく場合，まずは，

「地域をどのようにとらえるのか」といったことから始めなければならない[5]．地域とは何かを考える場合，自分自身が同一の地域の住民であるとする面的な同一性（＝同質性）と，それらの人々をつなぎ合わせる相互依存関係（＝結節性）が特に重要な概念となる．地域へのアプローチについては，その地域を他の地域と区分する同一性と，その中での相互依存関係に注目することが重要であり，そのことは地域を結節点（ノード）と線（リンク）とのネットワーク構造として理解することでもある．すなわち，地域のさまざまな問題，特に産業に関わる課題については，地域の同一性に基づいた産業のネットワーク化に注目することが求められるであろう．

　ここで特に大切なことは，地域としての同一性に裏付けられた技術や知識（特に，暗黙知）[6]の存在である．例えば，先端技術を磨き・学ぶ長い伝統のある京都の風土から，ノーベル賞を育んだ島津製作所のケイパビリティ（企業能力）が芽生えている．そして，それらが重なり合って醸成し，地域の産業の目指すべき方向性となることによって，その方向性に的を絞った産学官の連携や，経営資源の集中的な投下が可能になると考えられる．すなわち，地域としての産業の方向性（＝地域ドメイン）に協賛するメンバーによって，地域産業のネットワーク化が図られ，その中でのバリューチェーン（価値連鎖）やサプライチェーン（供給連鎖）の最適統合が図られたとき，他の地域と差別化された独自性のある競争優位が産み出され，地域産業を繁栄に導くと思われるのである．

　また，産業ネットワークとして地域をとらえる場合，その具体的な区域設定については，現在の市区町村といった行政区域ではなく，あくまでもそのネットワークを構成するメンバーが同意できる「地域としての同一性」を基準とすべきであろう．そして，その同一性に協賛できるメンバーについては，地域内での立地の有無は問わず，地域としてのグローバル化を指向することも大切なのである．

　次に，地域における企業と地域社会との関係は，どのようにとらえたらよいであろうか[7]．そこで，組織間関係論における代表的な理論である資源依存パースペクティブ[8]に基づき考えてみる．この考え方は，2つの基本的仮定に基

づいている．それは，①組織は，他組織からの資源獲得や他組織への資源処分無しには存続することができない，②組織は，できるだけ他組織への依存を回避し，自らの自主性を拡大しようとする行動原理を持つ，というものである[9]．この考え方に従った場合，現在の地域社会が抱える主な問題点は，企業の必要とする資源や企業に対するパワーが相対的に弱体化していることであろう．中央官庁主導の横並び的な産業政策による地域資源の全国的な画一化や，大都市圏に比べ安価な土地，賃金，インフラ面の優位性を強調した地域資源は，グローバルな展開をしている企業にとって魅力が低減しており，現実問題として東アジア地域の台頭などにより代替されつつある．すなわち，企業と地域社会の「誘因－貢献バランス」[10]に不均衡が生じ，企業の立地決定，事業創造などに影響を与えているのである．

　ここで，地域企業は，立地地域に本社ないし本店が所在している企業ととらえられる[11]．一般的に，地域企業は，地域社会における産業活動の主役であり，地域内に立地し，地域内の多様な資源を活用したり，地域独自のニーズに根ざした製品やサービスを提供するなど，地域の優位性を活かしている企業である．これらの企業は，基本的に中堅・中小規模の企業が主流である．しかし，地域企業の中でも比較的規模の大きな企業で，地域社会に対する貢献度も高く，地域経済に大きな影響力を持つ中核的な企業は，地域中核企業と呼べる重要な存在であり，地域産業の繁栄にとってカギとなる役割を果たすと考えられる．

(2) 地域産業ネットワークへの視点

　さて，本章においては，地域企業の経営革新として，地域を基盤とした産業ネットワークの構築とその中でのコーディネート・メカニズムに着目し考察を進めていく．では，なぜ地域企業の経営革新として産業ネットワークの構築が求められており，その中でのコーディネート・メカニズムが重要であると考えるに至ったのか．それは，主に以下の3つの問題意識に基づいている．

　第1に，地域中核企業は，特定の地域でその経済圏の中枢にある企業ではあるが，世界的な規模で展開する大規模企業に比べれば，戦略的な部門に割り当

てる資金や人員も限られており，専門技術に特化した優秀な人材を多数雇用できるような企業力には至っていない企業が多いということである．すなわち，戦略的な事業展開も思うようには進まず，グローバル企業に対して競争優位となるような，独自のケイパビリティ（企業能力）を企業内に根付かせることは困難な場合が多い．そして，地域には，同じような悩みを抱える中堅レベルの企業が多数存在している．そこで注目されるのが，地域企業や企業支援機関，大学等の研究機関を横断した産業ネットワークの構築である．地域には，伝統的な文化や風土に根ざした地域資源や大学等の知的資産を軸として，地域としての産業の方向性（地域ドメイン）や，地域に根ざした中核企業をつなぐ「事業の種」が必ずある．そして，地理的に遠い企業間よりも，人の温もりが感じられるような近接性が，その結びつきをうまく管理できると思われる．すなわち，地域企業を中心とした産学官の組織が横断的に連携することで，各企業のコア・コンピタンスに特化した戦略的な資源配分や人材配置が可能になると考えるのである．トヨタやソニーのような日本の大企業に対してだけでなく，日本市場への上陸を計っている海外のグローバル企業にも対抗できるか否かは，これらの連携をいかに有効かつ効率的に機能させるかにかかっていると思われる．このような考えは，まさに地域産業ネットワークと呼べるであろう．

　2番目は，公的部門主体の地域産業政策が限界に達しているという認識である．それは，中央政府主導の全国画一的な産業政策の限界であり，加えて，産業支援の主体が中小企業に偏重している点である．中小企業を含めた地域産業の持続的な繁栄は，地域のオピニオンリーダーたちの戦略的アライアンスにより成し遂げられると考える．それには，地域経済に大きな影響力を持つ地域中核企業が重要な役割を担っている．すなわち，地域の繁栄は，地域中核企業の成長が大きなポイントを占めている．そして，地域中核企業が成長・繁栄することで，地域の方向性ともいえる地域ドメインを周知させ，そこから地域内の中小企業のケイパビリティの向上や，地域の「萌業」ともいうべき湧き出るような起業家の輩出という，地域繁栄のためのスパイラルな展開が生み出されると思うのである．

第3は，地域産業をネットワークする場合のコーディネート・メカニズムについてである．ネットワークの特質は，自己組織化（self-organizing）とゆるやかな連結（loose coupling）にある．すなわち，独立して自律性を持った組織が，自主的に穏やかな連結を結んでいくことであり，権限や権力といったもので結びついている通常の企業や行政組織とは明らかに異なっている．このような特性によって，ネットワークの優位性としての柔軟性や多様性，そして創造性が発揮されるのである．しかし，地域社会との関係で考えた場合，同じくらい，いやそれ以上に重要なものとして，コーディネート・メカニズムがあると思う．そして，そのメカニズムによって，地域中核企業の戦略的アライアンスが成し遂げられると考えるのである．この点については，現在わが国のさまざまな地域において，公的部門主導の地域産業政策の中で，コーディネータ（個人）の養成などの取組みが見られる．しかし，地域全体への波及効果が大きいのは組織的な展開であり，コーディネート・メカニズムが組織的に営まれることで，地域中核企業の連携がより戦略性を増してくると考えるのである．つまり，地域としての同一性や一体性に基づいた展開を推進していくためには，ネットワーク内のさまざまな活動をコーディネートする主体（企業，組織）を創り出す必要がある．しかし，行政主導の展開では，ネットワークの優位性を思う存分発揮することは難しいであろう．地域産業ネットワークの主役は，あくまでも地域企業であり，その自主的な取組みが求められるのである．

　以上のような問題意識のもと，地域企業，特に地域中核企業の経営戦略の特質を検討し，地域産業ネットワークとネットワーク・コーディネート組織を中核とした地域企業の経営革新について，先行研究の成果や実態調査などに基づいて詳細に考察することが本章の目的である．

1．地域企業の経営戦略

(1) 経営戦略の潮流

　ポーター（Porter, M. E.）は，「業務の効率化は戦略ではない」という．戦略

とは，個々の業務活動に対するリエンジニアリングやベンチマーキングではなく，他社との差別化を図った戦略的ポジショニングによってトレード・オフを行い，競争相手に模倣できないような相互補完的な業務活動のシステムを創り上げることであるとしている[12]．その上で，独自性の高い戦略的ポジショニングを確立・維持するには，①正しい目標（長期的なROI（投資利益率）），②バリュー・プロポジション（他社とは異なる一連のメリットの提供），③バリューチェーン（価値連鎖），④トレード・オフ，⑤活動間のフィット（調和），⑥継続性という6つの基本原則に従う必要があると述べている[13]．そこでは，日本企業の業務「カイゼン」活動のみならず，TQM，ベンチマーキング，そしてリエンジニアリングでさえも，戦略の範疇として扱われていない．

　ハメル＝プラハラード（Hamel, G. and C. K. Prahalad）は，自社の強みとなるコア・コンピタンス（コアとなる企業力）への集中と，戦略的提携による経営資源の充実・強化の重要性を指摘し[14]，企業の永続的な発展や未来におけるリーディングカンパニーとなるためには，コア・コンピタンスの主導権を獲得する競争に勝利を収めなければならないとしている[15]．このハメルらの主張は，企業の内部資源に焦点をあてたものであり，大きくとらえれば，資源ベースの企業観（the Resource-Based View of the Firm）として注目を集めている戦略論の流れとして理解することができる．この理論の代表的な論者であるバーニー（Barney, J.B.）は，企業の持続的競争優位の源泉について，①持続的競争優位を左右する要因は，所属する業界の特質ではなく，その企業が業界に提供するケイパビリティ（能力）である，②希少かつ模倣にコストのかかるケイパビリティは，他のタイプの資源よりも，持続的競争優位をもたらす要因となる可能性が高い，③企業戦略の一環としてこの種のケイパビリティの開発を目指し，そのための組織が適切に編成されている企業は，持続的競争優位を達成できる，という3点をあげ[16]，戦略の本質は，ポーターのいう「業界の魅力度」や「戦略的ポジショニング」ではなく，模倣困難な企業の内部資源（リソースあるいはケイパビリティ）にあるとしている[17]．

　この2つの主張に見られる通り，近年の経営戦略を巡る議論は[18]，戦略的ポ

ジショニング重視か，模倣困難なケイパビリティ重視か，といった点で大きく分かれているように思われる．しかし，現在のような経営環境の激変期にあっては，ポジショニングか，バリューチェーンか，ケイパビリティか，コア・コンピタンスかなどといった，どちらかをとるというような取捨選択の問題ではなく，それらを最適統合することが求められているといえよう．経営戦略とは，企業と環境との関わり方の道筋を示すものであり，企業が環境に対してどのようなアプローチをしていくのかを，組織内外に知らしめるものである．そして，そのためには，①ドメインの定義，②資源展開の決定，③競争戦略の決定，④事業システムの決定，という4つの側面についての決定が必要となる[19]．すなわち，現在における経営戦略の潮流は，自社のコア・コンピタンスやケイパビリティの評価・構築による独創的かつ最適なポジションの創出により，ドメイン（生存領域）の中核となる領域の選択とその育成（＝資源展開）を決定し，トレード・オフとなる事業領域を選択することで競争優位を確立する．そして，業務活動の価値連鎖を最適化させるような統合的システム（＝組織内，組織間を含めた事業システム）を創り出していくことが有効であるというものであろう．そして，この統合的な業務活動システムが，競争相手に容易に模倣できない未来思考のケイパビリティとなるのである．特に近年の特徴としては，企業の中核能力（コア・コンピタンス）の育成と，戦略的提携やアウトソーシングなどによる外部資源の有効活用といった，組織間関係を中心とした事業システムの構築があげられる．

　このように，近年組織間関係としての事業システムの構築が，経営戦略の策定にとって重要性を増してきている．特にアライアンス（＝提携）は，その中心的なテーマといえるであろう．今までは内部化が主な課題であった巨大企業でさえも，自社単独では成し遂げられないようなスピードの達成や，巨額の資金を必要とする新技術の製品化などのために，ライバル企業との提携をも視野に入れたアライアンス戦略を推進している．山倉は，アライアンスやアウトソーシングについて，今や組織の中心的課題となり，その戦略性がとみに高まっているとして，戦略論との関連からアライアンスの重要性を指摘している[20]．

すなわち，昨今の経営環境の目まぐるしい変革期において，持続的な競争優位と企業成長を成し遂げるための経営戦略については，「戦略的ポジショニング」と「ケイパビリティ」の統合を，企業間提携（＝戦略的アライアンス）で成し遂げることが求められていると考えられる．

(2) 地域企業の戦略上の特質

さて，今までの経営戦略に関する考察を踏まえ，ここから地域企業の戦略上の特質について考えてみたい．この場合も，企業と環境との関わりが重要な視点となるであろう．まずは，現在の地域企業を巡る環境要因を明らかにする必要がある．

1) 地域企業を巡る経営環境の変化

一般的に，地域企業は，地域資源への依存度が大きく，地域社会と共存共栄の関係にある場合が多い．すなわち，自社の成長に関して，地域資源の充実や地域の発展が大きなウエイトを占めていると考えられ，地域企業にとって地域資源の拡大・成長は戦略上の重要なポイントになっている．

金井は，一般的な企業環境を，原材料市場などのインプット面での環境，製品やサービス市場に関わるアウトプット面での環境，および政府，という3つの環境要素に分類した上で，地域企業を，①インプット，アウトプットの多くを特定の地域にのみ依存しているタイプ，②主要なインプットは特定地域に大きく依存し集中立地しているが，アウトプットは全国あるいは国際的に展開しているタイプ，③インプット，アウトプットの様相は②のタイプと似ているが，特定地域に集中立地していないタイプ，の3タイプに類型化している．その上で，地域企業が直面している環境変化として，①経済のグローバル化，②経済の成熟化，③高齢化と若年労働力の減少，④情報化の急速な進展，⑤環境保全や生きがいなどの社会的ニーズの高まり，をあげている[21]．ここで，地域企業を巡る環境変化を整理すると，主に以下の3つのポイントにまとめられるであろう[22]．

① 経済構造変化の進展：1) グローバリゼーションの進展：海外展開と国際

分業の進展，2)需要動向の変化：ニーズの高度化，3)企業間関係の変化：下請分業構造の流動化，4)サービス経済化の進展：サービス業の伸長，5)情報化の進展（IT革命），6)流通構造の変化：小規模小売業の減少と物流の効率化（流通経路の短縮化）など．
② 地域経済の変容：1)中心市街地と商店街の衰退，2)地域産業集積の変容：産業集積の停滞傾向と広域化など．
③ 制度環境の変化：1)金融環境の変化，2)税制改革の進展，3)労働・雇用改革の進展，4)財政構造改革等の進展：財政健全化（公共投資の実質的縮減），5)エネルギー問題・地球環境問題の高まりなど．

このように，地域企業を巡る経営環境の変化は，極めて多様な展開を示している．その中でも，特に地域経済に深刻な影響を与える構造変化としては，産業の空洞化（特に製造業），小売業における構造変化（中心市街地の衰退），長期的な公共投資の減少，金融制度改革などがあげられる[23]．この環境変化は，地域社会という観点に立てば，一見マイナス面の評価が強調されているようにも見受けられる．もちろん，制度改革をとってみても，今までの規制が，一面において参入規制，輸入規制，営業規制等の弱者救済的な側面を持っていたため，規制緩和により企業間競争が激化し，地域社会に大きな影響を与えていくのも当然のこととして予想できる．そこには，市場原理としての優勝劣敗のメカニズムが働くのである．しかし，裏返せば，それはチャンスとも取れるであろう．大企業でさえ，現在の経営環境の変化に対して，そのすべてに適切な手段を講じていくことは並大抵のことではない．総合電機，総合商社，総合スーパー等，"総合"的な事業展開をしている大企業が成熟期を迎え，厳しい対応を迫られつつある中で，特定分野に特化した専門的企業の成長が注目されている．すなわち，適切に自社の置かれている環境を評価し，それに対して有効な手段を講じていけば，今まで以上の成長を達成することも可能なのである．市場への参入機会，事業化機会が開かれているという点に注目すれば，現在の経営環境の変化は，まさにチャンス到来ともいえる．このことが，近年，経営戦略が重視される所以であり，ここに地域企業の戦略上の大きなポイントがあるように思

2） 地域企業の戦略上の特徴

地域企業の戦略的特徴として，金井は，以下の3つをあげている．第1の特徴は，地域独特のニーズを発見し，それに応えるような事業を創造・展開していることであり，市場面での特徴として，しばしば集中戦略あるいはニッチ戦略と呼ばれるものである．第2の特徴は，地域の資源を活用するということであり，地域企業としての資源的メリットを競争上の優位性につないでいくという戦略である．ここでの地域資源は，天然資源のみならず，気候，人的資源，地域の文化，技術から，地域企業の廃棄物までも含まれる．第3の特徴は，ネットワーク創造（活用）戦略であり，資源展開上の戦略の1つとして，地域内の他企業や大学などの研究機関，地方自治体などとコラボレート（協力）しながら事業展開をしていくという戦略である[24]．

もちろん，個別企業の具体的な経営戦略は，企業毎に異なるものであり，その重点も各企業のドメイン設定の如何により変わってくるものであろう．また，業種・業態によっても，地域との関わり方は異なってくると思われる．しかし，特に強調したいのは，地域企業間，および商工会議所等の企業支援団体，地方自治体，大学等教育研究機関などを含めた，地域社会全体のコラボレーション（共創）が求められているということである．同一の地域に立地する企業は，距離的に近いとはいっても，事業活動（本業）に関連する企業以外とのコラボレートは，現実問題としてまだまだ些少な状況であろう．お互いの強みを持ち寄って地域資源の増強を図り，自社の成長，ひいては地域の発展を目指すため，地域社会としてのドメインを共有するという戦略的な対応が求められている．

3） 組織間ネットワーク戦略

以上のような地域内でのコラボレーションを重視した戦略は，組織間ネットワーク戦略と呼べるものであろう．寺本は，近年の環境変化が加速化されている状況の中で，現代企業は，①技術開発・多角化のスピードアップ，②広範囲・多様な資源の保有，③リスクの最小限化という相互に矛盾した要求を企業自身に課すことによって，「トリレンマ」（三重の矛盾）の状態に追い込まれてい

るとして，この企業成長上の矛盾を創造的に解決しようとするものが，組織間ネットワーク戦略であると述べている．そして，その促進条件として，次の3点をあげている．すなわち，①必要な技術分野に関して，すでに一定の蓄積があるほかの企業と協力することによって，開発期間を短縮するというような「スピード・エコノミーの実現」，②「異業種交流」といった，できるだけ異質の資源を持つ企業間での資源の結合・連関によって，種々の資源を組み合せ，新たな価値をも創造するというような「スコープ・エコノミー（範囲の経済）の実現」，③企業間の資源の結合・連関による個別企業の「リスクの軽減・分散」，である[25]．

また，山倉は，地域社会が企業を含む複数の組織間ネットワーク（interorganizational network）としてとらえられ，その組織間連結をどのように形成・維持していくのかが，地域社会の構造・変動にとって重要なポイントになると述べている．それは，組織間資源ネットワーク（interorganizational resource network）の構成に関わる問題であり，そのあり方が組織間の影響構造を規定し，地域社会に影響を及ぼしていくという．特に，組織間ネットワークの中心的地位を占める組織は，地域社会における価値ある資源の保有（ないしは近接可能性）により，組織間ネットワークを操作し，地域社会の構造に影響を与えるのであり，この重要な資源に対するコントロールゆえに，中心的組織は地域社会に対する広いパワーの基盤を持っていると説明している．その上で，地域社会の革新について，3つの側面から論じている．第1に，地域社会における組織間ネットワークの連結度について，ゆるい連結ほど地域社会全体に及ぶ革新となる可能性は低く，タイトなほど革新性を有している．第2に，革新が既存の組織間ネットワークのパターンと一貫していれば，ネットワークは革新に対して開かれ，革新は地域社会全体に迅速に及ぶ．すなわち，中心的組織の利害が革新と調和しており，その考え方が革新志向的であるときには，組織間の連結がルースであっても，地域社会全体に及ぶ革新の速度は速くなる．第3に，組織間におけるパワーの集中度が高く，しかも革新が支配組織の利害と一致しているとき，ネットワークは変化に対して開かれ，システム全体に及ぶ革新となる[26]．

このように，組織間ネットワーク戦略は，地域企業が現代的な戦略的課題を解決していくための方策として要とも呼べるものである．すなわち，地域内ネットワークをどのように構築していくのかが，地域企業の戦略上のポイントとなるであろう．そのためには，組織間ネットワークの特質を十分に理解することが必要となる．寺本は，組織間ネットワークを，その構成要素の質的差異である［同質性－異質性］次元と，ネットワークが形成される契機（ネットワーク全体の形成プロセスの特性）を示す［計画性－創発性］次元とのマトリックスで表し，①同質－計画型，②異質－計画型，③同質－創発型，④異質－創発型という4つのネットワークの類型を導き出している[27]．その上で，組織間ネットワークの構成主体であるパートナーの選定基準として，①戦略適合性（コーポレート・ドメイン，ミッションの方向性と，新技術・新事業の位置づけ），②資源適合性，③組織適合性，をあげている[28]．この中で，地域企業の組織間ネットワークにとって特に重要だと思われるのは，ネットワークとしての戦略適合性であろう．すなわち，どのような事業領域をネットワークとしてのドメインとするのか．そして，ネットワークにおける各構成要素のコア・コンピタンス（中核能力）をどのように合成・蓄積して，ネットワークとしての企業力（＝ネットワーク能力）を最大化するような力を発揮していくのか．このためには，地域的アイデンティフィケーションに基づくドメインの設定・共有が重要な要素であり，各構成主体間の適合性を適切にコーディネートしていく存在が求められるのである．

(3) ネットワーク戦略とコーディネート機能

今まで見てきたように，現在のような経営環境の激変期という時代の中で，企業にとって有効な経営戦略は，近年注目を集めている経営戦略理論である資源ベースの企業観（the Resource-Based View of the Firm）とポーター（Porter, M. E.）の「競争戦略論（ポジショニング重視の戦略論）」[29]を最適統合することであろう．特に地域企業にとっては，ネットワークとしてこのような戦略を行使していくことが有効だと考えられるのである．その中でも，地域ネットワークの中心的組織となりうる地域中核企業の戦略上のポイントは，①地域産業ネッ

トワークのコアとしての役割，②組織間コーディネート機能の発揮やその担い手の育成，③既存の産業の枠組みにとらわれない産業クラスター[30]としてのポテンシャルの発掘などがあげられる．すなわち，地域中核企業に対しては，地域産業ネットワークの中核としての役割が求められているのであり，ネットワークのコアとしてネットワーク効果を高めていくことが，戦略上の重要なポイントとなる．地域企業の組織間ネットワークによる経営革新の達成は，地域中核企業が組織間コーディネート機能に積極的にコミットメントしていくことに求められ，そのことは，地域産業ネットワークにおけるコーディネート機能の担い手の創出の方向に，ここでの議論を導いていくのである．

このように，地域企業のネットワーク戦略にとって，組織間コーディネート機能の担い手は特に重要な存在となる．ここでは，そのような機能を担う存在を，ネットワーク・コーディネート組織（以下本文では，コーディネート組織）と呼ぶ[31]．それは，一定の地理的範囲内で結びついている社会集団（＝地域産業ネットワーク）において，その価値連鎖のすべてにわたって調整機能を発揮し，最先端の情報技術を駆使しながら，取引を活性化するための諸機能を提供する組織である．そして，地域経済に大きな影響力を持つ地域中核企業が，産業の枠組みにとらわれず横断的に連携して，コーディネート組織の創出・育成に中心的な役割を果たすことが効果的であると考える．また，コーディネート組織は，ネットワーク構成主体の調整役としてパワーを確保し，有効に行使することも必要であろう．但し，そのパワーの源泉は，階層構造を基礎とした権限関係ではなく，情報提供や仲介機能に基づくものであり，ネットワーク・メンバー間にシナジーが生まれるようなリーダーシップを発揮していくことが求められる．

次節以降においては，今まで見てきた地域中核企業の経営戦略と地域産業ネットワークとの関係性についての論点を踏まえ，地域企業などが，地域資源，地域ドメイン，コーディネート機能などについてどのような認識を持っているのか，いくつかの実態調査[32]や事例研究などに基づき明らかにし，地域産業ネットワークの創出による地域企業の経営革新のポイントや実現可能性について考察を進めていくことにしたい．

2. 地域産業と地域資源

　現在の地域経済は，組立機能中心の大企業地方工場が，東アジア地域への生産シフトを加速化させていることなどの影響により，地域に根ざした中小企業がより厳しい状況に立たされ，産業空洞化の流れが進展している[33]．反面，地域中核企業の中には成長傾向の企業も多く存在し，地域外への進出も含め，積極的な事業活動により企業成長を図っている．また，立地地域の景況は，商業，金融業，サービス業などの地域密着型産業の事業活動に大きな影響を与えているが，全国的なマーケットや海外市場をターゲットに事業活動を行っている製造業は，立地地域市場への依存度が相対的に低く，地域の景況に左右されない企業力を保有している．特に注目できることは，地域中核企業の動向と立地地域の景況感について密接な関連性が見られることである．図表3-1の通り，地域中核企業が成長傾向である地域は，地域全体も比較的良好な景況感を示している．地域中核企業の動向は，地域の景況に大きな影響力を持っているのである．このことは，地域活性化にとって，地域中核企業の育成の必要性を示唆し

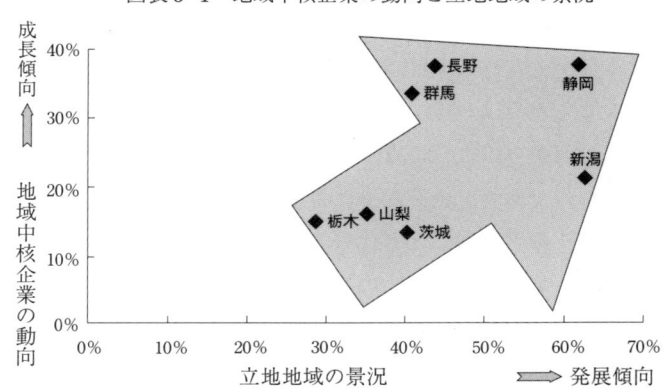

図表3-1　地域中核企業の動向と立地地域の景況

出所）拙稿「地域中核企業と地域産業ネットワークについて―関東近県の実態調査に基づいて―」
　　　（日本経営学会編『経営学の新世紀：経営学100年の回顧と展望』経営学論集第71集，2001年9月），238ページ．

ているものととらえられるであろう．すなわち，地域政策的な視点において，今までのような地域中小企業に対する直接的支援や進出工場誘致政策だけでなく，地域産業の要となる地域中核企業の育成が，地域産業の振興にとって効果的な手段になりうると考えられるのである．当然それは，地域の実情に合わせた方向性と手段で，大企業進出工場や地域中小企業とのコラボレートを指向したものであることが求められる．

(1) 地域資源とは

ここから，地域資源を媒介とした地域社会と地域企業の関係を見ていくことにする．そのためには，まず地域資源について検討する必要があろう．地域資源といっても，ここで対象にするのは，企業の事業活動に関連するものでなければならない．すなわち，広い意味での経営資源ということができる．

経営資源とは，一般的に，ヒト・モノ・カネ，そして情報（人的資源・物的資源・財務的資源・情報的資源）[34]である．ヒト（人的資源）とは，労働力のことであり，基本的には従業員がその対象となるが，近年は派遣社員やアウトソーシングなどもこの範疇に含めて考えるべきであろう．モノ（物的資源）は，土地，設備などの固定資産や，流動資産の中でも有形の製品，仕掛品，原材料などであり，そのほか事業基盤となるインフラストラクチャや流通網などもこの範疇に含まれるであろう．カネ（財務的資源）は，現金，預金，有価証券などであるが，そのような考え方のほかに，短期資金，長期資金，自己資本といった，資金の調達という側面からのとらえ方もできる．情報的資源は，個々の企業単位に独自性の強いものであり，企業内外に蓄積された知識ととらえられる．ノウハウ，技術，熟練，顧客情報などが代表的な例といえる．伊丹は，この情報的資源は企業の持つ「見えざる資産」の総称であり，顧客の信用やブランドイメージ，流通チャネルの支配力，従業員のモラルの高さなども含まれ，経営資源の中で最も大切なものであると述べている．そして，この「見えざる資産」は，①「事業をうまく」やるのに必要，②金をだしても買えない，③つくるのに時間がかかる，④多重利用が可能という企業の競争力を生み出すためのさまざ

図表 3-2　企業資源の内容分類

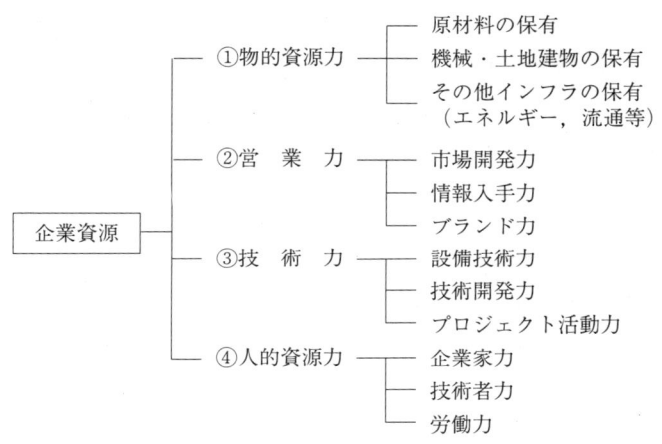

```
                    ┌─ ①物的資源力 ─┬─ 原材料の保有
                    │              ├─ 機械・土地建物の保有
                    │              └─ その他インフラの保有
                    │                 （エネルギー，流通等）
                    ├─ ②営　業　力 ─┬─ 市場開発力
                    │              ├─ 情報入手力
　　企業資源 ───────┤              └─ ブランド力
                    ├─ ③技　術　力 ─┬─ 設備技術力
                    │              ├─ 技術開発力
                    │              └─ プロジェクト活動力
                    └─ ④人的資源力 ─┬─ 企業家力
                                   ├─ 技術者力
                                   └─ 労働力
```

出所）　総合研究開発機構編『企業資源を活用した地域開発に関する研究』
　　　　（NIRA報告書，No. 940053），1995年，114ページ．

な特徴があるとしている[35]．

　地域と企業資源の関係において，総合研究開発機構の研究では，地域における企業資源活用の実態を把握するため，企業資源を図表3-2のように分類している．その上で，企業が地域開発の観点で活用しているのは，①の物的資源力の活用に留まっていて，②から④までの企業の運営と活動の根源に関わる資源の活用が極めて少なく，保有資源の所在は地域にあっても，資源活用の権限は本社に帰属していて，地域立地の事業所に存在している場合は少ないと述べている．そして，地域の事業所は，地域に立地しているのではなく，「単に地域に位置している」ことになると指摘している[36]．

　それでは，企業と地域社会との関係を地域資源を媒介とした相互依存関係でとらえた場合，地域資源とはいかなるものになるであろうか．組織間の関係を資源依存関係でとらえる考え方は資源依存パースペクティブである．そして，その基礎的前提は，組織は自らを維持するために必要な資源または機能をすべて生産することはできないというものであり，組織は，必要資源の供給能力を

図表 3-3　地域資源の内容

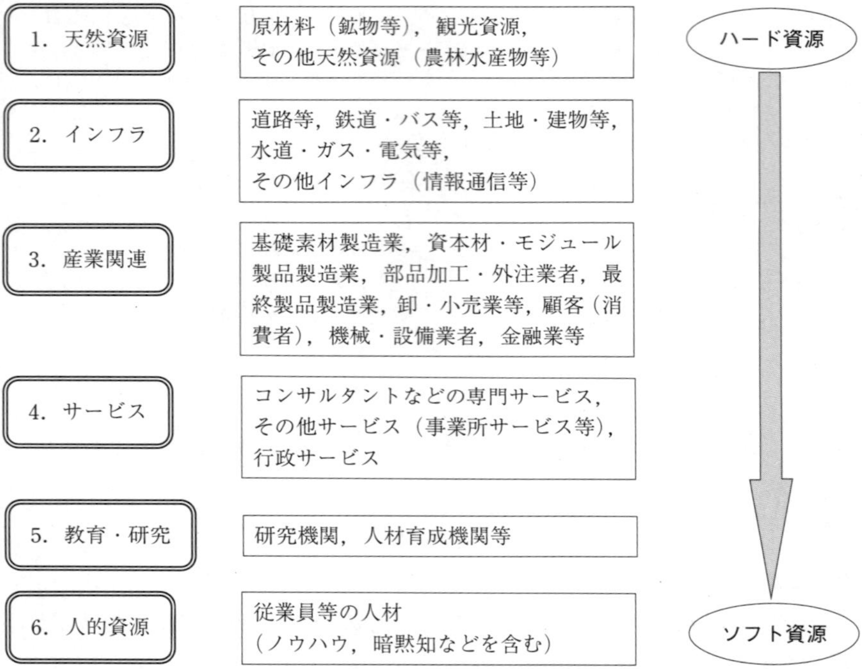

1. 天然資源	原材料（鉱物等），観光資源，その他天然資源（農林水産物等）	ハード資源
2. インフラ	道路等，鉄道・バス等，土地・建物等，水道・ガス・電気等，その他インフラ（情報通信等）	↓
3. 産業関連	基礎素材製造業，資本材・モジュール製品製造業，部品加工・外注業者，最終製品製造業，卸・小売業等，顧客（消費者），機械・設備業者，金融業等	
4. サービス	コンサルタントなどの専門サービス，その他サービス（事業所サービス等），行政サービス	
5. 教育・研究	研究機関，人材育成機関等	
6. 人的資源	従業員等の人材（ノウハウ，暗黙知などを含む）	ソフト資源

持った組織と交流しなければならない[37]．このように，地域における組織間関係で地域資源を考える場合，アライアンスやアウトソーシングなど，企業が事業活動において依存している組織をも対象とした広義の概念でとらえる必要がある．すなわち，企業を巡る事業環境に焦点をあてた，ポーターの5つの競争要因[38]の構成要素である，①新規参入業者，②競争業者，③代替品生産・販売業者，④顧客，⑤供給業者のそれぞれについても，それらが地域における組織間関係としてとらえられる場合には，地域資源の一部と考えてもよいと思われる．このことは，より進んで地域の優位性を論じた国の競争優位論やクラスター理論にここでの議論を導くものであろう[39]．それは，立地の競争優位の源泉としての国の「ダイヤモンド」の概念であり，ある国（または地域）が特定産業

において国際的に成功する（＝国の競争優位）ための4つの決定要因（①要素条件，②需要条件，③関連・支援産業，④企業の戦略，構造およびライバル間競争）のことである[40]．すなわち，狭義の地域資源としての要素条件のみならず，取引先や顧客（需要条件），関連・支援産業，競争相手（ライバル間競争）さえも，広義には地域資源として考察すべきと考えるのである．

ここで，今までの議論を踏まえ地域資源を定義してみると，狭義には，「地域企業が立地地域から調達する経営資源（ヒト・モノ・カネ・情報）」となる．そして，広義には，「地域企業の立地地域における事業活動上のインプット・アウトプットを構成する諸資源・諸要素のすべて（立地地域内から調達し，蓄積し，販売・処分する資源，知識，組織の総体）」ということができる．ここでは，この広義の地域資源の立場をとる．具体的な資源としては，ハード資源からソフト資源といった観点で考えると，図表3-3のように天然資源，インフラストラクチャ，産業関連（関連支援産業など），サービス，教育・研究，人的資源といったとらえ方ができる．

(2) 地域資源に対する依存関係と地域ドメイン

1) 地域資源に対する依存関係

地域企業の地域資源への依存関係については，中央官庁主導の横並び的産業政策の影響もあり画一化の傾向が見られる．すなわち，立地地域の資源は，他の地域とそれほどの違いが無いと感じている企業が多い．そして，その依存度について，地域密着型産業は高依存度であり，外部市場を睨む製造業は地域資源への依存度が相対的に低い．製造業は，地域の経済成長や経済的繁栄を長期的に生み出す主役である「外向きの産業」[41]であるが，基本的な流れとして地域に対する依存度を減少させようとしている．また，その依存資源については，概ねハード資源に偏重している．すなわち，定型的な事業活動において使用されるハード資源は立地地域に依存しつつも，今後の事業戦略の要となるソフト資源は他地域に依存している傾向が強い．このことは，より有利なハード資源が他地域に現れ，代替費用が将来的にその有利性によりまかなえると判断され

る場合には，他地域に代替される可能性を秘めているのである．

加えて，地方自治体など政策サイドにおいて特筆すべき傾向であるが，今後の産業支援の方向性として，観光資源，農産物等天然資源の優位性を掲げ，それらを柱に地域産業の振興を計ろうとする動きが多い．しかし，特定の業種を除き，地域企業はその動きに特別の関心を払ってはいない．すなわち，観光資源，農産物等天然資源の優位性は，一部の特定産業を除き，地域社会が企業に対してパワーを獲得する手段となり得そうもない．もちろん，ビジターズ・インダストリーなど，地域の観光資源や農産物資源などの優位性を利用した地域振興を図ることも必要な政策である．しかし，「箱もの」主体の観光開発は慎むべきである．第三セクターの経営危機に見られる通り，バブル期のリゾート法ブームにのって打ち上げられたリゾート開発は，今や完全な行き詰まりを見せているのである[42]．あくまでも，何が地域のドメインとなるものであるかを見定め，それに沿った戦略的な対応が望まれる．

2） 地域ドメインに基づいた地域資源の育成

地域企業にとって，自社の成長に寄与する地域資源充実の方向性は，ソフト面での地域資源の充実・強化である．この地域におけるソフト資源の充実は，地域資源の相対的優位性を獲得する上で特に重要なポイントであり，企業支援組織に対するソフト面での機能強化が必要であろう．すなわち，地域産業の発展の方向性については，新事業，新製品，技術開発に寄与する地域内ソフト資源の充実・強化により，地域企業の成長，新規創業の活発化を図ることが求められている．特に，知的サービス産業の創出・育成が重要であり，地域企業の成長戦略として，このようなサービス産業への積極的な参入も期待される[43]．

このソフトな地域資源の充実・強化については，他地域の資源を有効活用することも必要であろう．最近の戦略的提携やアウトソーシング等の流れから，他地域の資源の有効活用は，投下資本量に比べ大きな効果をあげるものと期待されている．しかし，地域資源は，地域内にあってこそ地域振興にとって意味を成すものが多い．何を内部化して，何を外部調達するのか．その地域のドメインが問われる課題なのである．もちろん，今まで地域振興の中心であったハ

ード資源については，他地域との積極的な連携により共同利用を図る等の工夫が必要であるが，地域企業が自社の成長にとって充足すべきと考えているソフト資源については，積極的な内部化を図り，他地域との差別化を図っていくことが必要であろう．

　このような充実すべき地域資源の基盤ともなる地域ドメインの設定，それに沿った地域資源の充実・強化が，地域企業の成長戦略と密接に関連することによって，地域内に活発なイノベーションを生みうる土壌が醸成される．地域ドメインは，地域産業のマクロな方向性を決める指針となるべきものであり，幅広いコンセンサスを得ることが必要である．地域として育成すべき産業，地域産業の将来のあるべき姿，強化すべき地域資源，経営資源の結集と重点配分などの課題に関して，地域のオピニオンリーダーの基本的な総意を得ながら進めていく必要がある．企業支援機関といった公的な立場にある組織が，地域のオピニオンリーダーを結集した「場」を創設し，その中で設定していくことが望ましいであろう．この地域ドメイン設定主体に求められる機能は，地域のアイデンティティと地域資源との適性評価，地域の技術シーズのポテンシャル評価，市場機会に基づいた地域資源の適正な評価，地域としての強みや事業機会の評価（SWOT分析），地域産業のあるべき姿や新規事業の方向性の提示，新規事業の市場性評価などである．これらの機能の総体として設定される地域ドメインは，地域企業の経営革新や新規創業を目指す起業家の道標として，地域の技術および市場を横断した独自性のある内容が求められる．その中には，地域独自の文化，風土，歴史等を織り込むことも考慮し，地域横断的に設定，育成されることが求められるのである．

3．地域産業ネットワークとコーディネート機能

　今まで，地域資源とその充実・強化の基盤ともなる地域ドメインについて考察してきた．ここでは，そのような地域資源を媒介として繰り広げられる組織間関係について，地域内でのコラボレーションの観点から，地域企業のアライ

アンスの動向や地域産業ネットワークにおけるコーディネート組織について考察する．

地域企業における他組織とのアライアンスについて，今後の取組みに対するニーズはあるものの，現時点での効果についてその評価は相反しており，アライアンスの管理・運営の困難性が見られる．その理由は，主に2つの要因が考えられるであろう．1つは，時間的な問題であり，まだこのような取組みが年月を経ていないため，アライアンスの効果が表れる段階に至っていないことである．もう1つは，その取組み方法や取組み形態の問題であり，アライアンスに対する考え方が各主体間で異なっているため，組織間コンフリクトが発生していると考えられる．しかし，比較的地域資源に対する依存度の高い地域密着型産業（基礎素材型産業，商業，金融業，サービス業など）は，アライアンスに対して前向きの評価をしており，地域資源への依存関係が組織間コンフリクトを和らげる調整メカニズムとして働いていると考えられる．すなわち，地域内でのアライアンスに伴う組織間コンフリクトを良好に管理していくためには，地域資源の充実・強化と，アライアンス関係を柔軟にコーディネートしていくための仲介機能や組織間調整機能を発揮する担い手の創出・育成が重要な位置づけを持つと考えられるのである．

この組織間コーディネート機能の担い手は，地域資源の充実や戦略的パートナーシップの醸成にとって，最も重要な位置を占めるものであろう．しかし，現状においては，地域産業や地域内取引の活性化に寄与するようなコーディネート機能を発揮している主体は少数である．すなわち，地方自治体や商工会議所などの企業支援組織を中心に，ネットワークの取りまとめ役的な存在はいるものの，具体的にネットワークの相乗効果を発揮させるような機能を十分に果たしきれていない．

では，地域活性化に寄与するコーディネート組織とは，どのような機能を発揮するべきであろうか．それは，①幅広い情報収集能力を持ち，市場の動向を柔軟にキャッチすること（情報収集・伝達機能），②地域内組織のベクトルを結集するような目標を設定すること（地域ドメイン・地域戦略設定機能），③創造的事

図表3-4　コーディネート組織の機能と枠組み

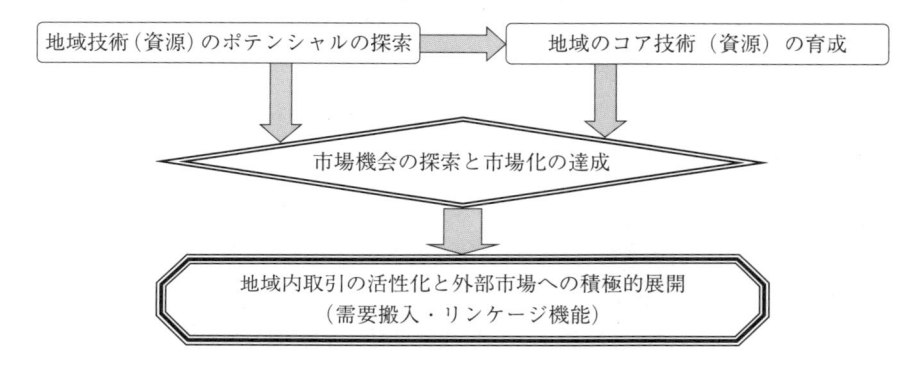

```
┌─────────────────────────────┐     ┌─────────────────────────────┐
│ 地域技術（資源）のポテンシャルの探索 │ ──▶ │    地域のコア技術（資源）の育成    │
└─────────────────────────────┘     └─────────────────────────────┘
              │                                   │
              ▼                                   ▼
         ◇────────────────────────────────────────◇
              市場機会の探索と市場化の達成
         ◇────────────────────────────────────────◇
                            │
                            ▼
        ╔═══════════════════════════════════════════╗
        ║  地域内取引の活性化と外部市場への積極的展開  ║
        ║       （需要搬入・リンケージ機能）          ║
        ╚═══════════════════════════════════════════╝
```

業活動に対する企画立案能力によって，成長市場における新規事業分野を見定めること（企画・立案機能），④地域内組織を柔軟に組織化することによって，新製品等の市場化を果たすこと（組織間調整機能），⑤マーケティング能力を駆使して，販売促進を図っていくこと（マーケティング機能）等にまとめられるであろう．その中でも，図表3-4で示した通り，地域技術のポテンシャルの探索から，地域のコア技術育成の方向性を提示し市場化を達成するといった企画・立案機能と，需要の搬入や外部市場とのリンケージ機能による取引の活性化に寄与するマーケティング機能は，新規事業の創出・育成といった地域企業の経営革新を促進する上で，特に重要な機能であると考えられる．

　さて，ネットワークにおける重要な課題の1つに，パフォーマンスの適正な評価がある[44]．しかし，ネットワークによって，ネットワーク全体および参加企業それぞれが，どれほどの利益を享受したのかを適正に評価することは，自己組織性とゆるやかな連結というネットワークの特性ゆえに，かなりの困難をともなうものである．コーディネート機能を担う組織には，このネットワークのパフォーマンスの適性評価と，参加メンバーへの周知という役割も求められる．この点，コーディネート組織自身の経営成績が，ネットワークの業績によって左右されるような体制が望ましいであろう．現実問題として，コーディネート組織については営利企業形態への要望が強く，コーディネート組織の有効

性や能率が，利益など実際に目に見える数字で評価できる仕組みが望まれているのである．ただし，単独の営利企業がその役割を担う場合，ネットワークのメンバーがコーディネート組織自身の利益の保身などといった機会主義的な行為への猜疑心を持つことが考えられるため，ネットワーク内に信頼関係を醸成させることは難しいであろう．このため，商工会議所などの企業支援組織と，地域資源への依存度の高い地域密着型産業（商業，金融業，サービス業）などが地域横断的に連携したジョイント・ベンチャーによる営利企業形態での創出が望まれているのである．

　では，コーディネート組織がその機能を有効かつ能率的に発揮するためには，地域内にどのような枠組みのネットワークが創出されることが望ましいのであろうか．それは，地域内でさまざまな事業活動を営んでいる地域企業自身が，創出されるネットワークに積極的にコミットメントしていけるかどうかにかかっている．すなわち，組織間ネットワークによる経営革新の有効性を積極的に評価しているかどうかが重要なのである．この点については，地域資源への依存度の低い製造業を中心に，自社の成長戦略との関連では，有効性について否定的な企業が多い．これらの企業は，基本的に外部市場に積極的な展開を図っている「外向きの産業」であり，地域に対する恩恵をそれほど感じていないことがその主な要因であろう．これらの企業にとっても地域産業ネットワークを魅力のあるものとするためには，外部市場に開かれたオープンなネットワークを構築すると共に，外部市場とのリンケージ機能と取引の活性化に焦点をあてたコーディネート組織を創出・育成していくことが求められる．

　また，地域産業ネットワークの創出とコーディネート組織の設立については，地域密着型産業や，商工会議所，地域産業振興に携わる財団等を中心に，積極的なコミットメントを指向している．このため，地域産業ネットワークについては，地域密着型産業の有力企業と商工会議所等企業支援組織とのコラボレートが実現されることによって，有効なコーディネート機能を発揮する組織が創出されると思われる．このようにして創設されたコーディネート組織は，階層組織の持つ信頼と統制，ネットワーク組織の持つ柔軟性や多様性そして創造性

といった2つの「強み」をあわせ持ち，地域産業ネットワークへの幅広い参加者と有効な協力体制を構築することが可能となるため，望まれる機能を有効に発揮し，ネットワークのパフォーマンスを適正に評価する仕組みを創り出すことができると思われるのである．

4．地域産業ネットワークの編成による経営革新

今まで見てきたように，地域社会と相互依存関係にある地域企業の経営戦略のポイントは，地域横断的な地域産業ネットワークの創出・育成に求められる．地域産業ネットワークが有効に機能し，真に地域産業を繁栄に導くためには，ネットワークの中核となるコーディネート機能の担い手が欠かせないものであり，まさしく，日本の枠組みに沿ったコーディネート組織の創出・育成が期待されるのである．

(1) 日本型ネットワーク・コーディネート組織の創出

では，日本型コーディネート組織とはどのような存在であろうか．近年イタリアの製造業集積の研究が盛んであり[45]，オーガナイザーと呼ばれる製品企画やマーケティング機能を有し，集積内の工程専業企業を柔軟にコーディネートする企業に注目が集まっている．しかし，イタリアにおいては，歴史的・文化的にみても各個人の独立意識が旺盛であり，大企業への成長を望まないという風土もある[46]．このため，その機能をそのまま日本の地域企業に当てはめることは困難であろう．また，シリコンバレーにおける非営利組織の存在も注目されているが，やはりアメリカ的な文化・風土が大きく影響していることは否めない．日本の風土に根差したコーディネート組織を創出・育成することが求められる．すなわち，「場」を重んじ構成員の帰属意識を高めるという集団志向．「気」を発揮することにより独自の知的創造力を高める統合志向．これら，日本企業が持っているといわれる"強み"を有機的にまとめあげ，現在必要とされる革新のための「スピード」を確保するため最新の情報技術を積極的に活用

した，地域社会統合型のコーディネート組織の確立が望まれるのである（図表3-5参照）．そして，その中心となる存在は，地域経済の発展により利益を享受するような企業ないしは組織が望ましい．具体的には，地域資源に依存している地場企業，地域社会への貢献度の高い中核的製造業，インフラ面の構築に関わる地方大手建設業，地域メディアを担う地方放送局や新聞社，人的流通を掌る地方交通業，物流面における地方流通業や運輸業，地域小売業，大学等教育研究機関，地方自治体および外郭団体などである．

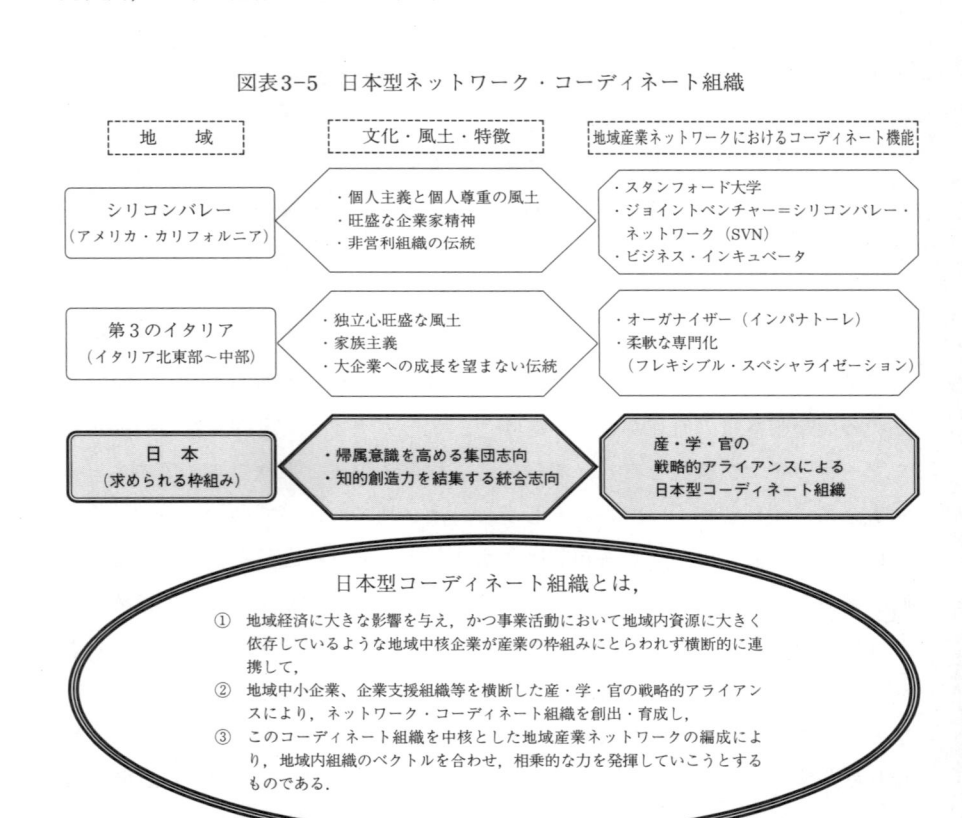

図表3-5　日本型ネットワーク・コーディネート組織

地域	文化・風土・特徴	地域産業ネットワークにおけるコーディネート機能
シリコンバレー（アメリカ・カリフォルニア）	・個人主義と個人尊重の風土 ・旺盛な企業家精神 ・非営利組織の伝統	・スタンフォード大学 ・ジョイントベンチャー＝シリコンバレー・ネットワーク（SVN） ・ビジネス・インキュベータ
第3のイタリア（イタリア北東部〜中部）	・独立心旺盛な風土 ・家族主義 ・大企業への成長を望まない伝統	・オーガナイザー（インパナトーレ） ・柔軟な専門化（フレキシブル・スペシャライゼーション）
日本（求められる枠組み）	・帰属意識を高める集団志向 ・知的創造力を結集する統合志向	産・学・官の戦略的アライアンスによる日本型コーディネート組織

日本型コーディネート組織とは，
① 地域経済に大きな影響を与え，かつ事業活動において地域内資源に大きく依存しているような地域中核企業が産業の枠組みにとらわれず横断的に連携して，
② 地域中小企業，企業支援組織等を横断した産・学・官の戦略的アライアンスにより，ネットワーク・コーディネート組織を創出・育成し，
③ このコーディネート組織を中核とした地域産業ネットワークの編成により，地域内組織のベクトルを合わせ，相乗的な力を発揮していこうとするものである．

(2) 地域産業ネットワークの編成上のポイント

次に，地域産業ネットワーク編成上のポイントについて考えてみたい．地域産業ネットワークは，地域社会のメンバーであるさまざまな主体が相互作用を織りなす「場」であると考えることができる．伊丹は，「場」について，「人々が参加し，意識・無意識のうちに相互に観察し，コミュニケーションを行い，相互に理解し，相互に働きかけ合い，共通の体験をする，その状況の枠組みのこと」であり，人々の間の「情報的相互作用の容れもの」であると述べている[47]．その上で，「場」の定義について，そこに参加するメンバーが，A．アジェンダ（情報は何に関するものか），B．解釈コード（情報はどう解釈すべきか），C．情報のキャリアー（情報を伝えている媒体），D．連帯欲求という4つの「場の基本要素」をある程度以上に共有することによって，さまざまな様式による密度の高い情報的相互作用が，継続的に生まれるような状況的枠組みのことであるという[48]．また，野中によれば，「場」とは，物理的な場所だけでなく，特定の時間と空間，あるいは「関係」の空間（文脈）を意味している「共有された文脈（shared context）」[49]であり，物理的空間（オフィス，分散した業務空間），仮想空間，特定の目的を共有している人間関係，あるいはこのような人間同士の共有しているメンタルスペース（共通経験，思い，理想）のいずれでもありうる，場所（platform）のことであると述べている[50]．そして，知識創造のイネーブラーとしては，適切な知識の場作りが必要であり，知識を共有する空間，メンバーを励まし育てる場，高いケアの行き届いた組織で知識の内在化を促進する空間であるイネーブリング・コンテクスト（＝場）の重要性を指摘している[51]．

以上のように，「場」とはネットワーク概念であり，その中でのメンバー間の相互作用といった関係性を重要視している．すなわち，地域産業ネットワークの編成は，まさに「場」を創り出すことであるといえよう．それでは，どのようにして，このような枠組みを創っていけばよいのであろうか．地域企業の中でも特に重要な存在である地域中核企業は，独立心旺盛であり，独自の成長戦略で現在の位置までたどり着いてきた．それゆえに，他企業のイニシアティブでネットワークを構成することには抵抗があると思われる．また，系列的な

関係を忌諱することも考えられる．そのような中で，地域産業ネットワークという「場」を創り出すためには，企業支援組織の存在が重要な役割を果たす．特に今後重要視されるのは，地域の大学の役割である．現在，TLO (Technology Licensing Organization：技術移転機関) の設立が相次ぎ，脚光を浴びてはいるものの，諸々の規制や大学自身の意識的な側面から，まだ過大な期待をするのは難しい．地域の大学が，シリコンバレーにおけるスタンフォード大学のような存在となるためには，まだ時間的猶予と制度的な改革が必要であろう．そこで，地方自治体および商工会議所等にその期待が向けられる．地方自治体や商工会議所等であれば，地域中核企業は競争関係にもなく，参加する企業は同列に扱われるため，多くの参加および協力が得られることであろう．そこに，地方自治体等の大きな役割がある．地域産業ネットワーク形成のための「場」を創り出す能力．これが，企業支援組織に課せられた大きな使命なのである．地方行政機関は，行政サービスという組織目的から，「場」の設定能力に長けている場合が多い．この能力を，地域産業ネットワーク創出のために有効に行使していくのである．

そして，この「場」の中で，地域産業ネットワークの構成メンバーが一体となり，コーディネート組織を創出・育成する．その創出にあたっては，あくまでも地域中核企業のトップ層など地域の産業リーダーが主体的な役割を担わなければならないであろう．地方行政機関は，このような「場」を設定するという支援機能に徹し，その枠組みを管理・管轄することは避けるべきである．地域産業ネットワークを構成するメンバーは，互恵的な関係を保ちつつ，お互いの"強み"を持ち寄って，ネットワークとしての最適化を目指さなければならない．

民間企業とのジョイント・ベンチャーである第三セクターが失敗する原因の1つに，経営トップ層が地方行政機関の出向者であることがあげられている[52]．このことは，もちろん第三セクターの事業目的にもよるが，第三セクターが独自運営を基本とする営利目的で設立された場合，それはある面当然のことといえるだろう．なぜなら，地方行政機関と企業では，組織の形態および運営に関

する原理・原則が違うのである．行政機構で長年培われたノウハウを持った管理者に，企業の原理・原則に従った行動をとるように仕向けることは，新入社員を教育することより難しいかもしれない．企業人と行政マンでは，お互いに育った土壌が違うのである．であればこそ，地域産業ネットワークにおける行政機関の役割は，「場」の設定と資本の拠出に限るべきで，その後は，ネットワークの主な構成主体となる地域中核企業のトップ層などを中心とした，地域の産業リーダーたちに委ねるという度量が必要であろう．

次に，地域社会に変革を生む条件についてであるが，これは，創出されたコーディネート組織のネットワーク・ドメイン（地域ドメイン）の設定とオープンな情報提供にかかっている．現状に満足していた場合，変革は生まれない．そこに，変革のための情報を流し込む仕組みが必要なのである．それは，「あのようになりたい」というような情報である．つまり，目標設定および比較対象を見つけることであり，ベスト・プラクティスやベンチマーキング[53]の考え方に通じるであろう．すなわち，競争相手や比較対象，そして，それらを取り巻くサプライヤーや取引先があってこそ，地域社会全体を巻き込んだ革新となり得る．そして，そこには相互作用が生まれ得るようなオープンな関係がなくてはならない．このオープンな相互作用の中から，ネットワークとしての意味形成が醸成され，「あのようになりたい」という向上心が生まれる．向上心というものは，アクティブかつダイナミックなものであるため，その実現には混乱が生じるのが常であろう．「あのようになりたい」と思うことは，ある面において現状を否定することだからである．ここで言いたいのは，「あのようになりたい」というモデル（欲求）がなければ，変化は生じないということである．もちろん，このモデルは，現実にあるものだけでなく，歴史的なものや仮想・架空（バーチャル）のものも含まれる．そして，それが地域産業ネットワークのドメイン（地域ドメイン）の基礎となり，地域産業ネットワークの規範ともなっていくのである．その意味するところは，ネットワークが外部に開かれたオープンなものでなければならないということと，その中核となるコーディネート組織が，外部との接触を常に保ち，外部との取引を活性化させるような強力な

マーケティング機能を有していなければならないということである．外部の情報がコーディネート組織を介してネットワーク内に流れ込み，ネットワーク内に変化の胎動が生まれ，創造的事業活動が促進されると考えるのである．

このようなオープン性を保つためにも，コーディネート組織は，地域企業を中心とした複数組織の戦略的アライアンスによって創出されることが望ましく，そのトップは，あくまでも経営的なセンスを持った企業家が担わなくてはならない．そのような適任（人材）を選出できるかということも，地域産業ネットワークのパフォーマンスに大きな影響を与えていくであろう．コーディネート組織のトップには，地域産業ネットワークをコーディネートしていくという強力なリーダーシップが求められる．このため，地域の産業リーダーの重要な役割として，コーディネート組織のトップを担う人材の選出または獲得もあげられる．

最後は，コーディネート組織が，地域産業ネットワークにおける中心的な機能を有効に行使するために必要なパワーの源泉についてである．前述のように，地域中核企業は非常に独立心旺盛な企業群であり，単独でも企業成長を図って行けるような規模にある．そのような中で，コーディネート組織が地域産業ネットワークにおける中心性を確保するためには，各構成メンバーに対してパワーを獲得する必要があるだろう．そのパワーの源泉の1つは，各構成メンバーのネットワークに対するコミットメントといったものである．これには，ネットワーク・ドメインが組織間でどの程度共有されているのかも重要な要素となるであろう．特に重要なこととして，コーディネート組織の地域産業ネットワークにおけるパワーは，資本関係や取引における依存度といったものではなく，前述したコーディネート組織に求められる機能，すなわち，①情報収集・伝達機能，②企画・立案機能，③ドメイン・戦略設定機能，④組織間調整機能，⑤マーケティング機能を有効に行使することにより獲得することが求められる．このメカニズムの解明には，組織論および組織間関係論の研究成果が多いに役立つものと思われ，今後の研究課題である．

おわりに——ネットワーク・コーディネート組織の創出に向けて

　本章においては，地域企業の経営戦略と地域産業の繁栄に対する1つの方向性として，地域産業ネットワークの創出・育成によるネットワークとしての経営革新の実現について考察した．この中で得られた成果は，以下のようにまとめられるであろう．

　すなわち，海外を含めた外部市場への進出を目指す中核的製造業を巻き込み，魅力的な地域産業ネットワークを創出するためには，①地域中核企業の中でも，特に地域内資源に事業活動の多くを依存し，地域産業ネットワーク創出に前向きな地域密着型産業（商業，金融業，サービス業など）が中心的な存在となり，商工会議所等の企業支援組織を横断した戦略的アライアンスによりコーディネート組織を創出・育成する．そして，②このコーディネート組織を中核として地域産業ネットワークを編成するとともに，ネットワークのパフォーマンスを適正に評価できる仕組みを構築し，コーディネート組織に求められる機能を有効に発揮する．このことによって，地域内組織のベクトルをあわせ，地域資源を結集することが可能となり，地域産業ネットワークは柔軟性を持つとともに自己組織的に増殖し，相乗的な力を発揮することができるというものである．

　もちろん，地域経済の持続的な繁栄のためには，外部に向けた経済活動を行う製造業を中心とした「外向きの産業」が特に重要な存在となるであろう．であればこそ，以上のような枠組みで創出されたコーディネート組織は，相対的に地域資源への依存度の低い製造業を巻き込み，柔軟性と創造性に富むネットワークを育む可能性を持っていると考えられるのである．

　このように，地域産業ネットワークとコーディネート組織の創出・育成は，地域の持続的な繁栄と地域企業の成長にとって有効な戦略の1つであると評価できるが，創出・運営上の重要な課題もいくつか指摘できる．

　まず第1の課題は，根本的な問題でもあるが，地域企業にとっての地域産業ネットワークの必要性である．何故，地域企業は組織間ネットワーク戦略を採用する必要があるのだろうか．そのことについて，詳細な議論は本章ではなさ

れていない．外部資源の有効活用と戦略的アライアンスという，昨今の経営戦略における中心的な議論を基礎として，ネットワーク戦略の有効性を提示したのみである．地域産業ネットワークで中心的な役割を担うべき地域中核企業は相当規模の企業であり，自社単独でも成長を指向できる企業力を持っている．実際，製造業を中心として，海外を含めた地域外への積極的な進出により，企業成長を図っていこうとする企業群が多く存在する．それらの企業も含め，地域中核企業にとっての地域産業ネットワークの必要性とはいかなるものなのであろうか．それは，地域中核企業の企業行動，および組織と密接に関連する問題でもある．

　この点についてポイントとなるのは，企業規模と地域的制約の問題であろう．企業規模の点については，本章の問題提起の部分でも指摘したが，地域中核企業は地域経済に対する影響力は大きいものの，その規模はあくまでも中堅規模が中心であり，日本全体に及ぼす影響は些少である．日本を代表するような大企業に比べ，戦略部門に割り当てられる人材も絶対的に少ない．その上，該当部門に強い専門性を持った人材を多数配置することも困難な場合が多い．企業の価値連鎖活動のすべてにわたって，戦略的な人材配置をすることは至難の業であろう．ここに，お互いの強みを持ち寄った地域産業ネットワークが要請される1つの要因がある．もう1つが地理的制約である．首都圏に本社を持ち，多数の管理部門を有している大企業と異なり，優秀な人材の獲得という面や，他の優良企業との直接交流等による先端技術や市場動向などの情報収集の面において，地方に立地している地域中核企業は，多少なりとも不利であることは否めない．インターネットが普及し，世界中の情報を瞬時にやり取りできる時代になり，地方における情報格差は少なくなると期待されてはいるものの，現実はその逆で，情報産業の東京への一極集中が益々激しくなっている[54]．その上，国際都市"東京"という「場」の雰囲気からしても，戦略立案機能を担う管理部門を地方に置いている地域中核企業は，市場の"におい"を敏感にキャッチできる状況にない場合も多い．ここでも，外部市場との仲介機能を果たすコーディネート組織が要請されるのである．コーディネート組織に対しては，

戦略立案とマーケティング部門を東京圏に置き，組織間調整機能を立地地域内に置くというような対応が求められるのかもしれない．このようなコーディネート組織の企業行動と組織の問題も，第2の課題として残るものである．ただし，地域中核企業自身に以上のような要請があったとしても，時間と労力，そしてコストを費やし，率先して地域産業ネットワークを創出しようとする地域中核企業が現実問題として現れるかという問題もある．この点に関しては，地域産業ネットワーク編成上のポイントで指摘した，企業支援組織（地方自治体など）における「場」の設定機能が特に重要性を持つと考えるのである．

　第3は，地域産業ネットワークやコーディネート組織のパフォーマンスの適正評価の問題である．前述した通り，ネットワークに関する重要な課題については，①ネットワークの境界線を決定すること，②自立と依存を均衡させること，③公私のインターフェースを管理すること，④ネットワークのパフォーマンスを評価すること，という4つの論点を導出することができる．その中でも，地域産業ネットワークとコーディネート組織の創出・運営にあたって，特に重要なテーマは，やはりパフォーマンスの評価であろう．今までの国や地方自治体が主体となって行ってきたコーディネート機能創出への取組みは，主に公的部門が主体となって推進されてきたため，そのパフォーマンスを適正に評価する仕組みはいまだ確立されていないのである．もちろん，ネットワークのパフォーマンスの評価については，一般的な手法が確立されているとはいえない．このため，地域産業ネットワークの創出によって，果たしてどれくらいの効果が上がったのかを適切に判断することは難しいであろう．しかし，基本的にコーディネート機能は営利形態で担われることが望まれており，たとえ公的部門主体で設立されたとしても，運営は地域企業を中心とした地域の産業リーダーによって担われるなどといった，「公設民営」的な考え方が求められている．

　第4の課題は，参加メンバーや創出されるネットワークの枠組みの問題である．すなわち，注意しなければならないことは，地域内すべての企業を満足させるような単一のネットワークは創り出し得ないということである．ネットワークを有効に機能させるためには，明確な目的と継続的努力が必要であり，ネ

ットワークの進むべき方向性を明らかにし，的を絞った展開をしなければ十分な効果は得られない．新規事業分野への進出や，創造的事業活動の推進のためには，烏合の衆の集まりではなく，活力ある多数がベクトルをあわせ，力を結集しなければならない．ここに，ネットワーク・ドメインを設定し，ネットワーク戦略を策定・推進するコーディネート組織の大きな使命があると思われる．

　第5の課題は，地域産業ネットワークの進化プロセスに応じたコーディネート・メカニズム担い手の変遷に関わるものである．この点に関して，本章においては具体的な組織形態や機能などに関する見解は示していない．しかし，地域産業ネットワーク編成上のポイントで考察した通り，地域産業ネットワークという「場」の設定という萌芽の段階と，成長・発展段階にポイントとなる運営・管理については，明確な機能分担が必要であろう．このような点も踏まえ，行政施策を中心としたプラットフォームの整備（「場」の設定）段階と，自己組織的なネットワーク組織の成長・発展段階とにおける相互の役割期待を考慮に入れ，進化プロセスに着目したコーディネート機能の具体的な考察も今後の課題としてあげられる．

　以上，地域産業ネットワークとコーディネート組織の創出・運営にあたっての主だった課題をあげてみた．現在，新事業創出および経営革新の総合的支援体制となる地域プラットフォーム創出の試みが各地域で行われている．また，そのような取組みの中核的支援機関として，各県の産業振興に携わる外郭団体などを統合し機能強化を図る動きや，ネットワークの取りまとめ役となるコーディネータを登録・育成する試みも見受けられる．特に，広域多摩地域はその先進的な事例であり[55]，営利企業としてプラットフォーム機能を担おうとしている企業も存在する．このような試みは，コーディネート組織の創出・育成への取組みであると評価できるものである．しかし，このような活動は，まだ端緒についた段階であり，目に見えた成果をあげている地域は些少な状況である．もちろん，「第3のイタリア」やシリコンバレーにその典型的なモデルを見ることもできるが，果たして，わが国の地域社会にこのような活力のある創造的な地域が創出・育成されていくのかは，今後の展開を待たなければならない．

そして，それが，本章で示唆したように，地域中核企業を中心として成し遂げられるものであるのか，そうではない別の枠組みによって達成されるのか．産業支援施策も含めた，今後の動きが注目されるところである．これからの基本的な流れとして，地域の自主性が重んじられていくとすれば，今までのような全国画一的な産業政策ではなく，地域独自の展開が主流になっていくであろう．その結果，当然地域間格差が発生してくる．それは，今までのような「大都市圏 vs. 地方圏」というような格差ではなく，各地方の独自性を持った，地方間格差が生まれるということであろう．どのような地域が活力のある魅力的な活動を展開し，どのような地域が停滞していくのか．そして，それはどのような要因によるものなのか．地域企業，特に地域中核企業の企業行動と組織の側面を中心に，今後の展開を注意深く見守っていきたい．

1) 例えば，ポーター（Porter, M. E.）は，グローバル企業にとっての立地，特にホームベース（本拠地）の重要性を指摘している．Porter, M. E., *On Competition*, Boston, Harvard Business School Press, 1998.（竹内弘高訳『競争戦略論Ⅱ』ダイヤモンド社，1999年），邦訳241-243ページ．
2) Saxenian, A., *REGIONAL ADVANTAGE*, Harvard University Press, 1994.（大前研一訳『現代の二都物語』講談社，1995年）
3) 西口敏宏・辻田素子「中小企業ネットワーク―英国「ケンブリッジ現象」を追う―」（『一橋ビジネスレビュー』2002年夏号（50巻1号），2002年6月），69-87ページ．
4) ピオリ＝セーブル（Piore, M. J. and C. F. Sable）によれば，中央部および北西部イタリアの製造業の技術的に精妙で，高度に柔軟なネットワークの中に，クラフト的生産体制に基づいた「柔軟な専門化」（flexible specialization）と呼ぶ方式が見られ，それは永続的革新を目指す1つの戦略であるとしている．Piore, M. J. and C. F. Sable, *THE SECOND INDUSTRIAL DIVIDE*, New York, Basic Book, 1984.（山之内 靖，永易浩一，石田あつみ訳『第二の産業分水嶺』千曲書房，1993年），邦訳22-24ページ．
5) 地域社会を産業ネットワークとしてとらえる視点についての詳細は，拙稿「産業ネットワークとしての地域社会―地域をとらえる新たな視点―」（『中央大学大学院論究 経済学・商学研究科編』第34号，2001年12月），207-228ページを参照．
6) Nonaka, I., and H. Takeuchi, *The knowledge-creating company : How Japanese companies create the dynamics of innovation*, New York, Oxford University

Press, 1995.（梅本勝博訳『知識創造企業』東洋経済新報社，1996年），特に邦訳1-141ページ．
7) 地域社会における組織間関係とネットワーク組織の詳細については，拙稿「地域社会における組織間関係とネットワーク組織―地域産業ネットワークへの理論的アプローチ―」（『中央大学大学院研究年報商学研究科篇』第31号，2002年2月），47-64ページを参照．
8) この理論は，フェファー=サランシック (Pfeffer, J. and G. R. Salancik) によって提唱されたもので，基本的に組織は保有資源を媒介として相互依存関係にあるとの考え方をとっている．Pfeffer, J. and Salancik, G. R., *The External Control of Organizations : A Resource Dependence Perspective*, New York, Harper & Row, 1978.
9) 山倉健嗣『組織間関係―企業間ネットワークの変革に向けて』有斐閣，1993年，35-41ページ．
10) 同上書，252ページ．
11) 大企業などの進出工場・事業所を含める場合は立地企業とする．地域企業の概念と特質，その類型化の詳細については，拙稿「地域企業の概念と特質―地域中核企業と地域産業ネットワークの関係性を中心に―」（『中央大学 大学院研究年報 商学研究科篇』第32号，2003年2月），17-34ページを参照．
12) Porter, M. E., "What is Strategy ?", *Harvard Business Review*, November-December, 1996.（中辻萬治訳「戦略の本質」，『Diamondハーバード・ビジネス・レビュー』Feb.-Mar., 1997年3月，6-31ページ）
13) Porter, M. E., "Strategy and the Internet", *Harvard Business Review*, March, 2001.（藤川佳則監訳「戦略の本質は変わらない―インターネットでいかに優位性を実現するか―」，『Diamond ハーバード・ビジネス・レビュー』May, 2001年5月，52-77ページ）
14) Hamel, G. and C. K. Prahalad, *COMPETING FOR THE FUTURE*, Harvard Business School Press, 1994.（一條和生訳『コア・コンピタンス経営』日本経済新聞社，1995年），邦訳第7章（191-224ページ）．コア・コンピタンスとは，「顧客に対して，他社にはまねのできない自社ならではの価値を提供する，企業の中核的な力」のこと（邦訳11ページ）．詳細の定義は，邦訳258-271ページを参照．また，同書は，基本的に大企業を中心に，企業力（スキルや技術），およびコア製品の開発力の必要性を述べているが，その中核となる論点は，自社の強みとなるコア・コンピタンス（コアとなる企業力）への集中と戦略的提携により経営資源をレバレッジし，未来における競争優位を獲得することである．この点については，中小・中堅規模の企業に対してより示唆に富む内容だといえる．戦略的提携については，邦訳237-249ページ．中小企業については，邦訳344ページを参照．

15) 同上書，邦訳第9章（251-282ページ）.
16) Barney, J. B., "Is Sustained Competitive Advantage Still Possible in the New Economy？ Yes.", 2001. （岡田正大監訳「リソース・ベースト・ビュー—ポジショニング重視か，ケイパビリティ重視か—」，『Diamond ハーバード・ビジネス・レビュー』May, 2001年5月，78-87ページ）
17) 岡田正大「RBVの可能性—ポーター vs. バーニー論争の構図」（『Diamond ハーバード・ビジネス・レビュー』May, 2001年5月），88-92ページ.
18) ミンツバーグ（Mintzberg, H.）らは，昨今の経営戦略理論を10の学派に分類し，それぞれについて詳細に考察している．その中で，ポーターの戦略論は，4章：ポジショニング・スクール［分析プロセスとしての戦略形成］として，資源ベースの戦略論は，7章：ラーニング・スクール［創発的学習プロセスとしての戦略形成］および9章：カルチャー・スクール［集合的プロセスとしての戦略形成］として，興味深い分析が加えられている．Mintzberg, H., B. Ahlstrand and J. Lampel, *STRATEGY SAFARI : A Guided Tour through the Wilds of Strategic Management*, New York, Free Press, 1998.（齋藤嘉則監訳『戦略サファリ—戦略マネジメント・ガイドブック—』東洋経済新報社，1999年）
19) 加護野忠男「経営戦略とは何か」，石井淳蔵・奥村昭博・加護野忠男・野中郁次郎『経営戦略論〔新版〕』有斐閣，1996年，6-11ページ．ここで，①ドメイン（生存領域）の定義とは，現在から将来にわたって，「自社の事業はいかにあるべきか」を決定することであり，企業の環境適応の長期的構図を描くことで，経営戦略における他の側面に関する決定の基礎となるものである．次に，②資源展開の決定は，必要な資源をいかにして蓄積あるいは獲得するか（経営資源の蓄積），ドメインを構成する各事業分野に，限られた経営資源をいかにして配分するか（経営資源の配分）に関する決定であり，③競争戦略は，個々の事業分野において，その蓄積・配分された資源をもとに，いかにして競争優位性を確立するかということに関わる決定である．そして，④事業システムは，企業と他の組織体（政府，競争企業，供給業者，外注業者，流通業者等）との間にどのような交換関係を確立するかを決定することで，そのエッセンスは，企業間にまたがる事業活動を組織化し，持続的な競争優位をどのようにして構築するかを決定することである，と説明している．
20) 山倉健嗣「アライアンス論・アウトソーシング論の現在—90年代以降の文献展望—」（『組織科学』第35巻第1号，2001年9月），81-95ページ.
21) 金井一頼「地域企業の戦略」，大滝精一・金井一頼・山田英夫・岩田 智『経営戦略—創造性と社会性の追求—』有斐閣，1997年，243-245ページ.
22) 中小企業庁編『中小企業白書（平成10年版）』大蔵省印刷局，1998年，67-250ページ，および同白書（2000年版），413-437ページなど.
23) 経済企画庁調査局編『地域経済リポート '98』大蔵省印刷局，1998年，70-96ペ

ージ．ここで地域金融機関とは，「一定の地域を主たる営業基盤として，主として地域の住民，地元企業及び地方公共団体等に対して金融サービスを提供する金融機関」と定義されている．

24) 金井一頼，前掲稿，245-246ページ．
25) 寺元義也『ネットワーク・パワー―解釈と構造―』NTT出版，1990年，120-128ページ．
26) 山倉健嗣，前掲書（1993年），266-268ページ．
27) 寺本義也，前掲書，128-131ページ．
28) 同上書，134-136ページ．
29) エンライト（Enright, M. J.）は，ポーターの「価値連鎖（バリューチェーン）」の概念を中心とした競争戦略論を，活動ベースの企業観（the Activity-Based View of the Firm）と呼び，地域クラスターの繁栄のためには，資源ベースの企業観（the Resource-Based View of the Firm）との統合が求められているとしている．Enright, M. J., "Regional Clusters and Firm Strategy", in *THE DYNAMIC FIRM : The Role of Technology, Strategy, Organization, and Regions*, ed., ALFRED D. CHANDLER, JR., PETER HAGSTRÖM and ÖRJAN SÖLVELL, New York, Oxford University Press, 1998, pp. 320-325.
30) クラスターに関する理論と応用事例の詳細については，拙稿「地域クラスターの理論的展開とその応用事例について―ポーターおよびエンライトのクラスター理論とケベックの事例を中心に―」（『中央大学企業研究所年報』第21号，2000年7月），223-252ページを参照．
31) ネットワーク・コーディネート組織の詳細については，前掲拙稿（2003年2月）を参照．
32) 以降の考察の基礎となる実態調査は，大きく以下の4つである．
   ① 中央大学大学院商学研究科・地域企業調査プロジェクト（林　正樹研究室）『地域企業及び支援組織のネットワーキングに関する意識調査』1998年5月．
   ② 中央大学企業研究所・現代トップ経営者の思想と行動チーム（ベンチャー企業研究グループ：当時）『設立・創業15年以内企業のトップ・マネジメントの経営者精神に関するアンケート調査』2000年11月．
   ③ 大月精密機器協同組合・活路開拓ビジョン調査委員会『経営環境の激変期にあたっての活路開拓ビジョン調査』2001年11月．
   ④ 財団法人山梨総合研究所『山梨県の一般機械・電気機械・精密機械産業の動向に関するアンケート調査』2002年10-11月．
   また，それぞれに関連する既出文献は，以下の通りである．
   ①については，拙稿「地域企業及び支援組織のネットワーキングに関する研究―広域関東圏7県の地域中核企業及び企業支援組織に対する実態調査報告―」（『中央

大学大学院研究年報商学研究科篇』第28号，1999年2月），223-238ページ．同「地域企業および支援組織のネットワーキングに関する研究Ⅱ—広域関東圏7県の地域中核企業および企業支援組織に対する実態調査報告 Vol. 2—」（『中央大学大学院 論究［経済学・商学研究科篇］』第32号，1999年12月），1-33ページ．同「地域中核企業の経営戦略について—地域産業ネットワークに関する実態調査を中心に—」（『日本経営学会誌』第5号，2000年5月），25-37ページ．同「地域中核企業と地域産業ネットワークについて—関東近県の実態調査に基づいて—」（日本経営学会編『経営学の新世紀：経営学100年の回顧と展望』経営学論集第71集，2001年9月）236-242ページなど．

②については，中央大学企業研究所『広域多摩地域ベンチャー企業の経営者精神—新興企業のトップ・マネジメントに対する調査報告—』，Working Paper No. 5, 2001年3月（作成担当者：田中史人）．拙稿「産業クラスターとしての多摩地域とベンチャー企業の動向—広域多摩地域の新興企業に対する実態調査を中心に—」（『工業経営研究』第16巻，2002年9月），131-136ページ．同「多摩地域の産業クラスターとベンチャー企業の動向—広域多摩地域における実態調査を中心に—」（『企業研究』第1巻，2002年12月），65-95ページ．

③については，大月精密機器協同組合『平成13年度活路開拓ビジョン調査報告書』（内部報告資料），2002年4月．

④については，2003年上期発行予定（財団法人山梨総合研究所）．

なお，それぞれのアンケート調査には，それに付随して数社への企業訪問などのヒアリング調査を実施している．

33) 例えば，「特集 国を捨て日本を救う—立身出国のススメ—」（『日経ビジネス』2002年10月7日号，No. 1161），31-63ページ．「特集 空洞化 本当の恐怖」（『週刊ダイヤモンド』2002年1月12日号），26-43ページなど．

34) 伊丹敬之・加護野忠男『ゼミナール経営学入門』日本経済新聞社，1989年，59-66ページ．

35) 伊丹敬之『新・経営戦略の論理』日本経済新聞社，1984年，47-59ページ．

36) 総合研究開発機構編『企業資源を活用した地域開発に関する研究』（NIRA報告書，No. 940053），1995年，113-115ページ．

37) Scott, W. G., T. R. Mitchell, P. H. Birnbarum, *ORGANIZATION THEORY : A Structural and Behavioral Analysis*, Fourth Edition, Homewood, RD. Irwin, 1981. （鈴木幸毅監訳『組織理論—構造・行動分析—改訂2版』八千代出版，1989年），邦訳323-324ページ．

38) 業界の構造分析手法としてポーターが提唱したものであり，業界の競争の激しさと収益率は，①新規参入の脅威，②既存競争業者の間の敵対関係の強さ，③代替製品からの圧力，④買い手の交渉力，⑤売り手の交渉力の5つの要因で決まるとして

いる．Porter, M. E., *COMPETITIVE STRATEGY : Techniques for Analyzing Industries and Competitors*, New York, Free Press, 1980. （土岐 坤・中辻萬治・服部照夫訳『競争の戦略』ダイヤモンド社，1982年），邦訳17-54ページ．

39) ポーターの競争戦略論とクラスター理論の関係については，前掲拙稿（2002年12月，2000年7月）などを参照．

40) Porter, M. E., *The Competitive Advantage of Nations*, New York, Free Press, 1990. （土岐 坤，中辻萬治，小野寺武夫，戸成富美子訳『国の競争優位』ダイヤモンド社，1992年），特に邦訳［上］3章（103-192ページ）．また，クラスター理論については，Porter, M. E., 前掲訳書（1999年），第2章（67-204ページ）．

41) Porter, M. E., 同上訳書（1999年），108-109ページ．

42) 例えば，「産業REPORT 自治体と銀行が激しく対立「第三セクター」処理の迷走」（『週刊ダイヤモンド』2002年9月28日号），120-122ページなど．

43) 『地域経済レポート 2002』では，サービス産業を中心とした新しい産業分野による地域市場の拡大と雇用創出について詳細に考察している．内閣府政策統括官編『地域経済レポート 2002―新しい産業分野による地域市場の拡大』財務省印刷局，2002年．

44) ステイバー（Staber, U.）は，組織間コントロールと空間的連結の程度というフレームワークの中で，地域ネットワークの重要な課題として，①ネットワークの境界線を決定すること，②自立と依存を均衡させること，③公私のインターフェースを管理すること，④ネットワークのパフォーマンスを評価することの4つをあげている．Staber, U., "Networks and Regional Development : Perspectives and Unresolved Issues", in *Business Networks ; Prospects for Regional Development*, ed., U. Staber, N. Schaefer, and B. Sharma, Berlin ; New York, Walter de Gruyter, 1996, pp. 12-22.

45) 例えば，岡本義行『イタリアの中小企業戦略』三田出版会，1994年など．

46) ジェトロミラノセンター「イタリアにおける中小製造業集積について」（リポート），1997年2月．

47) 伊丹敬之『場のマネジメント―経営の新パラダイム―』NTT出版，1999年，23ページ．また，場という言葉には，「空間の大切さとか，関係性の中から生まれる自己組織」といった共通する意味が込められているものの，1つの統一的な定義を共有する段階には至っていないとして，場のさまざまな定義を紹介している．同「さまざまな『場』」，伊丹敬之・西口敏宏・野中郁次郎編著『場のダイナミズムと企業』東洋経済新報社，2000年，1-11ページ．

48) 伊丹敬之「場のマネジメント：概説」，伊丹ほか編著，同上書（2000年），13-43ページ．

49) 野中郁次郎「組織的知識創造の新展開」（『Diamondハーバード・ビジネス』Aug.-

Sep., 1999年9月), 38-48ページ.
50) 野中郁次郎・紺野 登「場の動態と知識創造：ダイナミックな組織知にむけて」, 伊丹ほか編著, 前掲書 (2000年), 45-64ページ.
51) Krogh, G. V., K. Ichijo and I. Nonaka, *ENABLING KNOWLEDGE CREATION : How to Unlock the Mystery of Tacit Knowledge and Release the Power of Innovation*, New York, Oxford University Press, 2000. (ゲオルク・フォン・クロー, 一條和生, 野中郁次郎『ナレッジ・イネーブリング』東洋経済新報社, 2001年), 邦訳303-355ページ.
52) 地方行政機関の組織特性については, 桑田耕太郎・田尾雅夫『組織論』有斐閣, 1998年, 第16章 (339-348ページ). および, 第三セクターについては, 第三セクター事業研究会「第三セクター事業診断のポイント」(『企業診断』第45巻第10号, 1998年10月), 76-82ページ.
53) ベスト・プラクティスとは, 企業内あるいは産業全体でみて, 特定分野で最高のパフォーマンスをあげているプラクティス (プロセス, 経営手法など) のこと, あるいは, そのプラクティスを積極的に吸収・模倣することによって, 企業の競争力を向上させようとする運動のことである. ベンチマーキングも, 基本的にこの考え方に合致したもので, ベストなものとの比較を行うことによりそのギャップを埋め, 現状を改善する有効な手段・方法論であるとされている. 高橋伸夫編『超企業・組織論』有斐閣, 2000年, 210ページ. 高梨智弘『ベンチマーキングとは何か——経営改善の新手法——』生産性出版, 1994年, 1ページ.
54) 経済企画庁調査局編『地域経済レポート 2000』大蔵省印刷局, 2000年, 165-170ページ.
55) 広域多摩地域の動向については, 前掲拙稿 (2002年12月) などを参照.

第4章 スタートアップ企業のイノベーション
――広域多摩地域を対象としたアンケート調査をもとに――

はじめに

　近年，国や地方自治体などにおいて，創業活動に対する支援および創業間もない企業（以下，「スタートアップ企業」と呼ぶ）に対する支援が試みられている．特に，新製品・新サービスの開発などの新しい事業展開にチャレンジするスタートアップ企業，いわゆる「ベンチャー企業」を対象とした支援政策がいくつか試みられている．たとえば，「中小創造法」（正式には，「中小企業の創造的事業活動の促進に関する臨時措置法」）では，「特定中小会社」（いわゆる「ベンチャー企業」のこと）への個人投資に対して，「エンジェル税制」と言われる税金上の優遇措置を設けており，特定中小会社へのリスクマネーの供給を促している[1]．

　これらの支援政策の背景には，新しい事業展開をすすめるスタートアップ企業による経済活性化への期待があると考えられよう．特に，新しい技術をもとにした事業展開は，技術のもつ公共財的な財特性からスピルオーバーによる付随的な社会的便益を生み出し，社会全体のイノベーションの源泉として大いに期待されている．一方，これまでの間，「ベンチャー企業」の1つの特性として，「製品や商品の独創性」（松田，1998），「不確実性の高い新技術・新サービス分野」（米倉，2001），「リスクを伴う意味での新しい事業」（本庄，2003）など，新製品・新サービスの開発などの新しい事業展開を位置づけてきたが，はたしてどのような企業が新製品・新サービスの開発を目指しているか，また，どのような企業がイノベーション活動を行うかについてはほとんど明らかにされていない[2]．

本章では，広域多摩地域を対象に実施したアンケート調査をもとに，スタートアップ企業のイノベーション活動の分析を目的とする．広域多摩地域におけるスタートアップ企業を対象として，どのような企業が新製品・新サービスの開発や事業展開（以下，「新製品・新サービス開発」と呼ぶ）を試みるかについて明らかにする．特に，本章では，経営者の個人属性を含めた企業特性がスタートアップ企業のイノベーション活動に影響を与えるかについて分析し，イノベーションを行うスタートアップ企業の特徴を明らかにしていく．

本章の構成は以下のとおりである．第1節では，アンケート調査を概説し，分析のためのモデルを提示する．第2節では，分析に用いた変数を説明する．第3節では，推定結果を示し，どのようなスタートアップ企業がイノベーション活動を行うかについて論じていく．最後に，本章のまとめについて述べる．

1．分析方法

本章では，中央大学企業研究所「ベンチャー企業研究グループ」が実施したアンケート調査により得られたデータをもとに分析を行う．このアンケート調査は，「設立・創業15年以内企業のトップ・マネジメントの経営者精神」と題した調査票をもとに郵送により行っている．調査対象企業は，㈱東京商工リサーチのデータベース『TSRデータバンクサービス』から選んでおり，本店所在地が広域多摩地域にある株式会社のうち，1986-1996年に設立された製造業および対事業所向けサービス業1,000社をランダムサンプリングにより抽出している[3]．調査票の設問は，設立年，本店所在地以外に，経営者の個人属性や広域多摩地域での活動などによって構成されている[4]．

調査対象企業のうち132社から調査票が回収された．このうち，まず，アンケートの回答によって設立年が1985年以前の企業，設立年が入力されていない企業，および業種が特定化できなかった企業を除外した[5]．また，以下でモデルによる分析を行うため，後述する従属変数と独立変数が入手できなかったデータを除外して，最終的なサンプル企業を得ている．

さて，このサンプル企業をもとに，どのようなスタートアップ企業がイノベーション活動を行うかについて分析する．ただし，イノベーション活動の測定は明確な方法が確立されておらず，どのように測定するかは大変難しい問題とされている．これまでの実証分析では，研究開発投資，新製品数，特許数などによってイノベーション活動を測定してきた[6]．しかし，研究開発投資は，研究開発のアウトプットより，むしろインプットとしての意味合いが強く，イノベーション活動の成果としてどこまで適切か，また，どこまでが研究開発の範疇に含まれる投資なのかについて疑問が残る．一方，新製品や特許は，量よりも質が重要であり，その点をいかにとらえるかが難しい．加えて，特許について，実質的に製造業を主として対象としているため，サービス業を含めた分析ではあまり有効でない．

いずれにせよ，イノベーション活動の測定についてさまざまな問題はあるが，本章では製造業だけでなく対事業所向けサービス業も対象としていること，また，アンケート調査から入手可能なデータという視点から，新製品・新サービス開発の有無によってスタートアップ企業のイノベーション活動を測定することにした．すなわち，新製品・新サービス開発という意味でのイノベーション活動を分析することになり，企業特性との関係を分析することで，どのようなスタートアップ企業が新製品・新サービス開発に積極的であるかを示すことになる．加えて，製造業については，補足的に特許数を用いてイノベーション活動を測定し，その要因を分析してみる．以下では，分析のためのモデルを提示する．

いま，企業 j の新製品・新サービス開発を NEW_j とおく．ここでは，アンケート調査において「既に事業化している」「開発中である」と回答した企業を新製品・新サービス開発を行う企業とみなすことにする[7]．すなわち，NEW_j は質的変数であるため，ダミー変数を用いて

$$NEW_j = \begin{cases} 1 & \text{企業} j \text{が新製品・新サービス開発を行っている} \\ 0 & \text{企業} j \text{が新製品・新サービス開発を行ってない} \end{cases} \quad (1)$$

と定義する．

新製品・新サービス開発は，それぞれの企業特性に依存すると考えられる．加えて，スタートアップ企業では，創業者あるいは経営者の個人属性による影響が大きい可能性は高い．そこで，企業 j の経営者の個人属性を含めた企業特性を X_j（ベクトル）とおき，新製品・新サービス開発の企業行動を

$$\text{Prob}(NEW_j = 1) = \alpha_0 + \alpha_1^T X_j + u_j \tag{2}$$

と簡単なモデルで表すことにする．ここで，α_0 および α_1（ベクトル）は推定するパラメータ，u_j は誤差項，T は転置を表す．

次に，製造業については特許数を用いてイノベーション活動をとらえることにし，どのようなスタートアップ企業がより多く特許を申請しているかを分析する[8]．前述のモデル同様，まず，企業 j の特許数を PAT_j とおく．企業 j の経営者の個人属性を含めた企業特性を同様に X_j とおき，企業の特許数を

$$PAT_j = \beta_0 + \beta_1^T X_j + v_j \tag{3}$$

と表すことにする．ここで，β_0, β_1 は推定するパラメータ，v_j は誤差項を表す．

アンケート調査によって得られたデータをもとに経営者属性を含めた企業特性 X_j を測定し，(1), (2) 式で表された新製品・新サービス開発のモデル，および (3) 式で表された特許数のモデルを推定することによって，スタートアップ企業のイノベーション活動と企業特性との関係を明らかにする．次節では，経営者属性を含めた企業特性を表す変数について説明していく．

2. 変　数

これまでの実証分析では，企業の年齢や規模などの企業特性が行動やパフォーマンスに影響を与えることが示されてきた[9]．このことから考えると，企業特性がイノベーション活動に影響を与える可能性は高い．一方，Storey (1994) は，中小企業の成長要因を「経営者（起業家）」「企業」「戦略」の3つのカテゴ

リーからとらえており，また，Bates (1990), Storey and Wynarczyk (1996), Honjo (2000) は，経営者の年齢や学歴などの個人属性がその後の企業の存続に影響を与えることを示している．すなわち，企業の行動やパフォーマンスについては，企業特性や経営戦略以外にも経営者（起業家）自身の個人属性の影響があると考えられ，とりわけ創業間もないスタートアップ企業についてその影響が大きい可能性は高い．これらの先行研究を踏まえて，アンケート調査によって得られたデータをもとに，経営者の個人属性を含めて，どのようなスタートアップ企業が新製品・新サービス開発を目指すかについて明らかにしていく．

まず，経営者の年齢を表す変数 $MAGE$（以下，下添え字 j は省略）は，2000年12月末日時点での経営者の年齢を用いて求めた．また，経営者の学歴を表す変数 $EDUC$ は，経営者の最終学歴が大学以上の場合を1，それ以外を0とするダミー変数を用いて求めた．さらに，これまでの経営者としての勤務経験がどのような影響を与えるかについても分析する．変数 $EXPE$ は，経営者が現在の企業以外で会社役員としての勤務経験がある場合を1，それ以外を0とするダミー変数を用いて表す．

前述したとおり，Storey (1994) は，経営者の個人属性以外に経営戦略が成長に影響を与えるとしてきた．はたして，どのような経営戦略がスタートアップ企業のイノベーション活動に影響を与えるであろうか．新製品・新サービス開発を実施する背景には，その企業の経営戦略として，安定志向よりもむしろ成長志向が強いと予想される．利益などの経営目標よりもむしろ売上高などを経営目標とする企業の方が成長志向は高いと考えられ，はたしてこのような企業が実際に新製品・新サービス開発を目指すかを検証することにした．本章では，「貴社の経営目標としてどの程度重視しますか」という設問をもとに，売上高や利益などの経営目標の重要度を「特に重要視する」から「重要視しない」までの5段階尺度で測定している．そこで，売上高の評価から利益の評価を引いた値を成長志向の指標とし，変数 STR を定義することにした．

また，企業によって，特定の企業に向けた事業活動を中心とした企業，あるいは，特定地域での事業活動を中心とした企業が存在する．下請企業などのよ

うに特定の企業によって安定的な需要が確保されているならば，新製品・新サービス開発のインセンティブが低下する可能性は高い．そのため，このような特定の市場や需要に特化して事業活動を行っている企業では，新製品・新サービス開発のインセンティブは低下すると予想される．そこで，本章では，以下の2つの変数を用いて，特定の需要に特化することによる影響を分析することにした．変数 SPEC は，売上高のうちの最大売上先に対する売上高のしめる割合で求め，また，変数 LOCAL は，売上高のうちの広域多摩地域における売上高のしめる割合で求めた．

経営者属性や経営戦略以外の企業特性によってイノベーション活動への取り組みが異なることも十分に考えられる．たとえば，「市場支配力をもつ大企業ほどイノベーションを起こしやすい」という考えがあり，これは俗に「シュンペーター仮説」としばしば呼ばれている．この仮説が正しいとすれば，企業規模が大きい企業ほど新製品・新サービス開発を目指すことが予想される．その一方で，Acs and Atudretsch (1987) など，企業規模が小さい企業ほどイノベーションの優位性をもつ結果が示されており，シュンペーター仮説が正しいか否かはいまだ議論が絶えない．そこで，本章では，新製品・新サービス開発と企業規模との関係を分析し，イノベーション活動と企業規模との関係を検証することにした．ここでは，会社役員数と従業員数との合計で企業規模を測定することにし，変数 SIZE は現在の会社役員数と従業員数との合計の対数値で定義した[10]．

さらに，サンプル企業が製造業と対事業所向けサービス業で構成されていることから，業種の違いをコントロールするための変数を加えた．変数 MANU は，製造業をあらわすダミー変数として定義する．加えて，企業の設立時期の違いをコントロールするため，設立年によって「バブル景気期」(1986-1989年)，「バブル崩壊期」(1990-1993年)，「景気低迷期」(1994-1996年)の3つのコーホートに分類してその影響を分析することにした．変数 T86_89 は，1986-1989年に設立された企業を表す変数であり，また，変数 T90_93 は，1990-1993年に設立された企業を表す変数として定義した．

図表4-1 変数の定義

変数	定義
（従属変数）	
NEW	新製品・新サービスの開発や事業展開を既に事業化している，あるいは開発中である場合を1，そうでない場合を0とするダミー変数
PAT	これまでに申請した特許数／企業年齢
（独立変数）	
MAGE	調査時点（2000年12月）での経営者の年齢の対数値
EDUC	経営者の最終学歴が大学（中退等を含む）以上の場合を1，それ以外を0とするダミー変数
EXPE	経営者が現在の企業（公企業を含む）以外で会社役員としての勤務経験がある場合を1，それ以外を0とするダミー変数
STR	経営目標としての売上高の評価から利益の評価を差し引いた値（それぞれ5段階尺度）
SPEC	売上高全体のうち最大売上先に対する売上高のしめる割合
LOCAL	売上高全体のうち広域多摩地域における売上高のしめる割合
SIZE	現在の会社役員数（監査役を含む）および従業員数（パートタイマー，アルバイト，派遣社員は含まない）の合計値の対数値
MANU	製造業の場合を1，対事業所向けサービス業の場合を0とするダミー変数
T86_89	1986-1989年に設立された場合を1，それ以外を0とするダミー変数
T90_93	1990-1993年に設立された場合を1，それ以外を0とするダミー変数

さて，これらの変数の定義について，あらためて図表4-1にまとめておく．なお，変数PATは，企業によって設立年が異なるため，年平均に換算した特許数で求めることにした．図表4-2に，従属変数にあたるNEW, PATの基本統計量を示す．ただし，設問によって回答の有無が異なるため，独立変数を含めてすべての変数が得られた企業をそれぞれのサンプルとしている．

新製品・新サービス開発のモデルについて，サンプル企業は92社となっている．図表4-2より，サンプル企業の60％以上が新製品・新サービス開発に取り組んでいることがわかる．一方，特許数のモデルについて，特許が実質的に製造業を主として対象としているため，サンプルを製造業に限定することにした．加えて，新製品・新サービス開発と比較すると特許数についての回答率が低く，サンプル企業は41社にとどまっている[11]．図表4-2より，製造業につ

図表4-2 従属変数の基本統計量

	観測数	平均	標準偏差	最小値	最大値
NEW	92	0.641	0.482	———	———
PAT	41	0.523	1.174	0.000	6.250

図表4-3 独立変数の基本統計量

	平均	標準偏差	最小値	最大値
MAGE	3.934	0.187	3.466	4.249
EDUC	0.587	0.495	———	———
EXPE	0.348	0.479	———	———
STR	−0.435	1.062	−4.000	2.000
SPEC	0.354	0.236	0.001	0.980
LOCAL	0.317	0.327	0.000	1.000
SIZE	2.863	0.922	1.386	5.347
MANU	0.565	0.498	———	———
T86_89	0.478	0.502	———	———
T90_93	0.304	0.463	———	———

いて年あたり平均0.5件の特許を申請していることがわかる．ちなみに，サンプル企業41社のうち18社が0件と回答していた．

さらに，新製品・新サービス開発のモデルについての独立変数の基本統計量を図表4-3に示す．経営者の年齢および企業規模の変数は対数値で求めているが，元のデータから計算すると，平均年齢はおよそ52歳，および会社役員数を含めた平均従業員数はおよそ29人であった．

3．推定結果

第1節で説明したモデルを用いて，企業のイノベーション活動と経営者の個人属性を含めた企業特性との関係を分析する．まず，新製品・新サービス開発

のモデルを推定する．ただし，これは2値応答モデルとなるため，プロビットモデル（probit model）およびロジットモデル（logit model）を用いて推定を行う．図表4-4に，プロビットモデルおよびロジットモデルによる推定結果を示す．この推定結果をもとに，どのようなスタートアップ企業が新製品・新サービス開発を行うかについて明らかにしていく．

経営者特性について，*MAGE* については有意な結果が得られなかった[12]．*EXPE* についても有意な結果が得られず，新製品・新サービス開発と経営者の年齢との間に相関はみられなかった[13]．一方，*EDUC* の係数は正の値となり，有意水準10％ではあるが有意な結果が得られた．Bates（1990），Honjo（2002）など，これまでの実証分析では，高学歴の経営者が経営する企業ほどパフォーマンスは良いという結果が示されており，本章でも，経営者の学歴と新製品・新サービス開発との間に若干の相関がみられた．学歴が経営者の素質や特性をどの程度表すかは定かではないが，新製品や新サービス開発を必要とする業種ほど大学などでの専門知識を必要とし，そのような企業では専門的知識を身に付けた経営者の割合が高いのかもしれない[14]．

経営戦略について，変数 *STR* の係数は正の値であるが有意ではない．今回の推定では，成長志向の強いスタートアップ企業ほど新製品・新サービス開発を試みるという結果は得られなかった．ただし，売上高を経営目標とすることだけで，どれほど成長志向の強い企業を表すかは定かでない点も残り，どのようにして企業の経営戦略の違いを測定するかについては今後に残された課題といえよう．それ以外について，変数 *SPEC* の係数は負であるが，有意な結果とはならなかった．特定の需要に依存する企業について，新製品・新サービス開発のインセンティブは低下すると予想したが，特定の企業への依存度の強さによって，新製品・新サービス開発には違いがみられなかった．新製品・新サービス開発を行った結果として特定の企業からの需要に特化したことも考えられ，特定の企業への依存度が強いスタートアップ企業においても新製品・新サービス開発を行う可能性は高い．その一方で，変数 *LOCAL* の係数は負の値をとり，かつ有意水準1％で有意な結果が得られた．いうまでもなく，広域多摩地域が

図表4-4　推定結果：新製品・新サービス開発

	(i) ロジットモデル	(ii) プロビットモデル
定数項	-3.187	-2.016
	(6.572)	(3.892)
$MAGE$	0.523	0.363
	(1.797)	(1.056)
$EDUC$	0.966*	0.556*
	(0.569)	(0.329)
$EXPE$	-0.845	-0.513
	(0.676)	(0.386)
STR	0.147	0.074
	(0.275)	(0.165)
$SPEC$	-0.989	-0.588
	(1.368)	(0.775)
$LOCAL$	-3.522***	-2.147***
	(0.967)	(0.563)
$SIZE$	0.953***	0.558***
	(0.366)	(0.775)
$MANU$	0.885	0.482
	(0.594)	(0.344)
$T86\_89$	-0.342	-0.220
	(0.762)	(0.436)
$T90\_93$	0.249	0.143
	(0.852)	(0.493)
観測数	92	92
対数尤度	-43.451	-43.299

注：括弧内は標準誤差．***，**，*はそれぞれ1％，5％，10%有意水準．

商圏としてどこまで適切な範囲であるかについて議論の余地は残るが，少なくとも，この結果からは広域多摩地域に特化したスタートアップ企業ほど新製品・新サービス開発に消極的である傾向が示された．地域依存度の強い企業ほど地元の企業に対して安定的な製品やサービスの提供を行うことを目指しており，あらたな製品やサービス開発を試みるインセンティブが弱い可能性はあるだろう．

変数 SIZE の係数は正で有意な結果となり，新製品・新サービス開発と企業規模との間に正の相関がみられた．この結果から，企業規模が大きい企業ほど新製品・新サービス開発によるイノベーション活動を積極的に試みており，「シュンペーター仮説」が提唱したように，企業規模の大きな企業ほどイノベーション活動を行うことを支持する結果となった[15]．全体的に規模の小さいと考えられるスタートアップ企業において，新製品・新サービス開発を行うためにはある程度の企業規模が必要であり，その結果，新製品・新サービス開発と企業規模との間に正の相関があらわれたのかもしれない．

さらに，業種特性について，製造業ダミーが正の値となったが，十分に有意な結果は得られなかった．また，設立時期の違いについてもほとんど影響はみられず，バブル景気期あるいはバブル崩壊期とそれ以降に設立した企業の間に違いはみられなかった．なお，設立時期をもと

図表4-5　推定結果：特許数

	トービットモデル
定数項	14.398**
	(5.907)
MAGE	-3.806**
	(1.563)
EDUC	0.809
	(0.507)
EXPE	0.152
	(0.561)
STR	0.077
	(0.185)
SPEC	1.317
	(0.921)
LOCAL	-2.518***
	(0.941)
SIZE	0.343
	(0.254)
T86_89	-0.991*
	(0.533)
T90_93	-0.431
	(0.658)
σ	1.172***
	(0.181)
観測数	41
対数尤度	-46.107

注：括弧内は標準誤差．σ は切断正規分布（truncated normal distribution）の標準偏差．***，**，* はそれぞれ1％，5％，10％有意水準．

にしたダミー変数以外に企業年齢を変数として用いた推定も試みたがいずれも有意な結果は得られず，設立時期によって新製品・新サービス開発の試みに差異はみられないと結論づけられよう．

次に，特許数のモデルを推定する．独立変数は新製品・新サービス開発のモデルと同様としたが，前述したとおり，製造業企業のみを対象に推定しているため，変数 $MANU$ は用いてない．また，サンプル企業41社のうち0と回答した企業が18社となったため，最小二乗法ではなくトービットモデル（type-I tobit model）による推定を試みる．推定結果は図表4-5に示すとおりである．

図表4-5では，特に，変数 $LOCAL$ について，新製品・新サービス開発のモデルと同様の推定結果が得られており，有意水準1％で有意に負の値となっている．すなわち，広域多摩地域に特化した企業ほど特許数は少ない傾向がみられる．このことから，地域依存度の強いスタートアップ企業ほどイノベーション活動に対して消極的であり，新製品・新サービス開発だけではなく，新技術獲得についても消極的である傾向が示された．それ以外の要因について，経営者の年齢の係数が有意水準5％で負の値をとり，若い経営者が経営する企業ほど特許申請は多い傾向がみられている．また，新製品・新サービス開発と同様，経営者の学歴や企業規模の係数は正の値を示しているが，いずれの結果も有意ではない．

おわりに

本章では，広域多摩地域を対象に実施したアンケート調査をもとに，スタートアップ企業のイノベーション活動を分析した．広域多摩地域におけるスタートアップ企業を対象として，どのような企業が新製品・新サービス開発を試みているかについて明らかにし，イノベーション活動を行うスタートアップ企業の特徴を示した．分析結果から，スタートアップ企業についても，いわゆる「シュンペーター仮説」を支持する結果が得られており，企業規模が大きいスタートアップ企業ほどイノベーション活動に積極的であることが示された．ま

た，広域多摩地域での売上高の割合が高いスタートアップ企業ほど新製品・新サービス開発に消極的であり申請特許数も少ない．すなわち，地域依存度の強いスタートアップ企業ほどイノベーション活動のインセンティブは低いことが結論づけられる．

ただし，本章の分析ではサンプルサイズが十分でないなどの理由から，イノベーション活動と経営者の個人属性および経営戦略との関係を必ずしも十分に明示できなかった点についてはやや不満が残る．しかしながら，これまでの先行研究では既存のデータベースの利用が多く，経営戦略の影響などの分析はほとんど試みられなかったが，本章では独自のアンケート調査から得られたデータを用いることで，これまで明らかにならなかったさまざまな企業特性の影響の分析が試みられた点では大いに評価できる．今後，さらなる研究をすすめることは，スタートアップ企業のイノベーション活動，およびベンチャー企業支援政策に対して有益な情報を与えることにつながると期待できよう．

その一方で，本章の実証分析を通じて得られた興味深い知見として，広域多摩地域において地域依存度の強いスタートアップ企業ほどイノベーション活動に消極的であることが示された点である．これまでの間，Porter (1998) の考えをもとに，地場産業や地域クラスターの推進によるイノベーションや産業振興の重要性がしばしば指摘されてきた[16]．一方，本章で示した実証分析からは，周辺地域を需要先とした地域特化型スタートアップ企業がイノベーションの源泉としてなり得るとはいえず，逆に，このような企業はイノベーションに消極的であるという結果が得られた．Feldman and Audretsch (1999) は，地域での産業特化がイノベーション活動を低下させることを示しており，また，Honjo (2002) は，産業特化がすすんだ地域でのスタートアップ企業が必ずしも成長するとは限らないことを示している．これらのことから考えると，その地域に特化した企業や産業の創造だけでは効果的なイノベーションの促進につながらない可能性は高い．

無論，地場産業や地域クラスターの推進は雇用創出などさまざまな目的で提唱されていることであり，必ずしもこのことによる産業振興について異議を唱

えるものではない．しかし，イノベーションの促進という視点からいって，地域に特化した企業の創造がどれほど有効であるかはあらためて問い直してみる必要がある．むしろ周辺地域に限ることなく，広く需要を求めるスタートアップ企業ほどイノベーションの源泉となり得るのであって，そのことを理解した上で地域における創業支援を検討することが重要といえるだろう．

1) 詳細は，http://www.chusho.meti.go.jp/chu_top.html を参照のこと．
2) 「ベンチャー企業」の定義はさまざま存在するが，本章では，「新製品・新サービスの開発による新しい事業展開を行うスタートアップ企業」としている．
3) この期間に設立した企業を「スタートアップ企業」とした論理的根拠はないが，対象期間である1986年以降は円高不況がいえてバブル景気とバブル崩壊不況への移行時期に該当し，バブル経済の影響を分析することも目的の1つとしてこの期間を選定した．企業の住所録は実際に2000年に入手したが，信用調査会社ではごく最近に設立した企業について十分に調査が行われていないことから，1997年以降に設立した企業は対象から除外した．
4) 「広域多摩地域」とは，埼玉県南西部，東京都多摩地域，神奈川県中央部に広がる国道16号線沿線の地域であり，経済産業省関東経済産業局の調査により認識された産業集積に対する地域設定から発展したものであり，しばしばTAMA (Technology Advanced Metropolitan Area) と記述される．なお，調査票，調査方法，調査内容の詳細については，中央大学企業研究所ベンチャー企業研究グループ (2001) を参照していただきたい．
5) 『TSRデータバンクサービス』の設立年と回答されたものとの間に相違がみられた場合，回答された設立年を優先した．
6) たとえば，Haneda and Odagiri (1998) は，市場で評価するイノベーション活動として，研究開発投資，新製品数，特許数を用いて測定している．
7) アンケートでは「既に事業化している」「開発中である」「計画中である」「当面は行うつもりはない」「わからない」の五者択一としたが，「既に事業化している」「開発中である」の両方に回答している企業がいくつかみられたことから，これらの選択肢のいずれかを選択した企業について新製品・新サービス開発を行う企業とみなした．また，「既に事業化している」と「開発中である」とを分離した上での順位プロビットモデル (ordered probit model) による推定も考えられるが，今回の調査では十分なサンプルサイズが得られなかったことからこの方法は用いていない．
8) アンケート調査によって，申請特許数と取得特許数との両方のデータを得られるが，本章での対象はスタートアップ企業であり特許取得までに時間がかかることから，申請特許数を用いることにした．

9) たとえば，Audretsch et al. (1999) は，スタートアップ企業の規模と成長との関係を分析し，企業規模の小さい企業ほど成長する傾向を示した．
10) これまでの先行研究では専ら従業員数だけで企業規模を測定することが多いが，スタートアップ企業では従業員数が存在しない企業も少なくない．そこで，会社役員数を含めて企業規模を測定することにした．
11) NEW と PAT が観測される企業について，新製品・新サービス開発を行うか否かよって2つのサンプルに区分して PAT の平均を求めたところ，$NEW=1$ となる PAT の平均は0.435であり，$NEW=0$ となる PAT の平均は0.024であった．F 検定の結果，有意水準1％で分散が等しいという仮説が棄却されたため，分散が異なると仮定した平均の差の検定（t 検定）を行った．その結果，t 値＝2.729となり，有意水準1％で平均に差異があることが示された．すなわち，新製品・新サービス開発を行う企業は申請特許数が有意に多いことになる．
12) 対数値ではなく年齢の実数値を用いて推定，あるいは線形の仮定を変更して2次項を含めた推定も試みたが，いずれも有意な結果は得られなかった．
13) 会社役員としてだけでなく従業員としての勤務経験も含めた変数を用いても有意な結果は得られなかった．
14) これ以外にも，性別，現在の経営者が創業者であるか否か，あるいは現在の経営者が創業者と親戚関係にある後継者であるか否かなど，さらなる経営者の個人属性の影響を分析したが，いずれも有意な結果は得られなかった．
15) 変数 $SIZE$ については2次項を含めて推定したが，有意な結果は得られなかった．
16) たとえば，文部科学省（2002）71-75ページなどを参照．

参 考 文 献

中央大学企業研究所ベンチャー企業研究グループ（2001）「広域多摩地域ベンチャー企業の経営者精神：新興企業のトップ・マネジメントに対するアンケート調査報告」，Working Paper Series, No. 5, Institute of Business Research, Chuo University.

本庄裕司（2003）「ベンチャー企業」，後藤 晃・小田切宏之編『サイエンス型産業』，NTT出版．

松田修一（1998）『経営学入門シリーズ ベンチャー企業』，日本経済新聞社．

文部科学省編（2002）『平成4年版 科学技術白書』，財務省印刷局．

米倉誠一郎（2001）「ベンチャー・ビジネスと制度としてのベンチャー・キャピタル」，一橋大学イノベーション研究センター編『イノベーション・マネジメント入門』，日本経済新聞社．

Acs, J. A. and Audretsch, D. B. (1987) "Innovation, market structure and firm size," *Review of Economics and Statistics*, 69, 567-575.

Audretsch, D. B., Santarelli, E., and Vivarelli, M. (1999) "Start-up size and industrial dynamics : some evidence from Italian manufacturing," *International Journal of Industrial Organization*, 17, 965-983.

Bates, T. (1990) "Entrepreneur human capital inputs and small business logevity," *Review of Economics and Statistics*, 72, 551-559.

Feldman, M. P. and Audretsch, D. B. (1999) "Innovation in cities : science-based diversity, specialization and localized competition," *European Economic Review*, 43, 409-429.

Haneda, S. and Odagiri, H. (1998) "Appropriation of returns from technological assets and the value of patents and R&D in Japanese high-tech firms," *Economics of Innovation and New Technology*, 5, 303-321.

Honjo, Y. (2000) "Business failure of new software firms," *Applied Economics Letters*, 7, 525-579.

Honjo, Y. (2002) "Growth of new start-up firms : evidence from the Japanese manufacturing industry," mimeo.

Porter, M. E. (1998) *On Competition*, Harvard Business School, 竹内弘高訳, 『競争戦略論Ⅱ』, ダイヤモンド社, 1998.

Storey, D. J. (1994) *Understanding the Small Business Sector*, Thomson Learning : London.

Storey, D. J. and Wynarczyk, P. (1996) "The survival and non survival of micro firms in the UK," *Review of Industrial Organization*, 11, 211-229.

第5章　新規開業企業の経営実態と創業活動促進への政策課題

はじめに

　国内企業の中国，ASEAN地域への生産移転が急速に進展しており，地域産業の衰退が深刻化している．労働集約的産業からの脱皮を図ることに加えて付加価値の高い新産業の創出に大きな期待がかかっているが，そのためには産業全体の新陳代謝が盛んになること，特に旺盛な創業活動が行われることが必要である．創業活動は経済活動の「苗床」としての役割を担っており，創業の活発化は企業の新旧交代を通して産業構造の転換と企業間競争を促進し，ひいては国の経済発展に大きく寄与することになる．

　しかしながら，バブル崩壊以後長期化する景気低迷に加えてITバブル崩壊の影響が続いており，その上デフレの進行も重なって創業環境は極めて悪化しているといえる．こうした状況下において，果たして創業活動（＝新規開業企業）の実態はどのような現状にあるのであろうか，そして創業やベンチャー振興策が整備されてきたとはいえ，まだまだ開業率の低下傾向が続いている中で創業活動を促進するために今後どのような支援施策が必要なのであろうか．本章ではこれまでの創業活動（創業ブームとベンチャーブーム）の状況を明らかにした上で，上記諸課題に関して最近公表された起業活動の実態調査結果や国際比較データを使用し考察することにしたい．

　なお本章においては，起業と創業と(新規)開業，起業家と新規開業者を同義語として使用している．

1. 創業ブームとベンチャーブームの関係

現在は，第1次ベンチャーブーム[1]，第2次ベンチャーブームに次いで1990年代中旬から始まった第3次ベンチャーブーム下にあるといわれる．しかしながら一方で，起業数を増やすための創業支援の必要性が叫ばれているように創業活動は全般に沈滞化しているといわれている．果たして，ベンチャー企業ブームと創業活動との関係はどうなっているのであろうか．これまでのベンチャーブームの特徴を把握した上で，それらと創業ブームを比較し，両者の関係を明らかにしたい（松田，2001）．

まず，第1次ベンチャーブームは高度経済成長や列島改造ブームを背景に1970年頃から始まった．素材産業から加工組立型産業への転換期であったため研究開発型ベンチャー企業が多く輩出された時期である．しかしながら長くは続かず，1973年の第1次オイルショックによる不況でブームは一気に沈静化した．

次いで，第2次ベンチャーブームは1982年から1986年までの期間続いた．証券，銀行，外資系のベンチャーキャピタルが相次いで設立され，数少ないベンチャー企業に対して過大な投資が行われた．その結果，設備投資が空回りし85年の円高不況が重なって倒産する企業が相次ぐようになり，「ベンチャー冬の時代」とまでいわれるようになった．

そして，第3次ベンチャーブームが1995年から始まる．同年，経済産業省（当時は通商産業省）により「創造的中小企業促進法」が制定されたのを手始めに，その他の官庁も巻き込んでベンチャー企業の創業支援や育成支援のための施策が相次いで策定・施行されたことによりブームが起きた．

ベンチャーブームに関しては，これら以外に戦後復興期や明治時代初頭の起業ラッシュを含める場合もあるが，概ね上記の3期を指す研究者が多い．ただ，ベンチャーブームというからには，それ以外の時期に比べてはるかに多いベンチャー企業が輩出されたことを意味するわけであるが，ブームを代表する数社の企業名が例示されること（例えば金井，2002；鹿住，1996）はあってもブーム

それ自体を実証するデータは見当たらない．これは，ベンチャー企業の定義内容が多様であるためベンチャー企業数の特定が困難であることに起因すると考えられるが，ベンチャー企業以外の起業も含めた「創業ブーム」との関係でみれば，いわゆる創業ブーム期にはベンチャー企業の創業数もそれ以外の時期に比べて多いと判断することは可能である．

こうした視点から，会社設立時の登記件数（法務省データ）を使用して創業の動向をみてみたい（図表5-1参照）．これによると通常期に比べて急増している時期すなわち創業ブームと認められるのは1969-73年および1987-91年である．また，やや伸び率は低いものの上昇傾向にある1999-2000年も「ブーム」となる可能性はある．

これらをベンチャーブームの時期と比較すると，第1次ベンチャーブームは概して創業ブームと同時期であることが分かる．好景気に支えられた「脱サラ・ブーム」の時代でもあったため，ベンチャー企業の増加というよりむしろ新規開業ブームとしての性格が強かった時期といえる．

1980年代前半の第2次ベンチャーブームの期間においては創業件数の増加が確認できない．後者のブームにおいては，創業活動全体が停滞する中でベンチャー企業が大量に輩出されたと断定できるかどうかは疑問であり，より詳細な分析が必要となる．第2次ベンチャーブームが「ベンチャーキャピタル・ブーム」としばしば表現されたように，ベンチャー企業の大量輩出というよりベンチャーキャピタルの設立ブームであったといった方が適当かも知れない．また，1987-91年の創業ブームはバブル景気の時期と一致するため，好景気の影響で創業が急増したことが分かる．ブーム期以前は年間10万件程度の会社設立数であったのに，この時期は18万件近くまで増加している．これほどの会社設立件数であれば，それに比例してベンチャー企業も通常の時期よりも増加したのではないかと考えられる．

そして第3次ベンチャーブームに関しては，1995-98年までの間は会社設立件数の増加がみられないものの1999年以降はやや増加が認められる．しかし一方で，総務庁『事業所・企業統計調査』のデータ（中小企業庁, 2002）によれば，

個人企業に関しては1975年（6.2％）以降低下が続いてきた開業率が，1996-99年に3.4％と1991-96年の比率（2.6％）を0.8％上回ったことが確認される（図表5-2参照）．90年代後半になって若干ではあるが開業率が上昇したことになり，個人企業レベルで創業が活発化した時期と第3次ベンチャーブームは概ね一致しているといえる．なお，会社ではなく個人企業での増加がこの時期にみられたのは，商法改正に伴う最低資本金の大幅な引き上げ（有限会社は10万円→300万円，株式会社は35万円→1000万円）措置により，法人設立のハードルが高くなったため個人企業での創業を選択する起業家が増えたためと推測される．ただ増加の程度は低いため，今後数年間高い伸びを維持しなければ「創業ブーム」と断定することはできない．むしろ，第3次ベンチャーブームは別名「支援ブーム」といわれたが，これは創業支援政策のメニューが次々と打ち出されたことを比喩した表現と考えられる．とりわけ，中小企業の憲法ともいわれる中小企業基本法が1990年代末に大幅改正されたことが支援ブームに拍車をかけた．改正に際して中小企業が新産業創出の担い手と認識され，旧法で規定されることがなかった「創業促進の必要性」が，新法第一章「総則」・第三条（基本理念），第二章「基本的施策」・第十二条（創業の促進）及び同章第十三条（創造的な事業活動の促進）において明記されることとなったためである．

　以上を勘案すると，ベンチャーブームの各時期においてベンチャー企業が大量に輩出されたとは考えにくい．清成（1993）が「1970年代初頭に第1次ベンチャーブームが，1980年代初頭に第2次ベンチャーブームが到来したといわれるが，これはジャーナリズムが勝手につくりあげたブームにすぎない．現実には連続性が認められる．」[2]と述べるように，特定の時期にベンチャー企業が大量に誕生した可能性は低いといえる．創業ブームの時期であれば，それ以外の時期に比べてベンチャー企業も多く輩出されるであろう．結局は，企業家活動の活発さや需要動向，金利動向，規制緩和，創業支援施策の充実などによって創業活動全体を高めていくことをあくまで基本にして，その上でベンチャー企業の母体となる先端産業の育成やニュービジネスのためのインフラ整備を行うことが必要である．中小企業庁も2002年版『中小企業白書』において「まち

第 5 章　新規開業企業の経営実態と創業活動促進への政策課題　121

の起業家」の役割に注目し，彼らひとりひとりによって成し遂げられる雇用創出，イノベーションが総体として大きな流れになることの重要性を指摘している[3]．

図表 5-1　会社設立登記件数の推移

出所：法務省『登記・訟務・人権統計年報』1961-1971，及び同省『民事・訟務・人権統計年報』1972-2000 により作成．丸で囲んだ箇所は創業ブーム期（筆者による）．

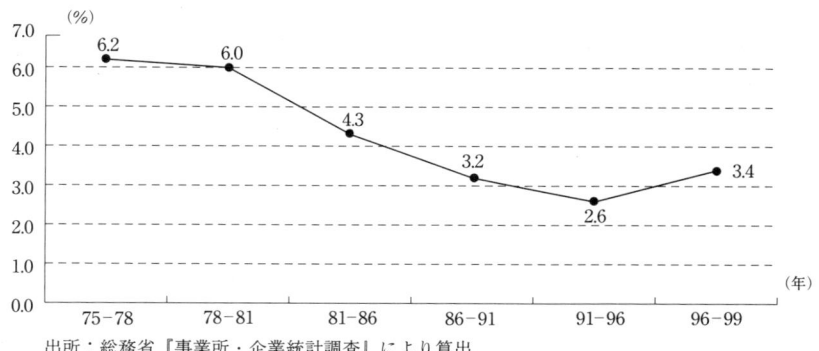

図表 5-2　個人企業の開業率（非 1 次産業，年平均）

期間	開業率(%)
75-78	6.2
78-81	6.0
81-86	4.3
86-91	3.2
91-96	2.6
96-99	3.4

出所：総務省『事業所・企業統計調査』により算出．

2．創業活動への注目と第3次ベンチャーブーム

　第3次ベンチャーブームは支援ブームとも呼ばれたように，そもそもベンチャーだけに限らずブームが起きる数年前から新規開業活動全体を活発化させる必要性が認識されていた．それがITやバイオ，環境技術などによる技術立国への転換が必要との背景も手伝って「ベンチャー」という前向きで積極的なイメージの言葉と結びつき，いわば置き換えられたかたちでブームが起こされたといっても過言ではない．ここでは，創業活動への注目がされ始めた背景と開業率低下の要因，それがもたらす影響に関して中小企業庁の文献により明らかにしたい．

　創業活動の必要性が政策面から説かれたのは，開業率の低下がやや目立ち始めてきた1990年代初頭であろう．中小企業政策審議会の中間報告をもとに中小企業庁が発表した『1990年代の中小企業ビジョン』[4]の第1章第2節における「1990年代の中小企業に期待される役割」の副題に「創造の母体としての中小企業」という表現が使用され，中小企業が「経済活力の源泉」「革新への挑戦者」であるとともに「個人の自己実現を図る場」であるという認識が世界的に広まりつつあると述べている．そして，「リスクを克服して自ら業を起こしたり，新たな事業を展開していこうとする人々の企業家精神発揚の場」であり「活発な開業や積極的な事業展開が産業構造変革の先駆け」となり，「旺盛な独立意欲や自立自尊の精神は経済社会の発展に不可欠」としている．つまり，独立創業が経済発展の原動力であり必要不可欠な存在であることを説いている．

　それとともに，第3章「中小企業政策の方向」の第2節「中小企業政策の重点」の中で，中小企業の創造的挑戦を促進して新しい産業の芽を育て，経済発展基盤を維持するために，創業支援基盤の整備や創業に必要な資金調達の円滑化，中小企業に開かれた資本市場の整備などの必要性が具体的に述べられている．

　また，同ビジョンとほぼ同時期に発行された『平成2年版中小企業白書』において，開業率低下が主として製造業を中心にみられており，全体として開業

率低下と同時に廃業率が上昇しているため，結果として事業所数の伸びが鈍化している点を指摘している．特に開業率低下についてはその要因として，①環境変化の激しい中で要求水準の高い市場へ参入するために必要な開業資金が上昇するとともに開業時に必要な経営資源が不足してきた，②中小企業の従業者や若年層における独立開業意欲の減退，をあげている．そしてこうした開業率の低下によって，産業構造の硬直化，人的活力の活性化の停滞，ひいては経済活力の低下をもたらすことが懸念される，としている[5]．

この後，不況が長期化するとともに開業率の低下はより進展し，更に廃業率の上昇も進んだため，開業率の上昇を目的とした政策と新産業や新事業を興すためにベンチャー企業育成のための政策が必要との認識から，1995年に中小企業創造活動促進法，1997年エンジェル税制，1998年大学等技術移転促進法，新事業創出促進法，1999年中小企業基本法改正，産業活力促進法，中小企業経営革新法，という具合に新制度が相次いで打ち出されたのである．

3．起業環境と新規開業企業の経営実態

開業率と廃業率の逆転現象がみられた90年代以降，研究者やシンクタンクを中心に新規開業企業の実態調査が実施されてきている．ここでは最近公表された各種調査データや国際比較データをもとにして，起業環境と新規開業企業の経営の現状を明らかにする．

(1) 起業環境

欧米諸国において，近年 enterprise culture ないし entrepreneurial culture が特に産業政策面から重要であると指摘されている．「起業文化」と表現され，三井（2001）によれば「企業家を広く生み出すような，社会のうちでの文化的な土壌と機運の醸成と，企業家に必要な知識やマインドの普及状況，さらには制度的枠組みの整備」のことを意味する[6]．物質的豊かさや利益の獲得といった面だけでなく，新しい分野に挑戦しようとする起業家の社会的な価値や評価

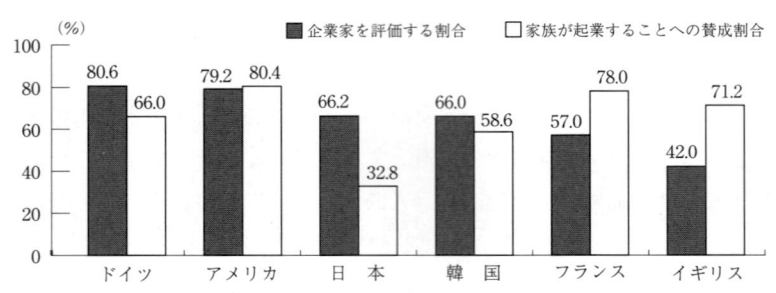

図表5-3　企業家の評価　　N＝各500

■ 企業家を評価する割合　　□ 家族が起業することへの賛成割合

	ドイツ	アメリカ	日本	韓国	フランス	イギリス
企業家を評価する割合	80.6	79.2	66.2	66.0	57.0	42.0
家族が起業することへの賛成割合	66.0	80.4	32.8	58.6	78.0	71.2

注：1．企業家を評価する割合は，「非常に評価している」及び「やや評価している」と回答した比率の合計．
　　2．家族が起業することへの賛成割合は，「強く賛成する」及び「賛成する」と回答した比率の合計．
出所：中小企業総合事業団（2001），31ページ及び33ページにより作成．

を高めるような環境・風土・文化を形成することが優れた起業家の輩出には不可欠な条件といえる．

　起業家の評価に関して6カ国で実施された調査結果（図表5-3参照）によると，日本において起業家を評価する割合は66.2％とドイツ，アメリカに次ぐ高さである．しかし，家族が起業することへの賛成割合は32.8％と，6カ国中最も低い値となっている．この結果をどう解釈すればよいのだろうか．おそらく日本の場合，起業家という名称からは松下幸之助や本田宗一郎などのような世界的に名の知られた経営者をイメージしやすいため，起業家自体に対しては比較的高い評価が下されたと考えられるが，家族が起業家になろうとした場合，創業資金の親・兄弟による負担や銀行貸入時の保証人を引受けるリスク，経営の不安定性，といった理由から「賛成し難い」という回答が多かったのではないかと推測される．Hisrich & Petersは，大企業中心の日本社会が起業家活動を奨励する構造になっていなかったために起業家の輩出がサービス産業とIT産業に限定されてしまっていることを説明しており，実際，2002年度のIMDレポートにおいても「起業家活動（Entrepreneurship）」に関しては49カ国中49位という結果が報告されている[7]．

第5章　新規開業企業の経営実態と創業活動促進への政策課題　125

図表5-4　新規開業者の年齢・女性比率

年	45歳以上の比率	女性比率	平均年齢
1991	23.9	12.4	38.9
92	23.2	12.9	38.9
93	26.3	12.9	39.2
94	26.1	14.7	39.2
95	30.1	13.4	39.7
96	31.8	13.1	39.6
97	32.8	14.9	39.6
98	33.9	13.6	40.2
99	37.3	12.5	40.9
2000	40.5	14.4	41.6
2001	40.5	15.3	41.8
2002	36.5	14.0	40.9

注：不動産賃貸業は含まれていない．
出所：国民生活金融公庫総合研究所（2001），264-265ページ及び同（2003），2ページにより作成．

(2)　近年の開業の特徴

　近年の新規開業における特徴として中高年起業家と女性起業家の増加があげられる．1991年以後12年間における新規開業者の年齢（平均），45歳以上の経営者比率および女性起業家比率の推移を示したのが，図表5-4である．これによれば，新規開業に占める45歳以上の経営者の割合が1991-94年までは20％台だったのが，1995-99年までは30％台，2000年と2001年には40％を超えるまでに上昇した．開業年齢の平均もそれに比例して上昇し，12年間で2歳程度年齢が上がっている．2002年には中高年者の開業割合が減少し平均年齢も下がったとはいえ，最近4年間（1999年以後）をみると41～42歳が平均的な「開業年齢」となっている．

　このように，中高年の開業者割合が1990年代以降増加したのは，1）バブル崩壊後の長期不況と大企業を含む倒産の頻発によるリストラの増加と雇用不安の拡大，2）終身雇用，年功賃金制度の変容により新規開業がこれまで以上に身近な転職先の1つとして認識されるようになったことが原因と考えられる．

　一方，女性経営者の割合に関しては3年毎の平均値を時系列でみると，

12.7％（1991-93），13.7％（1994-96），13.7％（1997-99），14.6％（2000-2002）となっており，増加傾向にあることが理解できる．女性の新規開業においては開業業種に特徴があり「飲食店」「小売業」「個人向けサービス業」にほぼ集中している．2000年度調査では，この3業種で女性開業者全体の9割を占めており，男性に比べて業種面で偏りがあることが指摘されている[8]．事業内容に関しても女性起業家はケータリング・サービスや家事代行サービス，自然食品販売など，自分の好きな趣味を生かしたり女性特有の新しい市場開拓を行ったりと男性起業家がなかなか事業機会を生み出せない市場・サービスを選定している[9]．

(3) 開業動機と勤務キャリア

新規開業企業における開業動機としては，「自己実現を図りたい」という回答が最も多く，「自分の能力を発揮したい」という回答がそれに次いでいる（図表5-5参照）．自分の理想を追求したり能力を発揮したいといった理由から新規開業を決定しており，これはマズローの「欲求5段階説」が説く人間の最高次の欲求である「自己実現欲求」に相当する動機である．また，国民金融公庫総合研究所（2001）の調査では「自分の裁量で仕事ができる」という，いわば「仕事の自由度」を開業動機として指摘する割合が最も多くなっている．また，「働きに応じた収入が得られる」とする割合も高く，努力する程リターンが獲得できるという「収入の自由度」が開業希望者にとっての魅力となっているようである．

現在の事業を決定した理由については，「これまでのキャリアが生かせる」というのが最も多く，6割近くを占める．次いで「身につけた資格や知識が生かせる」という理由によるもので，半数近くに達する．新規開業経営者の9割が開業前の職業として「常勤の勤務者」としてのキャリアを有していることを考慮すれば，企業等での勤務（平均勤務年数15年）を通して事業運営に必要な知識やノウハウ・技術・資格を取得し，実務経験を生かして創業するというプロセスが想定される．

ただ，勤務キャリアが開業後の企業経営，特に企業業績面で果たして有利に

図表 5-5　創業動機と事業決定理由（上位 5 項目）

(1) 創 業 動 機	(2) 起業家を考えた理由	(3) 今の事業に決めた理由
1. 自己実現を図りたいから　47.3％	1. 自分の裁量で仕事ができる　64.0％	1. これまでのキャリアが生かせる　58.8％
2. 自分の能力を発揮したいから　36.3％	2. 働きに応じた収入が得られる　33.6％	2. 身につけた資格や知識が生かせる　46.4％
3. 自分の判断で仕事がしたい　22.6％	3. 事業経営のおもしろさを味わいたかった　14.3％	3. この仕事が好きだから　27.1％
4. より多くの収入を得たい　21.6％	4. 定年がない　12.2％	4. 自分の趣味や特技が生かせる　10.1％
5. 事業化できるシーズがあった　21.3％	5. 自分のアイデアを世に出せる　10.6％	5. 少額でもできる事業　9.5％

出所：(1)　中小企業庁（1999），280 ページ．
　　　(2)　国民生活金融公庫総合研究所（2001），247 ページ．
　　　(3)　同上，248 ページ．

働くのかどうか疑問が生じる．この点に関しては，竹内（2001）が行った「新規開業者の斯業経験の有無」と「予想月商達成度」の関連性に関する分析結果によると，9 年間（1992-2000 年）の内 7 年間のデータにおいて両者の間に統計学的（χ 二乗検定）に有意な関連性がみられたという[10]．また清野（2002）はアンケート調査により，「開業を目的に勤務キャリアを積んだ」「勤務キャリアを積むうちに開業を意識した」開業者，すなわち勤務キャリアと開業を意識した経緯が結びついている人は比較的短い期間に仕事の経験を積み経営ノウハウを身につけて開業しており業況も良いが，開業を意識していなかった人は勤務キャリアから十分な経営ノウハウを獲得しておらず業況も良くない，という分析結果を提示している．

4．起業阻害の要因

(1) 創業希望者の創業未実現

開業率の低下は，全般的に創業意欲が減退し起業を志向する人々が減少して

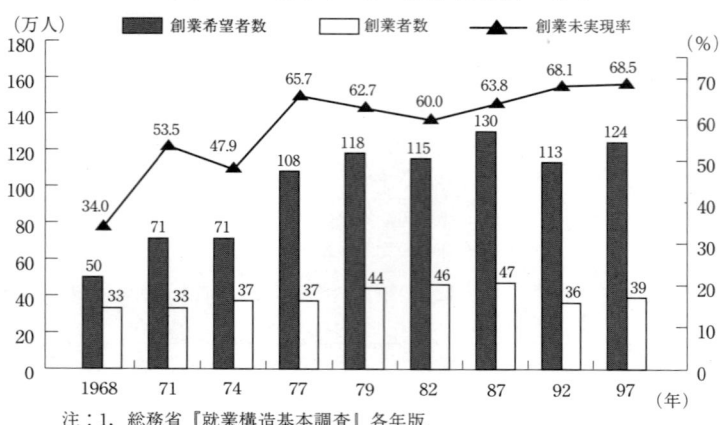

図表5-6 創業希望者と創業未実現率の推移

年	創業希望者数(万人)	創業者数(万人)	創業未実現率(%)
1968	50	33	34.0
71	71	33	53.5
74	71	37	47.9
77	108	37	65.7
79	118	44	62.7
82	115	46	60.0
87	130	47	63.8
92	113	36	68.1
97	124	39	68.5

注:1. 総務省『就業構造基本調査』各年版.
2. 創業未実現率=(創業希望者-創業者数)/創業希望者数×100(%).
出所:中小企業庁(2002),48ページにより作成.

きたことが原因と主張されることがある.しかしながら,実際に創業希望者数[11]の推移をみると,1968年の50万人から71年には71万人,そして77年以後は100万人を超え,97年には124万人へと増加してきているのである(図表5-6参照).むしろ問題なのは創業者数の少なさである.1968年は創業希望者50万人に対して実際に創業したのは33万人であり,創業が実現できなかった比率(=創業未実現率)は34.0%であった.その後,創業希望者が増加していく中にあって,実際の創業者数が33〜47万人の範囲で留まり,それ以上に増加することがなかったため,結局創業未実現率は上昇し97年には68.5%となった.創業希望者が3人いても1人しか創業を実現できず,残り2人は創業できないという状況に陥っていることが分かる.

これらを考慮すると,起業家予備軍ともいえる創業希望者の創業実現性をいかに高めていくかが極めて重要な課題であることが理解される.例えば,創業未実現率を1968年時点の34%程度にまで低下させる,すなわち創業希望者3人の内2人が創業を実現できるような環境が整備できれば,現状で4%の開業率もその2倍の8%にまで引き上げることは十分可能である.

図表 5-7　創業時の困難性

(1) 資金面の困難性	(2) 経営・マーケティング面の困難性	(3) 制度・手続面の困難性
・自己資金不足　　49.4％ ・創業資金の調達　33.4％	・販売先の開拓　　34.2％ ・人材の確保　　　32.4％ ・経営全般に必要な知識・ノウハウの習得　21.5％ ・財務・法務等の知識の習得　　　　　　16.6％ ・仕入先の開拓　　15.8％	・開業に伴う各種手続　　　　　　　　　21.8％ (4) そ の 他 ・創業する場所の選定　　　　　　　　　11.2％

注：複数回答．
出所：中小企業庁（2002），53ページより10％以上の項目だけを抽出して作成．

(2) 資金不足

創業時における最大の障壁としてあげられるのは，創業資金不足や不足資金を調達することの困難性である（図表5-7参照）．2001年に実施された調査によると，開業費用は全企業で平均1,537万円であり，その内自己資金は平均428万円，開業資金に占める割合は平均29.5％である（国民金融公庫総合研究所,2001）．特に不動産を購入した起業家の開業費用は購入しない場合（1,235万円）の3倍近い金額（3,579万円）になる．また，全体では開業資金の7割（約1,050万円）は外部からの調達資金に依存しており，調達先として多いのは，親・兄弟等親族からの出資・借入（27.9％），民間金融機関からの借入（27.9％），親企業・元の勤務先からの出資・借入（20.4％），事業に賛同してくれた個人・法人からの出資（15.6％），友人・知人からの出資・借入（14.1％）である[12]．

親族への依存度が高いのは日本に限ったことではなく米国でも同様である．一般に米国の起業家が初めて自分の会社を創業するのは若い頃で，家族も若く，職歴も浅く，個人の資金リスクが許容される時期であることから，通常は自己資金に加え家族や友人から資金を借りることが多い．そのため，こうした資金

をFounder（創業者），Family（家族），Friend（友人）の3つの頭文字をとって「FFF（スリーエフズ）」の自己資金と呼んでいる[13]．

また，女性起業家においても資金不足は創業時の大きな問題点であるわけだが，資金調達に関しては男性と比べて女性の不利性が指摘される[14]．国民生活金融公庫総合研究所の行った女性経営者に関する実態調査によると，創業後10年以内の経営者が金融機関に借り入れを申し込んだ際に融資を断られた割合が，男性12.9％に対し女性は17.3％と，女性の方が高い値であったという[15]．創業時の融資の可否に関する調査ではないものの一般的な融資条件面での不利性を示していると考えられる．こうした必要資金を創業時に獲得するためには就業期間を延長して自己資金を蓄えるなど，ある程度の期間が必要となる．川名（2001）が実施した女性起業家の研究によると，概して女性の場合は信用力不足やキャリア形成不足から生じる創業時の資金調達難のため，創業の実現にこぎつけるまでに時間を要することが明らかにされている[16]．

(3) 経営・マーケティング面の困難性

経営・マーケティング面では，まず「販売先の開拓」や「仕入先の開拓」における困難性が指摘されている．具体的には，新製品や新技術，ノウハウを事業化して創業したにもかかわらず，納得できる品質・量・価格を満たすだけの仕入先を探すことができない．あるいは，新しい製品・サービスを販売しようにも販売先が開拓できない，安定した顧客が確保できないといった問題点であると思われる．開業前の勤務キャリアと同業種であれば，販売先や仕入先に関しての十分な知識は獲得しているであろうが，それまでの勤務先と異なる業種で創業する場合に，特にこうしたマーケティング上の問題が生じやすい．

次いで，「人材確保難」があげられている．この項目は旧来から指摘されていることであるが，大企業への強い就職志向，新規開業企業の不安定性といった点が，優秀な人材を獲得することを困難にしている．また，若い起業家やエンジニア，研究員といった理工系出身の起業家である場合，前述したマーケティングのノウハウ不足に加えて経営全般の知識に乏しかったり，財務や法務の

知識に疎いケースが多く見受けられる．

　制度・手続き面でも，法人企業と個人企業の選択から始まって，創業資金の獲得方法，会社設立の手順や官公署への各種届出などといった具体的な手続き面での知識がない，更に手続き自体の煩雑さ，わずらわしさといったことも起業時の障壁となっているようである．実際，会社設立手続きに関し欧米と比較した場合，手続きに要する期間がアメリカ，イギリスの1週間に対し日本では3週間かかる，設立手続き費用が日本ではアメリカ，イギリスの8倍以上かかる，手続き数がアメリカ，イギリスの1回に対し日本では6回である等，手続き面での日本における創業困難性は明白である[17]．

5．起業促進の要件

　起業活動を促進するためには，施策面だけでなく経営面での問題，更には技術や知的所有権，国民性，文化，教育の問題にまで触れなければならない．ここでは紙面の都合もあるので，これまでの議論を踏まえて最も重要と考えられる金融支援，専門家支援，倒産に関する環境整備の面から起業促進の要件を具体的に提示したい．

(1)　金融支援の充実

　創業時の資金調達は自己資金だけで足りるわけではなく，多くの場合，民間金融機関からの借り入れに頼っているのが現状である．その際に融資条件として求められるのは個人保証や担保資産であるため，借入返済不能時の信用失墜や再起への意欲を喪失する可能性が高くなるなど，起業家にとってはリスクの高い手段であるといえる．金融機関側がビジネスプランを評価するシステムを確立し，将来の成長性評価を行うことによって金利の優遇を図ったり，創業活動促進へ向けた信用保証制度の更なる充実によって，創業時の資金調達を円滑化することが必要であろう．特に女性起業家の場合は，前述したように男性と比べた不利性が指摘されるため，その解消のための女性向け開業資金融資制度

の充実が望まれる．

　ベンチャー企業の創業に関しては，少しずつではあるがベンチャーキャピタルの中からファンドを組んで将来有望と思われる個人起業家に投資するところもでてきたが，主流を占める銀行系，証券系のベンチャーキャピタルでは，アイデアを評価したり，革新的な技術や製品に対して多額の投資資金を提供するような例はあまり聞かれない．例えば貸付資金を不動産保有額や過去の返済実績によって評価してきた銀行出身者がベンチャーキャピタルに異動して果たして思い切った投資ができるのか，そもそも技術やアイデアの将来性を評価できるのかという点も含めて疑問である．ベンチャーキャピタル側において評価の専門家との連携を図り，投資リスクと収益可能性を判定する明確なシステムを構築することが必要である．

　ベンチャーキャピタルに加えて，その前段階ともいえるエンジェル投資も不十分な状況にある．100年を超えるエンジェル投資の歴史を有する米国では，エンジェル投資が企業家の外部資金調達における最大市場となり，総投資額が年間100億ドル，GDPの0.15％を占めるまでに拡大した（Van Osnabrugge and Robinson, 2000）．日本においても個人投資家の普及・促進を図る政策を整備するとともに起業家とのマッチングを従来以上に進めていく必要がある．

　また，株式会社が1,000万円以上，有限会社が300万円以上という最低資本金規制に関しても創業における高いハードルとなっている．ただこの点については，新事業創出促進法の一部が改正され，2003年2月以降，申請により創業から5年間は株式会社，有限会社とも最低資本金を満たさなくても良いこととなった．極端なケースでは，資本金1円という株式会社設立も可能となったため資金調達負担の軽減とこれまで資金不足により個人企業としての開業を考えていた起業家予備軍の多くが信用力の高い法人企業に移行することが予想される．

（2）専門家による経営支援

　産学官民という4つの主体の専門家が側面から起業家や起業予定者に対しての支援をしていく体制づくりも欠かせない．インキュベーション施設の整備は

全国的に進んできて，ハードの提供だけでいわばアパートのような施設も少なくない．ハードとソフトの両面から支援を装備することが必要であり，とりわけソフト面では，起業家OBをビジネス・コーチやメンターとして採用したり，マーケティングに強い商社，公設試験研究機関，大学，行政などのOBに参画を仰いだり，財務，人事，法律や労務等の面で専門家集団を組み入れていくなど起業家支援の仕組みを付加することが極めて重要である．

創業を始める人向けの創業セミナーや創業塾といわれる講座は，商工会議所・商工会・ベンチャー財団等の主催により各地で行われるようになっており，多くは安価な受講料で開催されて盛況なところも増えてきている．ただ，その後のフォローが十分でない場合が多い．受講者同士の交流会や受講者と起業家の出会いの場を設けたり，あるいはインターネット等を使用して専門家集団に相談ができるようなシステムを構築することも必要である．

加えて，女性の社会進出の進展や高齢化社会への移行に伴い，今後も女性起業家や中高年者起業家は増加することが予想される．彼らの経営能力不足を補うためと，女性マーケット，シルバービジネスといった特有の市場を対象にした経営・マーケティング・財務面からの起業家セミナーを開催することも研修・教育上の重要な課題として提起できる．

(3) 倒産ダメージの軽減と再挑戦しやすい環境整備

倒産により再起の意欲を消失する起業家は日本の場合，極めて多いことが指摘されている．この最大の原因は，資金借入に際して担保や個人保証（前述）を付加しているため起業債務と個人債務が一体化していることにある．例えば個人保証により多額の借入をしている場合，たとえ株式会社や有限会社という有限責任形態であっても倒産という事態に陥れば，それは即座に個人資産の消失を招き，ひいては個人生活の破綻・困窮をもたらすことになる．法制度上（民事執行法，破産法等）は差し押さえ禁止財産として，①衣服，寝具，家具等（生活に欠くことができない動産），②食料，燃料（2カ月分），③最低生活費（1カ月分＝21万円），④公的給付受給権等，が規定されているが，一方米国（連邦破

産法,各州法)では,①個人が住居として使用している不動産(15,000ドル以内),②乗用車(2,400ドル以内),③衣服,寝具,家具等(合計8,000ドル以内),④生命保険証券,公的給付受給権,⑤その他(7州では家具と土地が免除,最低生活費は州により異なるが平均30,000ドル免除),となっており日米で大きく異なる[18].

　個人資産の保護に関して米国では日本より広い範囲まで認められており,しかも不動産や生活資金の面で格段に高い金額(十分に生活していくことが可能な額)まで差し押さえが禁止されている点は注目に価する.住宅や生活費等に関して少なくとも米国並みの範囲にまで拡大することによって,倒産してもすぐに次の創業へ向けて再チャレンジできる環境を整備することが必要である.

おわりに

　日本の起業家に対する評価は低くみられがちであるが,経営史や財閥を率いた経営者の系譜をみる限りは決してそのようなことはない.むしろ世界的な経営者が生まれ育ち,彼らが日本を経済大国へと発展させた人物達であることを考えれば,国内に企業家精神やフロンティア精神が育つ土壌は十分あったといってよい.

　米国の場合おそらくは1980年代以降,技術革新に即座に対応して,新技術をもとに企業や大学をスピンアウトし資金供給やノウハウを提供する専門家集団との連携のもと,短期間で上場を目指すような成長企業が続出する仕組み,いわゆるシリコンバレーモデルが機能したことがベンチャー企業の輩出を促した.しかもそれだけでなく,シリコンバレーモデルの評価の高まりが,ごく普通の創業活動においても起業することの社会的評価を高めることに貢献したことは間違いないであろう.

　翻って日本の場合は大企業や中央官庁といった大規模組織重視の就職傾向＝安定志向が強まり,一方で地場産業の衰退化,商店街の衰退化によってとりわけ中小企業経営者の子供世代が後を継がなくなったことも重なり,中小企業や起業家のイメージダウン,挑戦意欲の低下を徐々に招いたのである.そこでは,

後継予定者にしろ起業家予備軍にしろ,「商店街が歯抜け状態で客が来ないのにここで開業する（後を継ぐ）気がしない」「主要取引先企業が中国へ移転しているから町工場を開業しても（継いでも）収入は少ない」となり,努力しても利益が得られないことを予想して後を継がなくなるため,結局,親の世代で企業が消失したり,地場産業地域や商店街地域で新規開業する起業家がいなくなるのである.港（2002）が指摘する,「潜在的起業家が「現状の期待利益」（雇用地位の安定,生涯所得の期待値,内部昇進の確度,職務内容の満足度）を「創業の期待利益」（起業実現の可能性,開業企業の生存率,開業による期待所得,事業運営の満足度）が上回った場合に創業の意思決定がなされ,逆に下回る場合に現状維持が選択される」[19] ことは上述の例からも理解できる.

　ただ,近年になってようやく施策面での整備が進んできたこともあり,例えば新興企業に関しては,ナスダック市場が撤退したとはいえ,設立から新興市場上場までの期間が1995年に平均で30年を超えていたのが2002年には16年にまで短縮してきたり,大学発ベンチャー企業の創業ラッシュが続いており2003年3月末時点で531社に上っている[20],など注目すべき数字も見受けられるようになってきた.ベンチャー企業の輩出を更に加速させ,新産業を創出するには新規創業活動全体を活発化させて開業率を高めることが不可欠である.そのためには,起業家自身の挑戦意欲の向上と創業の期待利益を高めることを目的とした金融支援,経営支援,商法・倒産法等の法的整備を強力に推し進めていく必要があるだろう.

1)　「ベンチャー企業」という用語は1970年に初めて使用された和製英語であり,研究者,研究機関によってその定義内容に違いがある（清成・中村・平尾,1971）.金井（2002）によればそれらは,①リスクを強調する定義,②革新性を強調する定義,③成長を強調する定義,④アントレプレナーシップを強調する定義,の4つに分類されるという.一方,井上（2002）はベンチャー企業の諸定義を分析し,各定義内容に共通する要件として「企業規模や上場・未上場の区別」,「独立性」,「企業年齢」,「高い成長性」,「独自の技術やノウハウ」,「新市場や新製品の開発」,「企業家精神やリーダーシップ」の7項目を明らかにしている.一般に「ベンチャーブーム」というのは,そうしたベンチャー企業の創業数が通常よりも多い時期のこと

を意味する．なお，ベンチャー企業と一般の中小企業を区別する研究者もいるが，筆者はベンチャー企業が規模的に中小企業の範疇にある場合，それは中小企業の一形態であると解釈する．
2) 清成（1993），97ページ．
3) 中小企業庁（2002），191ページ．
4) 中小企業庁（1990a），4-8ページ，27-29ページ．
5) 中小企業庁（1990b），117-132ページ．
6) 三井（2001），15ページ．
7) Hisrich, R. D. and M. P. Peters（2002），106ページ．
8) 国民生活金融公庫総合研究所（2001），11ページ．
9) 松田（1997），75-76ページ．
10) 竹内（2001），84-85ページ．
11) 創業希望者とは，有業者（雇用者，自営業者，家族従業者も含む）の転職希望者の中で「自分で仕事をしたい」と回答した者を指す（中小企業白書（2002），48ページ）．
12) 中小企業庁（2002），55ページ．
13) 櫻井・延原（1998），177-178ページ．
14) ㈳中小企業研究センター（2000），103ページ．
15) 国民金融公庫総合研究所（2002），14ページ．
16) 川名（2001），173ページ．
17) 中小企業庁（2001），53ページ．なお，会社設立に関するデータの出典は『OECD Small and Medium Enterprise Outlook（2000）』による．
18) 創業・ベンチャー国民フォーラム（2002），15ページ．
19) 港（2002），20ページ．
20) 経済産業省政策局大学連携推進課による調査データである．なお平成12年以降，大学発ベンチャーは年間150社以上設立されており，アメリカほどではないがここ数年の伸びは著しい（菊本，2003）．

参 考 文 献

中小企業庁（1990a），『90年代の中小企業ビジョン―創造の母体としての中小企業』通商産業調査会．
中小企業庁（1990b），『平成2年版中小企業白書』大蔵省印刷局．
中小企業庁（1999），『平成11年版中小企業白書』大蔵省印刷局．
中小企業庁（2002），『中小企業白書2002年版』ぎょうせい．
㈳中小企業研究センター（2000），『新しい創業の実態と今後の可能性―女性と中高年起業家の研究』．

中小企業総合事業団（2001），『主要国の起業意識・都道府県起業力比較調査報告書』中小企業総合事業団創造的中小企業支援部．

Hisrich, R. D. and M. P. Peters (2002), *Entrepreneurship*, McGraw-Hill.

井上善海（2002），『ベンチャー企業の成長と戦略』中央経済社．

金井一頼（2002），「ベンチャー企業とは」，金井・角田編『ベンチャー企業経営論』有斐閣，1-26ページ．

川名和美（2001），「地域での創業支援の方向」，三井逸友編『現代中小企業の創業と革新』同友館，159-180ページ．

鹿住倫世（1996），「起業家輩出の歴史」，松田修一・大江 建編『起業家の輩出』日本経済新聞社．

菊本虔（2003），「大学ベンチャーの実態と推進方策」，『Inter Lab』vol.58（オンラインマガジン），[http://www.inter-lab.gr.jp/magazine/]，34-36ページ．

清成忠男・中村秀一郎・平尾光司（1971），『ベンチャービジネス—頭脳を売る小さな大企業』日本経済新聞社．

清成忠男（1993），『中小企業ルネッサンス』有斐閣．

清野学（2002），「勤務キャリアが新規開業に果たす役割」，国民生活金融公庫『調査月報』May 2002, No. 493, 4-17ページ．

国民生活金融公庫総合研究所編（2001），『2001年版 新規開業白書』中小企業リサーチセンター．

国民生活金融公庫総合研究所（2002），『女性経営者に関する実態調査—アンケート結果の概要—』．

国民生活金融公庫総合研究所（2003），『2002年度「新規開業実態調査」アンケート調査の概要』．

松田修一（1997），『起業論—アントレプレナーの資質・知識・戦略』日本経済新聞社．

松田修一（2001），『ベンチャー企業』日本経済新聞社．

港 徹雄（2002），「ベンチャー創業基盤の規定要因」，『商工金融』第52巻，第4号，商工総合研究所，7-21ページ．

三井逸友（2001），「起業文化から市場「開発」へ」，三井逸友編『現代中小企業の創業と革新』同友館，13-52ページ．

櫻井通晴・延原清一（1998），『ベンチャー企業 成長戦略への指針』コンピュータ・ニュース社．

創業・ベンチャー国民フォーラム（2002），『「起業家社会」の実現のために—創業・ベンチャーを経済再生の中核に—』．

竹内英二（2001），「新規開業企業のパフォーマンスからみた創業支援の課題」，国民生活金融公庫総合研究所編『2001年版 新規開業白書』中小企業リサーチセンター，61-107ページ．

Van Osnabrugge, M. and R.J.Robinson(2000), *Angel Investing : Matching Start-up Funds with Start-up Companies*, Jossey-Bass.

第6章　日本の製造企業における戦略策定と本社機能
────質問票調査と面接調査に基づいて────

1．課 題 設 定

　日本の製造業を取り巻く状況が厳しさを増していることは言うまでもない．国内・外での競争上の優位が後退していることが公表されるようになっている．日本の製造業の競争力について様々な視点から評価が行われている．日本の製造業が持つ競争力の源泉については製造現場における「もの作り」の知恵の蓄積とそれに基づいた高品質で低コストの製品を効率的に生産するという点が指摘されることが一般的である．「もの作り」の知恵を絶えず蓄積して行くことの競争上の優位性に果たす役割は言うまでもないが，製造現場における優れた「もの作り」を積極的に行うことが企業全体の成長と一致していたこともう一つの理由として指摘できるだろう．つまりその場合には，各製造現場における自律性が成長の原動力を担っていたものと考えられる．各製造現場を中心とした単位組織が自律性を持って現場の知恵を蓄積して行くことが日本の製造業発展の最大の特徴であったと言えるだろう．

　しかし国内市場の成熟化，グローバル化の急激な進展に伴って各組織単位における自律性を持った活動が企業全体の利益に結びつくことが困難になってきたものと言えるだろう．

　以上のような状況の変化に対応して現場の組織単位と企業本社との関係がどのように変化しているのか．換言すると，企業本社の役割と各組織単位との関係はどのようなものであり，またどのような関係へと変化しているのかという課題が生まれていると考えられる．これらは，企業の全体レベルにおける管理

問題として捉えることができる問題である．さらには，企業戦略の問題として捉えることも可能である．企業が成長し発展するためには企業全体として持っている事業領域間における様々なシナジー効果を生かして競争上の優位性を実現することが求められることになる．現場で生まれる様々な知識やアイデアの重要性は言うまでもない．この現場の知識創造活動を促進するためにも組織横断的に知識や情報が共有化され利用される仕組み作りが必要になると考えられるのである．またこのことは企業全体レベルでのシナジー効果を生み出すという全体最適の利益を生み出すことを意味している．

　具体的に現時点でどのような経営管理のシステムが日本の製造業で採用されているのかが検討されるべき課題と考えられる．様々な組織レベルでこの課題は検討されなければならないが，本章では全社的な企業戦略と事業戦略の策定，そして知識管理，研究開発活動を中心にして本社のスタッフ部門が果たす機能に焦点を絞って分析を行っている．このように焦点を絞ったのは本社と各単位組織との間の問題として上記の問題を捉えることが可能であることがその理由である．さらに本社はトップマネジメントとスタッフ部門を中心として構成されている．トップマネジメントは意思決定を中心とした全社的な業務を遂行するとされているが，それ以外の職務内容を担当するのは本社スタッフ部門であると考えられてきた．本社スタッフ部門はトップマネジメントと各事業部や機能部門といった単位組織を仲介する部門として理解されている．スタッフ部門が企業の全体利益を実現することと現場の活力をどのように両立させて実現しているのかという課題設定ができる．

　以上のような課題を明らかにするために，一連の調査を行いその事実分析に基づいて既述の課題に対する結論を明らかにしている．調査は質問票調査とその回答企業の中の6社に対して面接調査を行っている．調査の概要は本書巻末に調査票と集計結果が示されているので参照されたい[1]．

2．本社機能についての既存調査

　本社機能（the role of corporate headquarters）についての調査は多くない．トップマネジメント機能についての調査分析はされているが，本社というレベルで分析されているものは少ないと言えるだろう．本社機能についての調査としては河野（1996）が日本企業についての調査を行っている．また海外ではアシュリジ戦略経営センター（Ashridge Strategic Management Centre）の調査（1999, 2000）がある．この後者の調査の中で日本企業についての調査結果が報告されている．

　アシュリジ調査では本社を構成するのは大きく分けてトップマネジメントとスタッフ部門であるとされている．この調査では各事業部門の本部に属するスタッフは本社のスタッフ部門には含まれないとしている．本章では本社スタッフ部門の機能について調査データに基づいて日本の製造業の本社スタッフ機能を分析することを課題としている．本社部門のスタッフ機能に焦点を当てて分析を行うが，特に本社スタッフ部門と事業部・機能部門組織との関係を明らかにすることを目的としている．換言すると，全社レベルの利益最適化と各事業部の利益最適化との均衡を本社スタッフはどのように達成しているのかという課題を設定している．

　アシュリジ調査の特徴は，本社部門のスタッフの役割を分析することを課題としている点である．先ず本社機能としてどのようなものが具体的に考えられているのかを見ると，3つの基本的機能が指摘されている．第1の機能は最小限の全社的ペアレント機能である．この機能には，資本調達，組織構造の確立，事業活動に対するコントロール，投資家に対する義務の履行，法に基づく会計報告と納税があるとされている．

　第2の機能は影響力（influence）と方針決定の機能である．この機能は意思決定に関係する機能である．具体的には業績目標の設定，その達成への進捗の監視，集団的な方針や規準の工夫と実施，そして特定事項に対する専門的な助言や助力を提供することである．

第3の機能はサービス提供機能である．各事業部で必要なサービスを提供するもので，本社によって提供することが最も効率的に行うことのできるサービス提供で，規模の経済性と範囲の経済性を活用したものである．具体的には情報システム，購買活動，教育訓練が例として挙げられるもので，本社によって提供されるサービスの典型とされている．以上3つの機能を本社部門が担っていると理解されているが，第1の最小限のペアレント機能以外の2つの機能の具体的形態については全社レベルの戦略が規定的な作用を与えているとしている．具体的には各事業部門への移転が行われたり，アウトソーシングによって行われることがあるとされている．つまり，2つの機能がどこで行われるのかによって企業ごとに本社のスタッフの体制と機能に大きな違いが生まれることが指摘されている．その違いの原因は全社レベルの戦略に拠るとされている．平均して本社スタッフの4分の1が基本的機能を担当し，3分の1が影響力行使および方針決定を担当しており，本社スタッフの40％以上が各事業部へのサービス提供業務を担当しているとされている．本社スタッフの人数，構成は全社レベルの戦略に依存すると捉えられている．全社レベルの戦略が対象とする事業領域間の関連性のあるなしの問題が大きな規定要因であるとしている．

　複数の事業領域間の関連性が大きければ本社へのサービス提供機能と影響力および方針決定機能を集中化することで効率化できる．逆にその関連性が低ければ，それぞれの事業部へこれらの機能の多くが委任されることになり，本社スタッフの人数は減少することになる．法的義務に係わる機能は対外的な利害関係者に関わるものである．それ以外の2つの機能が企業内の経営管理に関係する機能と理解することができる．特に影響力および方針決定の機能が企業全体の利害と事業部の利害を考える場合に中心的な機能として理解できるだろう．アシュリジ調査ではこの機能をさらに，①ゼネラル・プランニングへの影響力（general planning influence）と，②機能的影響力（functional influence）の2つの機能へ分類している．ゼネラル・プランニングへの影響力とは，財務上の目標や主要な資金投資，そして各事業部の事業戦略を対象とする影響力の行使であるとされている．この影響力によって事業部の戦略や計画等の立案に対して

方針を設けたり，意思決定を導くことがその具体的内容になると考えられる．第2の機能的影響力については各機能分野で重要とされる人的資源，研究開発，マーケティング等の領域に対する影響力の行使であるとされている．

我々の調査では先ず第1の機能であるゼネラル・プランニングへの影響力として具体的にどのようなプロセスが存在しているのかを調査している．機能的影響力としては研究開発と知識・情報管理の領域について調査を行っている．また内部の経営管理活動とも理解できるがサービス提供と言う本社機能の分野については対象から除外している．それはサービスの提供と言う機能は外部へのアウトソーシングが十分可能と考えられる機能として理解できることによる．

3．本社スタッフ部門の機能

我々の調査では5ポイントスケールを用いて本社スタッフの機能についての調査項目を設けている．調査結果は図表6-1のようになっている．5ポイントスケールで平均値と標準偏差が示されている．第1の「トップの必要な情報の収集と専門的知識の提供」は一般的に本社スタッフの主要な職務とされてきたものである．そのことを裏付けるように平均が4.17と最も高くなっており，範

図表 6-1　本社スタッフの機能

本社スタッフの機能	平均値	標準偏差
1. トップの必要な情報の収集と専門的知識の提供	4.17	0.67
2. 組織横断的なプロジェクトのとりまとめと促進	3.92	0.88
3. トップと事業部の管理者との会議を企画する	3.94	0.99
4. 知的管理の統括	3.22	0.94
5. 他社との事業統合や提携を行う担当部門	3.97	1.04
6. 社内外の情報の収集を行って，事業部等へ提供	3.43	0.85
7. 事業部の戦略策定に際して財務目標を示し任せる	3.10	1.09

(1) 1, 2, 3, 5, 6項目については回答企業数は117社である．4と7項目については回答企業数は116社であった．
(2) 5ポイントの尺度は1（全くあてはまらない）——5（大いにあてはまる）である．

囲も最も狭くなっている．依然として最も採用されている機能であることが理解できる．次に行われているのが3の「トップと事業部管理者との会議を企画する」が平均値3.94で重視されている．会議内容については様々なものが考えられるが，戦略，計画，予算等のゼネラル・プランニングに該当するものが考えられるが，さらに機能分野についての内容も含まれると考えられる．

第3に行われているのが2項目目の「組織横断的なプロジェクトのとりまとめと促進」が挙げられている．平均値が3.92で標準偏差が0.88であり範囲も狭い．この第2項目と第3項目は企業内における会議やプロジェクトという縦と横の関係での場を設置して運営することが重要になってきていることを意味しているものと理解できる．トップに対する助言，専門的な知識や情報の提供と言う従来の機能とは別の機能が重視されてきていることを確認することができる．

次に5項目目の「他社との事業統合や提携を行う担当部門」としての機能が平均値3.79になっている．企業内だけではなく当該企業の他企業との提携や統合についても協議するための場を設定することが重視されていることが分かる．標準偏差は1.04であり，やや回答企業の間に分散があることが分かる．次が第6項目目の「社内外の情報の収集を行って，事業部等へ提供」の機能である．平均値3.43であり，標準偏差0.85である．このことは各事業部・部門が独自に情報を集めることも多くなっていることを意味している．

「知識管理の統括」活動については平均値3.22であり，本社スタッフ部門では積極的に行われているとは言えないだろう．そして最後に，「事業部の戦略策定に際して財務目標を示し任せる」は平均値は最も低く3.10である．また標準偏差は1.09と範囲も広い．このことが意味していることは利益率や売上額，利益率等の財務上の目標を示してそれを達成する方法については全て各事業部等へ委譲し，コントロールするという方法はそれほど行われていないことである．この点については管理会計論の見地から既に指摘されている．

伏見・横田 (1993)，伏見 (1997) は日本企業のフィールド・スタディを基礎にして，事業部制組織のマネジメント・コントロールの日本的特徴の検討を行っ

ている．日本の企業は目標斉合性の追求を財務的コントロールによって行うことは1980年以前からあまり積極的に行っていないことが指摘されている．日本の企業では長期的雇用関係が存在しており，トップの直接的関与がモチベーションの効果を持っている．このような中ではトップが全社目標に向けて事業部長を誘導するためのハードな仕組みを育てる必要性は弱かったことが最も大きな理由と考えられる．そのために予算管理においても事業部長は目標達成を契約上請け負うというよりもトップから事業部の目標がノルマ的に与えられるという形態になっている．結果として責任は大きいが，それに対応した十分な権限は与えられていない状況が生まれている．また事業部の業績は実質的には成績表としての機能しか果たしていない．以上の点が明らかにされている．このような日本的な特徴を持ったマネジメント・コントロールのスタイルが一定の役割を果たしてきているために，調査にあった厳格なコントロールスタイルに対してもそれほど重要視されていなかったものと理解することができるだろう．

　この点については日本の家電産業を中心とした製造業について従来十分なコントロールがなされておらず，そのことが企業全体としての不効率性を生み出す原因になっていることからも理解できる（三品，2002）．本社スタッフ部門としては全面的に権限を委譲して財務上の目標の達成について事業部等をコントロールするという形態とは異なる管理スタイルの必要性が模索されているものと考えられる．

　このことは，本社スタッフ部門の機能として企業全体の縦と横の関係での会議の場の企画等が重視されていることによっても理解できる．また全てを事業部・部門に任せるだけではなく，財務上の数値以外の目標の達成が重要な意味を持ってきていることもその理由として挙げることができる．この点について次に戦略と組織の重要性と本社スタッフ機能との関係の検討を行いさらに分析を行う．

4．戦略と組織の重要性と本社スタッフ機能の変化との関係

　この関係について先ずどの程度の関係があるか，統計上での相関関係を調べている．戦略の重要性と本社スタッフ機能との相関係数は0.35で1％有意であった．また組織戦略と本社スタッフ機能との相関係数は0.29で同じく1％有意であった[2]．組織変化の重要性と本社スタッフの機能との関係には一定の関係が統計上存在することが分かる．組織戦略の変化については図表6-2に示される．これから分かることはそれほど大きな構造的変化はないことである．しかし「本社の戦略本社化」と「全社的に部門横断的組織の設置・強化」がある程度重視されていることが分かる．スタッフ機能の変化を生み出す要因として本社の戦略本社化の動きと部門横断的な組織の設置が一定の影響を与えていると言えるだろう．

　次に戦略の重要性については図表6-3のようになっている．戦略上で重視されている平均値が高いのが「新製品開発」で4.66と最も高い数値になっている．標準偏差も0.57で多くの企業が重視していることが分かる．次が「新規事業の開拓」で，平均値4.19で標準偏差0.96になっている．さらに「マーケティングもしくは販売部門の製品企画力」が平均値4.03で3番目に平均値が高い．以上の3つの戦略が重要視されているものであった．第1に重視されている新製品開発は各事業部・部門でそのプロセスが開始されるが，製品化の段階になる前にはトップマネジメントの承認が必要になる．製品の価格や重要性の高い物については開発スタート段階からトップマネジメントの関与が行われ，プロジェクトとしての開発が全社レベルで行われることが多くなってきている．製品のイノベーションが継続的に行われることが日常化するのに伴ってプロジェクトも並行して実行されることが多くなっているものと考えられる．このような必要性に本社が対応することが求められてきているのである．

　第2の「新規事業の開拓」についても全社レベルでのプロジェクトを立ち上げて行われるか，あるいは本社内に準備室等を設置して全社から人材を集めて行われるようになっている．全社に存在する様々な経営資源を有効に利用して

図表 6-2　組織戦略の実際

	組織戦略	平均値	標準偏差
1.	全社的に部門横断的組織の設置・強化	3.25	0.93
2.	カンパニー化・子会社化して独立採算化	2.60	1.22
3.	部門・事業部間の統合	2.64	1.03
4.	本社の戦略本社化	3.12	0.99

(1) 1, 2, 3項目については回答企業数は118社．4項目については116社であった．
(2) 5ポイントの尺度は1（全くあてはまらない）——5（全くあてはまる）である．

図表 6-3　戦略で重視する項目

	戦略	平均値	標準偏差
1.	事業からの撤退	3.18	1.04
2.	競争企業との統合	2.93	1.07
3.	分社化	3.01	1.14
4.	合併	2.59	1.04
5.	新規事業の開拓	4.19	0.96
6.	新製品開発	4.66	0.57
7.	海外子会社の統括本部新設・強化	2.96	1.19
8.	生産部門の海外への移転	3.37	1.33
9.	研究開発部門の海外への移転強化	2.32	1.14
10.	マーケティングもしくは販売部門の製品企画力	4.03	0.93
11.	サプライチェーンの構築	3.46	0.82
12.	全社的規模での業務効率化のためのアウトソーシング	3.42	1.05

(1) 1, 2, 5, 6, 8, 10, 11項目への回答企業は118社である．3, 4, 7, 9, 12項目に対する回答企業数は117社である．
(2) 5ポイントの尺度は1（全く重視していない）——5（大いに重視している）である．

行われることが日常化するようになっている．

　以上の2つの戦略を実行するためには企業内および企業外の他企業との関係の中でトップレベルの経営陣が直接関与する他に，本社スタッフが主導して具体的な企画立案を行うことが必要になってきている．さらにマーケティングも

しくは販売部門の製品企画力にも販売，研究開発部門，製造部門を横断する調整や企画立案が必要になってきている．以上のような戦略上の重要性から本社スタッフの機能に対する戦略策定と実行上の必要性も変化していることが理解できる．具体的には以下のような理由が考えられる．企画立案では具体的な財務上の目標を明確にすることは困難なものが多い．製品開発や新規事業の開拓の進捗は財務上の指標で示すことは困難である．競合他社に対抗してこれらの業務を遂行するためには企業内外の独自の経営資源を有効に利用することが必要であり，そのための企画立案を各部門と審議し調整する場としての会議やインフォーマルな打ち合わせが頻繁に行われることが必要になっている．この点は聞き取り調査を行った6社でも確認することができた．その際に，本社スタッフが果たす機能は会議の場の設定と調整が中心になってきていることが明らかになってきている．

5．本社スタッフ部門がビジョン，戦略策定に果たす機能

次にビジョン，全社レベルの戦略，事業部・部門レベルの戦略策定プロセスと本社スタッフ機能との関係について分析する．まず策定のプロセスについては図表6-4に示される通りの状況である．経営ビジョンについてはトップが独自に作成することは少ないことが分かる．そうではなく本社スタッフ部門で策定されるものが最も多くなっていることがこの結果から理解できるだろう．ビジョン策定についてその策定の基本方針はトップが決定するとされているが，その内容の詳細についてはトップ個人の能力と時間だけでは十分ではないものと考えられる．やはり，経営企画等が具体的データの分析，立案を行い，トップが決定して採否することが半数以上の企業で行われている．逆にミドルを含め，ボトムアップで素案が作られるプロセスを採用している企業は少数に留まっている．

以上の調査結果が意味するのは，経営ビジョンが対象とするのは企業の全社レベルでの将来像である．つまり企業活動の全体最適を考えることが必要であ

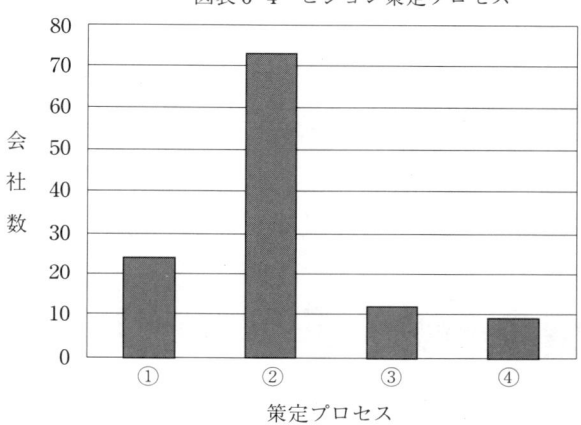

第6章 日本の製造企業における戦略策定と本社機能 149

図表6-4 ビジョン策定プロセス

策定プロセス

① トップが独自に定義し，取締役会で審議決定する．
② 経営企画や総務部門で素案が作られ，取締役会で審議決定する．
③ ミドルを含めボトムアップで素案が作られ，取締役会で審議決定する．
④ とくに決まってない．
(1) 回答企業数は118社．

り，その点からボトムアップでのビジョン策定は困難であることが考えられる．経営ビジョンについては企業全体の利益が最優先される必要がある．経営企画等の本社スタッフは各事業部・部門についての情報を持ち，現場とトップとの間の情報，知識の橋渡し役としての機能を果たしているものと言えるだろう．そのような立場にあることが実際に経営ビジョンの立案を中心的に担当する理由であると考えられる．

次に全社レベルの戦略策定プロセスについて見ることにしよう．その回答結果は図表6-5に示されている．これからすぐに分かることは①〜④までほぼ等分されている点である．全社レベルの戦略策定は極めて複雑なプロセスになっているものと考えられる．その複雑なプロセスについてあえて分類すると4つの形態に整理できると考えられる．4つのプロセスの中でも最も多いのが①の「トップ主導型」である．次が②の「スタッフ主導型」である．3番目が④の「共同作業型」である．この①②④は実際にその相違点を明確にすることは困

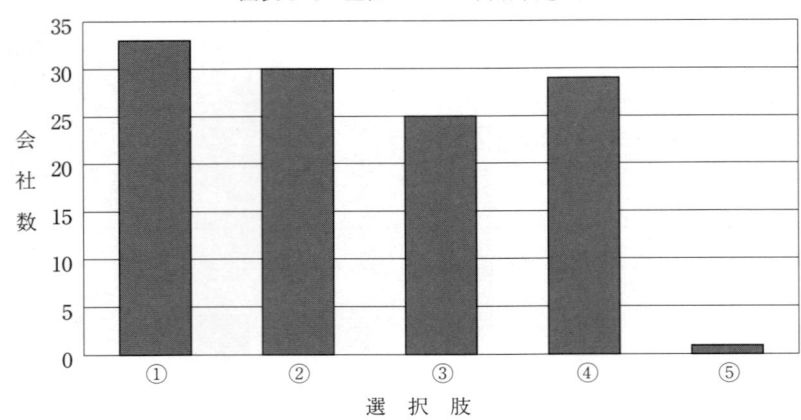

図表6-5 全社レベルの戦略策定プロセス

① 1～3人のトップ経営者が自ら経営企画部等のスタッフ部門や各事業部・部門間の情報を基に戦略を策定する．
② 経営企画部などのスタッフ部門の主導で各部門・事業部の意見・情報を取りまとめ，全社的な戦略案を策定する．
③ 各部門・事業部の主導で戦略を策定し，それをビジョンに基づいて統合して会社規模の戦略を作る．
④ 経営企画部等スタッフ部門が各事業部・部門から情報を収集し，トップの意向と具体的な指示の下に戦略の策定を行う．
⑤ その他．
(1) 回答企業数は118社である．

難であり，回答者がその差を明確に認識して回答することは困難であると考えられる．実際には①②④はほぼ同一の内容のものとして認識してよいと理解できる．具体的にはトップが方針を示し，本社スタッフが各部門・事業部から情報や知識を収集して案を策定してトップが決定すると言うプロセスとして理解できる．違いはそのプロセスでトップの発言力が大きいか，本社スタッフ部門の発言力が大きいかまたは同程度なのかという程度の違いであると考えられる．

しかし，③の「ミドル主導型」は一応明確に分けることが可能だろう．③は21.2％で25社がこの策定方式を選択している．残りがトップおよび本社スタッフ主導の策定方法を採用しているものと考えることができるだろう．

全社レベルの戦略策定は多くの企業でトップおよび本社スタッフ主導で行わ

れていることは何を意味するのか．全社最適状況を実現することができるトップおよび本社スタッフにその策定を行わせる必要があることを意味しているものと理解できるだろう．本社スタッフも全社的に各事業部との会議を頻繁に開催し，知識の共有化を行っている．この点は既に前節で見てきた通りである．本社スタッフは各事業部・部門との頻繁な「打ち合わせ」，「情報交換」を様々な形態で行っており，このことが仕事の大半をなしていることが聞き取り調査でも明らかになっている．

　本社スタッフの最も重視されている機能は「トップマネジメントの意思決定に必要な情報の収集と専門的な知識の提供」であった．特に企業を取り巻くマクロ環境についての情報収集が重要になっているものと言える．将来の市場の動きについての情報や知識をトップマネジメントへ提供することは本社スタッフの最も重要な機能になっていたことは既に述べた通りである．本社スタッフ部門にはこのように社内外の情報・知識が全社レベルで集中しているのである．そのような立場を前提にして本社スタッフとトップマネジメントが中心になって全社レベルの戦略策定が行われているものと理解できるのである．全社レベルの戦略策定プロセスについてミドル主導の積み上げ方式で行う企業は少数に留まっている．このプロセスが従来は最も多いと考えられてきたパターンである．この策定方法では個々の事業部の利害調整にだけ努力が向けられ，全社最適という目的が２次的な位置付けになってしまう可能性が高いと考えられる．戦略を進める上でも全社的に点在する経営資源を有効に利用して新製品開発や新規事業開拓を進めてゆく必要がある．そのためには特定の事業部・部門の利害だけではなく全社的に理解の得られる全社戦略が策定される必要性があると考えられる．このようにして策定された全社レベルの戦略を基礎にして事業部・部門レベルの戦略策定が行われることになるからである．

　事業部・部門レベルの戦略策定方法についての解答結果は図表6-6によって示されている．この図から②の「本社は財務目標を設定するが，具体的内容については事業部・部門の判断に任される」という策定方法が最も多くなっている．他方，③の「本社による様々な条件が提示されるが，事業部・部門の判断

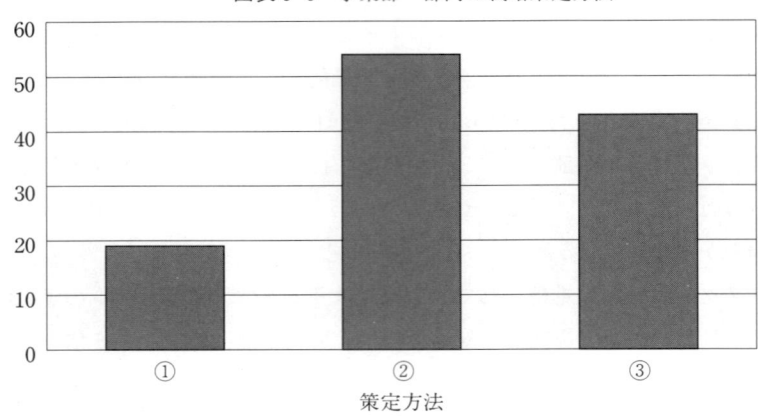

図表 6-6　事業部・部門の戦略策定方法

① 事業部・部門の戦略策定は全社戦略の一部とされ，本社の主導で行われる．
② 事業部の戦略策定に際して，本社は財務目標を設定するが，具体的内容については事業部・部門の判断に任される．
③ 戦略策定を行う前提として，本社による様々な条件が提示されるが，事業部・部門の判断も尊重される（共同作業型）．
(1) 回答企業数は116社である．

も尊重される（共同作業型）」も半数近くになっている．事業部・部門レベルの戦略についてはそれぞれの事業部・部門が担当するのは当然なことと言える．従来からこのような事業部・部門の戦略策定が行われてきていたものと理解できるが，問題は全社レベルの戦略との調整が現在では強く求められている点である．先に本社スタッフ部門の機能の7項目目の「事業部の戦略策定に際して財務目標を示し任せる」は平均値3.10で最も低くなっていた．この回答結果についてはどういうようにその関係を理解すればよいのだろうか．本社スタッフの機能としては様々な調整，審議のための会議や場の設置が重視されるようになっていた点も合わせて考えなければならない．結局以下のように考えることができるだろう．全社レベルの戦略を各事業部・部門レベルの戦略と調整してゆくためには財務上の目標を示すだけでは十分ではなくなってきていることが指摘できるのである．経営ビジョンと全社戦略の視点から各事業部・部門の戦

略策定に対して本社スタッフの調整が行われる必要性が大きくなってきている．この点は聞き取り調査でも明らかになっている．各事業部・部門の戦略策定に際して，ビジョン，全社戦略と一貫性を持った戦略の策定を行うことが求められるようになっているのである．

このような事業部・部門による戦略策定プロセスについて従来から行われてきたように，現場による知識の創造を十分に生かすことを認めながら，他方では全社戦略との一貫性を形成することが重要になっていると理解できるのである．本社スタッフとの対話を通じて実行可能な戦略を各事業部等の現場が策定することが行われているものと理解できるだろう．このようなプロセスの中で本社スタッフがそのプロセス実現の重要な機能を果たしているものと理解できる．

次に，ビジョン，全社レベルの戦略，そして事業部・部門レベルの策定方法の関係について検討している．それぞれの間にクロス集計を計算すると図表6-7，図表6-8，図表6-9の通りになった．

ビジョンの策定方法は全社レベルの戦略との間についてカイ二乗検定によって統計上有意な関係が存在することが分かる．しかしビジョン策定方法と事業部・部門の戦略策定方法との間には統計上有意な関係は認められない．次に全社レベルの戦略の策定方法と事業部・部門レベルの戦略策定方法には統計上有意な関係が認められた．この理由について検討しよう．まずビジョンの策定方法については全社レベルの戦略とともにトップマネジメントと本社スタッフがその中心的な役割を果たしていることは理解できる．それ故に全社レベルの戦略策定プロセスと一定の相関があることは理解できるのである．しかし事業部・部門レベルの戦略策定の方法では従来のような策定方法が多くなっていた．そのために全社レベルの戦略策定方法との間に5％有意で弱い相関しか存在していない結果になっているものと理解できる．

戦略策定の方法について特に本社スタッフが重要な役割を果たすようになってきていることは既に指摘した．特に本社スタッフ機能として重要視されているのが企業内における縦と横の関係で開催される会議やプロジェクトといった

図表6-7 経営ビジョン策定の方法と全社レベルの戦略策定方法のクロス集計表

(カイ2乗1%有意)

		全社レベルの戦略策定方法				
		1	2	3	4	合 計
経営ビジョンの策定方法	1	17(14.6%)		6(5.1%)	1(0.8%)	24(20.6%)
	2	12(10.3%)	27(23.2%)	12(10.3%)	20(17.2%)	71(61.2%)
	3	2(1.7%)	2(1.7%)	5(4.3%)	3(2.5%)	12(10.3%)
	4	2(1.7%)	1(0.8%)	2(1.7%)	4(3.4%)	9(7.7%)
合 計		33(28.4%)	30(25.8%)	25(21.5%)	28(24.1%)	116(100%)

図表6-8 経営ビジョン策定の方法と事業部・部門の戦略策定方法のクロス集計表

		事業部・部門の戦略策定方法			
		1	2	3	合 計
経営ビジョンの策定方法	1	7(6.0%)	11(9.4%)	6(5.1%)	24(20.6%)
	2	11(9.4%)	32(27.5%)	28(24.1%)	71(61.2%)
	3		6(5.17%)	6(5.1%)	12(10.3%)
	4	1(0.8%)	5(4.3%)	3(2.5%)	9(7.7%)
合 計		19(16.3%)	54(46.5%)	43(37.0%)	116(100%)

図表6-9 全社レベルの戦略策定方法と事業部・部門の戦略策定方法のクロス集計表

(カイ2乗5%有意)

		事業部・部門の戦略策定方法			
		1	2	3	合 計
全社レベルの戦略策定方法	1	8(6.8%)	18(15.5%)	7(6.0%)	33(28.4%)
	2	3(2.5%)	15(12.9%)	12(10.3%)	30(25.8%)
	3	5(4.3%)	14(12.0%)	6(5.1%)	25(21.5%)
	4	3(2.5%)	7(6.0%)	18(15.5%)	28(24.1%)
合 計		19(16.3%)	54(46.5%)	43(37.0%)	116(100%)

場を設定することであった．この場で検討される諸々の事柄の中でも事業部・部門の戦略は中心的な事柄になっているものと考えられる．

以上の調査結果についてさらに6社の本社スタッフへの面接調査を実施している．この面接調査に基づいて具体的状況について個々のケースについてみてゆくことにする．

A社のケース

A社は大手乳業製造販売メーカーで長い歴史を持つ企業である．2001年4月に組織が機能別組織から事業部制組織へと変更されている．このような事業部制への移行に伴って各事業部の活動をサポートするスタッフ部門として本社にコーポレートスタッフが設置されている．具体的には経営企画部，生産技術部がその中心となる部門として本社内に置かれている．経営企画部の機能は以前よりも強化され，約40名人員が在籍している．他に品質，生産から販売までの情報システム，財務，人事，資材調達についてのスタッフ機能もある．これらのスタッフ機能は「サービス」供給に該当する機能として理解できるものである．

全社戦略に該当する中期計画は3年ごとに策定され，1年ごとにローリングされることになっている．この策定は経営企画部が中心になって策定されている．各事業部の戦略についても基本的に経営企画部で枠組みが作られて，次にそれに基づいて具体的な内容が各事業部で策定される．最後にそれについて経営企画部と協議して最終案を作成するとしている．

経営企画部の内部には以下の3つの担当がある．まず第1が利益管理で10人が担当しており，事業部および全社レベルのコスト引き下げについての検討と指導が行われている．第2が品質管理グループで7人が担当している．これは全社レベルでの品質管理についての指導を行っている．第3の機能が広報で2～3人で担当している．これ以外の経営企画部の担当が戦略策定とその実施に際して助言，助力を行っており，戦略策定の上で具体的な事柄に関して協議を行っている．

年次の単年度計画については本社経営企画部が計画の枠組みを作り，事業部

で具体化し,最後に経営企画と事業部との間で協議して決定される.

このようにA社では戦略,年次計画共に経営企画部が基本的枠組みを作っている点が特徴になっている.

B社のケース

B社は大きく3つの事業領域を持つ企業である.事業領域は以前には関連していたがそれぞれの事業が成長することに伴って無関連な事業を持つ企業へと発展している企業である.事業領域としては情報通信分野,アイケア分野,生活文化分野がある.それぞれ異なった分野の事業を持つことでリスクを分散して異なった事業間での企業内競争の必要性が重要視されている企業である.そのために明確な経営理念を持っている.事業領域については「グローバル・ニッチ」市場を持つことが可能なものを対象としている.しかし企業全体についての明確なビジョンは持っていない.

戦略としてはグローバル・ニッチ市場を目指して海外での活動領域拡大が重視されている.それに対応するために組織構造は各事業領域と地域とのマトリック形態になっており,全事業領域にまたがる本社として50人規模のグローバル本社が設置されている.グローバル本社は独立した存在になっている.本社には総務部と人事部がある.総務には広報とグローバル戦略策定部門がある.人事部は本社の人事業務を行うことと,全体の人的資源管理活動を行っている.具体的には人事管理,報酬制度,人材発掘について各カンパニーをサポートしている.

各カンパニー間に人事交流,会議,そして横断的なプロジェクトは存在していないとされている.これは各カンパニー間で技術,市場についての関係が存在しないことが理由とされている.しかし,新規事業についてはそのままでは各カンパニーから生まれてこないと考えられるために,新規事業開発部門をグローバル本社内に設置している.そこに各カンパニーに分散していた研究員を戻して構成している.しかし各カンパニー内に研究部門も残されている.

技術について企業全体としての共有化を図るために年1回の技術発表会が開催されている.この会議への出席は各カンパニーの研究者に義務付けられてい

る．それ以外のものは存在しない．

　以上のように，B社では各カンパニー間で関係性がほとんど存在しないことが大きな特徴になっている．このようなB社での戦略については中・短期の5年計画のものが作られている．全社戦略はグローバル本社の総務部で策定される．各カンパニーのものについてはグローバル本社総務部でその基礎となるものが作られ，各カンパニーがその具体的内容を策定することになっている．各カンパニーの戦略策定についても本社スタッフが枠組みを作る点が特徴になっている．その際に全社レベルの戦略に基づいて各カンパニーの戦略の枠組みが作られると考えられる．

　以上のようにB社では各カンパニーに対してそれぞれ自律性が大きく与えられている．しかしその一方で戦略策定についてはグローバル本社から各カンパニーに対してその基本的な枠組みが提供されていた．その後で当然にグローバル本社とカンパニー間でその内容を巡って協議がなされてゆくことになる．自律性が高いが戦略策定については本社が一定の影響力を持っているのがB社の特徴であると言えるだろう．

C社のケース

　C社は制御機械の製造と販売を行う企業である．1998年に従来事業部であったものを分社化している．しかし，各子会社の業績悪化に伴って再び親会社への統合を決定している．実施は2003年4月が予定されていた．特に2001年秋からのIT不況の影響が大きく出ている．また生産部門については中国への移転を加速している．

　子会社を統合してカンパニー化する予定であるが，SBU化して一貫した体制を作ることが考えられている．また既存事業の領域にだけ依存するのではなく新規の事業創造が企図されている．具体的には環境関連の事業が考えられている．今まで事業部に分散していた環境対応への取り組みを一本化してゆくことを考えて，環境推進本部を本社内に設置している．

　本社の経営企画部は全社レベルで5ヵ年計画を策定している．次に黒子役になり事業部が3ヵ年計画を策定するのを支援するとしている．その際に経営企

画部は様々な調整，打ち合わせの場を設けるとしている．次に年次の計画については各事業部が策定することになる．その年次計画の策定に際して経営会議の場が重要な機能を果たしている．日頃から経営会議の決定の場に必要に応じて事業部長も出席することがある．これによって企業全体の活動の見通しを持ってもらうとされている．全体を見通す視点を持つことで全社的な活動と一貫性を持った計画の策定ができるように工夫されている．また経営企画部が具体的な数字，予測値を準備しており，各事業部に理解してもらうことが考えられている．それによって各事業部はさらに相互の調整を容易に行うことが可能になるとしている．

このように，経営企画部は各事業部の戦略策定，年次計画策定についてあくまでも情報，知識を準備するという仕事と場を設定するという仕事を中心的に果たしている．

D社のケース

D社は乗用車の製造と販売を行う企業である．事業領域は多角化していない．組織形態は機能別組織の形態を採用している．戦略の基本的な考えとしては環境を配慮した優れた車を廉価に社会に提供することであるとされている．2010年グローバルビジョンが策定され，あるべき社会の姿が示されている．それに対応した企業のあるべき姿が示されている．その中で現在の本社は「グローバル本社」へと転換してゆくことが明らかにされている．本社の経営企画部には約50人の人員が在籍している．基本的機能は「各機能部門を束ねる」という機能であるとされている．具体的には，①10年毎のビジョンを策定する．②5年毎の長期計画の策定．③3年毎の中期計画の策定．④1年毎の年度計画の原案作りを行う．以上を行うために各機能部門との協議を繰り返し行うことが経営企画部門の機能であるとされている．

まずビジョンについてはトップの意思を示し，グローバルな中での地域の優先順位，ビジョン実現のための戦略，資源について検討される．その原案を策定している．

長期経営計画は1年を費やして策定される．各部門が策定したものを全体の

整合性を持つものにするために各部門との間で経営企画部が調整して，詰めてゆく．詰める内容は資源，特に人材の問題が重要な課題であるとされている．D社全体として一貫した活動が計画されなければならない．そのために1年をかけて各部門間の調整を行う必要性がある．その際にビジョン実現の視点を中心にして調整が行われることになるとされている．経営企画部はこの調整を実際に担当する部門として機能しているものと理解できる．中期の経営計画はさらに詳細な実行計画の内容になる．年次計画は8月頃から翌年4月にかけて策定される．これらの計画についても経営企画部の調整が行われる．調整のための会議は頻繁に開催される．海外の子会社についてはテレビ会議システムを使った会議が開催されている．

以上のようにD社では本社経営企画部の重要な機能はビジョン策定，そして経営計画の策定に係わる様々な調整作業であるとされていた．その調整はビジョンとの一貫性を形成することが目的であった．

E社のケース

E社は年間売上高約5千億円の総合電子部品メーカーである．事業は各電子部品関連に多角化している．5事業部からなる事業部制組織形態が採用されている．さらにグループとして約110社の子会社がある．2002年4月に以前の7事業部から5事業部へと整理されている．これはIT不況が原因で販売が減少していることが原因であるとされている．

5事業部と並んで営業本部が存在している．営業本部では一括して顧客に対応している．営業本部は顧客営業部とビジネスユニット営業部に分けられる．顧客営業部は「先を見た製品の仕込み」と情報収集活動を中心にした業務を遂行している．ビジネスユニット営業部は事業部の技術者と一体となって顧客に対応して販売活動を行っている．

電子部品の生産と販売共に海外と国内が一体となってきており，海外子会社とリアルタイムでの情報交換を行っている．海外子会社は各事業部の傘下にあり，各事業部との間で生産販売に関して一体となった体制が形成されている．

経営計画はまず第1に3ヵ年計画が策定されている．これは全社レベルおよ

び事業部レベルそれぞれが存在する．第2に半年毎の経営計画も策定される．まず9月に全社レベルの3ヵ年計画を経営企画部で策定する．具体的には「全社方針」とされるものが策定される．それに基づいて各事業部が3カ年計画を策定している．そして3月までにその計画内容の細部についてまで詰めた検討が加えられてゆく．検討内容は事業戦略面が中心になっている．商品構成，開発アイテム，顧客，売り方の検討について詰めた検討が経営企画部と事業部との間で行われている．その際に「数字」についての検討は中心課題ではないことが明らかにされている．理由は「数字を挙げても当たらない」ことであるとされている．環境の変化が激しく，戦略を策定する段階での数字はすぐ意味がなくなるとされている．そうではなく「どうやって収益を得るのかが検討される」とされていた．

次の段階は翌年3月に行われる全社経営計画審議会での審議である．この審議会は主管部門が経営企画部である．経営企画部が「全社経営計画審議会」という場を設定してそこで事業部の案とトップの意思を調整することが行われている．このようなプロセスは3年次計画だけでなく半年毎の計画についても同様のプロセスで行われている．

以上のように本社経営企画部と各事業部との間には長・短期の計画を巡って戦略的な事項についての詰めた検討が9月から翌年の3月まで繰り返し行われていることがインタビューから明らかになっている．これらのプロセスでは「どのように利益を得るのか」という課題が中心に検討されていた．さらにその最終的な決定の段階では経営企画部は場の設定を行って，情報，知識の共有化，知識創造の場作りを行っていた．

F社のケース

F社はその売上げの80％を単一電子部品で占めている電子部品メーカーである．多角化はしておらず，ほぼ単一部品系列の製品製造販売を行っている．また海外での売上げが全売上高の65％を占めており，既にグローバル化した企業と言える．

組織構造については基本的に縦軸が地域で横軸が各機能部門からなるマトリ

ックス形態である．機能部門は営業部，技術センター，基礎研究部等がある．これらの部門は本社に属している．技術センターは顧客からのニーズに応じた開発を担当して製品の開発を行う部門である．基礎研究部は基盤技術について継続的に研究開発を行う部門である．

　経営計画については3ヵ年の中期経営計画を経営企画部が中心になって策定している．年次計画は実行計画として位置付けられている．この年次計画については経営企画部を中心としてその原案を本社スタッフと地域の事業部スタッフが協議して策定している．次にその原案を事業部の各部や課まで下げて，詰めた具体案を策定してもらう．次にそれらの案を積み上げて年次計画が作られる．

　このようにF社では年次計画について全社と事業部一体となったプロセスが存在している．

　F社のスタッフ部門としては経営企画部，人事部，経理部，管理(総務)部，そして営業企画が所属している．スタッフ人員は約100人である．他に本社の建物に入居しているのは最大の事業部の本部である．F社の従業員数は約1,500人である．また売上げの約80％は最大の事業部が得ている．この事業部と本社スタッフ部門との調整や会議は頻繁に行われる必要があり，それが事業部の本部と本社が同一の建物に入居している理由と考えられる．

　事業部・部門レベルの戦略の内容について全社レベルでの様々な協議が行われて，全体として一貫性のある具体案が形成されていることが6社のケースから理解することができた．この協議に基づいて事業部・部門の戦略策定プロセスは様々な場で調整，協議が繰り返し行われていた．この協議の中心的機能を果たすのが本社スタッフ部門であった．事業部・部門の戦略策定はそれぞれの部・部門で行われるが，本社スタッフの機能としてはそれと全社ビジョン，全社戦略と調整する会議の場を設けることが重視されているのである．また，「戦略策定を行う前提として，本社による様々な条件が提示されるが，事業部・部門の判断も尊重される（共同作業型）」という項目の重視度が高かったこ

との具体的な意味も同様に理解できるだろう．次に本社スタッフ部門が知識管理と研究開発活動に果たす機能について検討する．

6．知識・情報共有化と本社スタッフ部門の機能

　本社スタッフ機能の中でも企業内外の関係部門との会議や審議の場を設置することが重視されていたが，我々の質問票ではその具体的機能として知識創造と研究開発について項目が設けられている．知識創造活動と研究開発活動が戦略的に重要な意味を持つことは言うまでもない．それぞれについての調査結果に基づき，また6社のケースに基づいて分析して行く．

　知識創造活動についての調査結果は図表6-10に示されている．質問項目として8項目を設けている．8番目の項目は知識ノウハウが得られる場についての選択を求める質問である．(1)〜(7)の項目は5ポイントでそうかそうでないかの度合いを聞いている．この知識創造活動と本社スタッフの機能との間の関係を検討するために相関を計算している．結果は1％有意で相関係数は0.33である．本社スタッフと知識創造活動との間に一応の関連があることは確認できる[3]．この知識創造活動の中で平均値が高いのは4番目の「現場からの提案やアイデアを重視している」で，平均値3.75で標準偏差も0.70と分散していない．次が2の「組織横断的な会議を公式・非公式に多く設置している」で，平均値3.72で散らばりも少ない．逆に平均値の値が小さいのが7項目目の「消費者との間に，積極的に対面の会合を設置している」で平均値2.58，標準偏差1.04になっている．次が3の「トップと事業部の課長・部長，従業員との縦断的会議の場を多く設置している」が平均値3.15で標準偏差0.98になっている．

　以上のことから言えることは以下の点に要約できる．先ず第1に現在の日本の製造業では現場から創発されるアイデアや知恵を重視して有効利用することが依然として重要であるとされている．この点は従来から日本の製造業の競争上の優位性の源泉として指摘されてきた点である．現在でも最も重視されている知識創造の源泉であることが確認できる．

図表6-10　知識やノウハウの共有・活用で重視する方法

知識やノウハウの共有化や活用方法	平均値	標準偏差
1. 多くのプロジェクト組織やチームを部門横断的に設置している.	3.56	1.05
2. 組織横断的な会議を公式・非公式に設置している.	3.72	0.86
3. トップと事業部の課長・部長，従業員との縦断的会議の場を多く設置.	3.15	0.98
4. 現場からの提案やアイデアを重視している.	3.75	0.70
5. 知識やノウハウを共有化するために情報技術を積極的に活用.	3.64	0.88
6. 関連会社との間に，積極的に会合を設置.	3.31	0.94
7. 消費者との間に，積極的に対面の会合を設置.	2.58	1.04

(1) 5と7項目は回答企業数が117社. 他は118社である.
(2) 5ポイントの尺度は1（全くあてはまらない）——5（大いにあてはまる）である.

　第2に現場の知識，アイデアを組織横断的に共有化し，利用するための多くの場が設けられることが重視されている点である．その場は会議であったりプロジェクト等のチームの形成であったりするだろう．組織横断的に行われることで企業全体の最適化を企図しているものと言えるだろう．

　第3に組織縦断的な場についてはあまり積極的に取り組まれていないことが明らかになった点である．この理由をどのように理解すれば良いのだろうか．

　日本の製造業企業における基本的な組織形態が事業部制やカンパニー制等であるが，組織を横断して場を設定することは重視されているが，その際にトップが関係することが重視されていないことを意味しているものと理解できるのではないだろうか．トップが全ての末端の従業員達との知識創造や情報共有をともに行うことは物理的に困難である．また事業部，カンパニー単位での場の設置が行われることも多く存在するものと考えられる．したがってトップを含めた組織縦断的な場の設置にはそれほど積極的に取り組まれていないものと考えられる．

　では組織横断的な知識創造の場は実質的にはどのように形成されているのだ

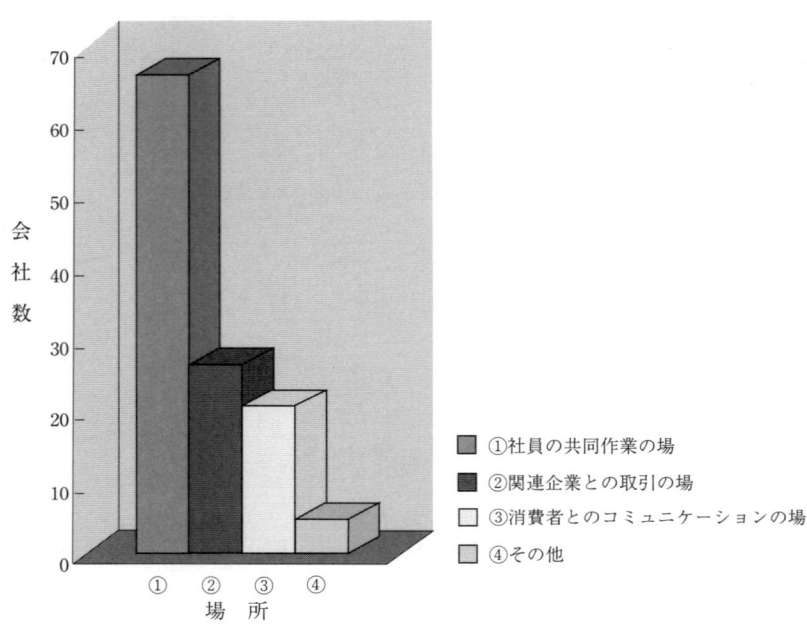

図表6-11　知識・ノウハウが最も得られる場

凡例:
- ①社員の共同作業の場
- ②関連企業との取引の場
- ③消費者とのコミュニケーションの場
- ④その他

(1) 回答企業数は117社である．

ろうか．この点につては本社スタッフの機能として極めて重視される機能になっていたことを改めて指摘することができるだろう．知識創造活動を全社的に実施する上で本社スタッフは組織横断的な場の設置で重要な連結ピンとして機能していると言えるのである．

　最後の第4点目として確認できるのは，知識創造の場としては企業の対外的な場である関連企業との対面の場の設置が重要視されている点である．しかし消費者との関係から生まれる知識や情報についてはそれほど重視されていない．この点は「改善・革新に伴う知識・ノウハウが最も得られる場」についての回答（図表6-11）からも理解できる．この回答から理解できることはやはり業務改善・改革に必要な知識・ノウハウが最も得られるのは社内における「社員の共同作業の場」であったことである．この共同作業の場は様々な場が意味され

ている．しかしこのような場の設定・運営についてトップが関係することはあまりなかったものと理解できる．

「社員の共同作業の場」が公式・非公式に形成されることに全てトップが関係するのは事実上不可能であり，各事業部や現場レベルで形成される必要性があることがその第1の理由と考えられる．

第2の理由は既に明らかになっているが，全社的規模の事業部を横断するような場の設置については本社スタッフ部門がその機能として行うことが多くなっていた．本社スタッフが場を設置することは知識創造・情報共有化の上で大きな意義を持ってきていることが確認できる．以上の点について次に6社のケースを検討してみよう．

A社のケース

A社は乳業メーカーであった．複数の事業があり，1つの工場で複数の事業部の業務を担当する場合がある．その際に様々な理由から事業部間で利害が対立することが生まれることがある．そのような場合には，問題解決ならびに利害調整に本社スタッフ部門である経営企画部や生産技術部が介入することがある．

改善活動については製品の輸送や販売部門の現場で積極的に行われている．商品の開発を行う上で必要な情報や知識は，スーパーマーケットや広告代理店から販売部門や営業所が得ることが多い．その情報や知識は各事業部のマーケティング部門へ行くことになっている．

B社のケース

B社は無関連多角化した企業であった．そのために各カンパニー間での様々な公式・非公式の会議はほとんど存在していない．しかし，例外的に技術については全社レベルで年1回技術発表会が開催されている．それによって会社全体としての基盤技術についての情報・知識の共有化が図られている．研究技術者の出席が義務付けられている．全社レベルではそれだけであるが，各カンパニー内では改善活動が積極的に行われている．製品の改善点についての情報は販売員からのものに大きく依存している．また販売会議，製販会議が各カンパニー内で開催されており，各カンパニー内での工程改善・製品改善への積極的

な取り組みが行われていることが分かる．

会社全体としては基盤技術についての技術会議が行われており，全社的に見ると情報・知識の共有化が限定的に行われている点がB社での特徴になっている．

C社のケース

C社では各カンパニーの現場で改善活動が積極的に行われている．新製品・新技術についてのアイデアや情報は顧客からのものが最も多くなっている．また自社の研究所からのものもある．継続的に行っていた研究が花開くものもある．また工場現場からのものもあるが，工程改善提案が中心であり，新製品・新技術のものは少ない．

各カンパニーからの新製品，新技術の提案は会社全体の審議機関である経営会議に自由に提出することができるようになっている．その際に経営企画部はその提案内容についてのチェックはしていないが相談に応じることはしている．各カンパニー間での調整が必要なものについては経営企画部が仲介を行うという機能を果たしている．

D社のケース

D社は自動車の生産と販売を主たる業務とする企業であった．企業内の様々な現場における知識創造の活動は積極的に取り組まれている．また組織が機能部門制を採用していることから各部門間で緊密に調整を行う必要があり，そのための会議，打ち合わせの場が多く存在している．

各機能部門間での調整についても一定の工夫がされている．各機能部門と国内の工場との間で利害の対立が生まれることがある．そのような場合，各機能部門の長と工場長はそれぞれ取締役を兼任することから相互に牽制できるようになっている．これは相互に十分に対話が行われることで優れた問題解決が図れるようにすることを目的にしているためとされている．つまりこのような組織的な体制を前もって作ることで，自律的に対話が行われて調整が可能になるとされている．

その他にも，機能部門間・海外子会社間でもこの種の調整は頻繁に行われて

おり，テレビ会議システムは多用されている．相互にデータを共有化することも行われている．そのために全社レベルで情報はリアルタイムで把握できるようになっている．組織横断的に知識創造活動を行うためにはその前提として，このような情報共有化のためのインフラ整備が重要であることが理解できるのである．情報共有化に基づく問題解決が様々なレベルの場で行われているのがD社の大きな特徴になっていた．このことから言えるのは，トップが必ずしも関係する必要のない知識創造の場が自律的に形成されている点である．命令に拠るのではなく自律的に形成されるような条件が形成されていることがD社の特徴であると言えるだろう．

E社のケース

E社は総合電子部品メーカーであり，グローバル化していた．組織は事業部制であった．組織横断的に事業部内での現場の知識創造を促進するための若干の組織が設置されている．1つは新規の事業開発を行うための事業開発本部が本社内に設置されている．この事業開発本部は約60人の人員が配置されている．各事業部の製品開発テーマについて相互に情報交換を行い，共有化を図り，新規の事業へ結びつくように製品開発をサポートする部門として機能している．また本社内に生産担当の役員と若干の人員が配置されている．彼等は「セル生産方式等の生産革新運動担当」として，各生産現場におけるセル生産方式の導入と普及，そして改善活動を全社レベルで推進している．全社的に情報・知識の共有化を行い，現場での知識創造を促進する部門として機能している．

また5人からなる環境部が本社内の生産担当の下に置かれている．この部門は各事業部の環境問題への取り組みについてサポートを行っている．

以上のようにE社では組織横断的な知識創造の場の設置について公式上本社内に設置された機関によって行われていた．非公式に自律性を持った知識創造活動は事業部内の現場には存在するが全社規模ではあまり存在していないと言えるだろう．この点がE社の特徴と言えるだろう．

F社のケース

F社は電子部品メーカーであり，多角化はあまりしていなかったが，グロー

バル化している企業であった．基本的な組織形態はマトリックス形態である．そのために機能部門である営業部門と事業部との間の調整について経営企画部門が調整する場を作ることがあるとされている．海外の子会社についても同様の調整作業が行われる．各事業部門の現場からの知識創造活動は積極的に行われているが，組織横断的な調整は本社スタッフ部門である経営企画が中心となって行われているのがF社の特徴である．

以上6社の具体的な知識創造活動について検討してきたが，現場における知識創造活動に積極的に取り組んでいる点が，共通した特徴であった．しかし，組織横断的な知識創造の場については異なった取り組みがされていることが確認できた．1つが，本社スタッフ部門が積極的に組織横断的な調整および問題解決の場を設けているケースである．第2の形態は自律的に各部門間で相互に場が作られるケースである．自律的に作られるケースは面接調査ではD社で確認できただけであるが，実際には多くの企業でこれら2つの形態が両方存在しているのではないだろうか．

7．研究開発活動と本社スタッフ部門との関係

研究開発活動について，その戦略上の重要性を指摘する企業は多数を占めていた．この研究開発については本社スタッフ部門との関連性について単相関を計算しているが有意な関係は確認できなかった．研究開発については本社のスタッフ部門の機能とは別にその計画と実施の体制が考えられていることがその理由と言えるのではないか．質問票調査では本社機能に関して以下の質問項目を設けている．結果は図表6-12に示された通りである．「本社に研究開発本部を設置して研究開発の基本方向を示すなど，積極的に事業部や部門の研究開発活動を支援している」という点でどの程度積極的に取り組んでいるのかを5ポイントで聞いている．その平均値は3.26で標準偏差が1.39になっている．研究開発については取り組みの積極性については回答した企業間ではばらつきが大

図表6-12 本社と研究開発本部との関係

質 問 要 項	平 均 値	標準偏差
本社に研究開発本部を設置して研究開発の基本方向を示すなど，積極的に事業部や部門の研究開発活動を支援している．	3.26	1.39

(1) 1（全くあてはまらない）――5（大いにあてはまる）である．
(2) 回答企業数は117社．

図表6-13 研究開発の体制

研究開発体制	平 均 値	標準偏差
1. 本社が各事業部間の協力関係を作り，製品開発の企画や案のとりまとめを行う．	2.85	1.08
2. 研究開発の全権（予算・人事）をプロジェクトの責任者へ与える．	2.98	1.09
3. 新製品開発で各事業部や職能部門の意見を重視．	3.86	0.82
4. 研究開発本部が研究開発の全社的調整や基礎的な研究上の支援を行う．	3.38	1.20

(1) 1と4項目は回答企業数が118社で，2と3項目が117社．
(2) 5ポイントの尺度は1（全くあてはまらない）――5（大いにあてはまる）．

きく，積極的に行っている企業とそうでもない企業も多く存在することが統計上からは確認できる．

　研究開発については本社にその権限を集中して計画と実施をするのか，あるいは事業部・カンパニーへ権限を委譲して研究開発を進めるという形態が考えられる．

　多角化した事業領域を持つ企業ではその事業部・カンパニーに属する形態で応用面での各研究開発部門が存在することが多くなっている．本社に属する研究開発部門は共通する基盤技術や基礎技術に限定されていることが一般的な形態であるとされている．しかし研究開発の重要性とともに新規事業の立ち上げや事業部を横断した新たな研究開発テーマの必要性がどのように従来の研究開発体制のあり方に表現されているのかという疑問が生まれる．この疑問点を明らかにするために研究開発についての調査結果を分析する．

研究開発活動についての設問は4項目設定されている．結果は図表6-13の通りになっている．最も重視されているのが「新製品開発で各事業部や職能部門の意見を重視」しているであった．平均値3.86で標準偏差0.82であった．このような考え方は現場の知識を生かすという点で従来からの日本の製造業の強さを生かすことが重視されていることを裏付けている．

次に採用されているのが4の「研究開発本部が研究開発の全社的調整や基礎的な研究上の支援を行う」で平均値3.38，標準偏差が1.20とややばらつきがある．この項目は現場の知識を重視することと矛盾するものではない．あくまでも全社的な調整を行い，また各事業部等の自律的な研究開発を支援するものである．現在の日本の製造業ではこの2つの動きが研究開発で重視されていると言える．

他方，3の全社的プロジェクト型の研究開発は平均値2.98で標準偏差も比較的大きい数字で，現在のところ積極的に採用されているとは言えないだろう．また1の本社で集権的に実施する形態も平均値2.84と最も低くなっている．

研究開発について全体の動向を改めて要約すると以下のようになる．第1に研究開発においても各事業部，カンパニー等の現場に近い場所における研究開発活動の重要性が現在でも認識されている．第2に，しかし全社的に研究開発についての最適化を行うために本社に属する研究開発本部によって基本方針が策定されたり，支援を行うことが重視されている．以上の2点が質問票調査から明らかになった点であるが，以下では6社のケースで具体的な状況をさらに分析してみよう．

A社のケース

A社は乳業メーカーであり，事業部制を採用していた．新製品の開発は各事業部内で行われている．具体的には事業部内のマーケティング部で開発が行われており，課長から新入社員までの約20人の若い人材が開発を行っている．その際に，本社に属している研究所と協力して開発が行われている．研究所では基礎的な研究が中心に行われている．各事業部には研究所は存在せず，マーケティング部が製品開発を担当し，工場等の生産工程の改善・イノベーションに

ついては本社スタッフ部門に属している生産技術部が担当している．研究所は本社に直属の部門であり，ここでは基礎的な研究が中心に行われている．新製品の開発については事業部が自律的に取り組む体制になっているが，製品化するかどうかの決定権は社長が持っている．また製品化の各段階で事業部長レベルの承認，社長レベルの承認が求められている．本社に直属する研究所はそれを支援するだけである．

このようにＡ社では基本的に事業部というレベルで現場の自律性を重視する研究開発体制が採用されているが，研究所との協力は行われている．

Ｂ社のケース

Ｂ社は多角化したカンパニー制組織を採用しており，各カンパニー毎に研究所が設置されている．したがって各カンパニーでは研究開発から生産，販売までの全ての業務が遂行され，独立性が高く維持されている．しかし新規事業については新たな展開を企図してグローバル本社内に新規事業開発部門を設置して新規事業に関連する研究開発活動が進められている．

基盤とする技術はあるが応用面でそれぞれのカンパニー間で大きく相違しているために各カンパニーが共通して研究開発を行うことは不可能になっている．したがってＢ社では本社レベルでの研究開発本部による調整は存在せず，各カンパニーに権限が与えられ，自律的な体制が存在している．しかし例外的に，新規事業立ち上げのための研究開発については本社に属する形態になっている．

Ｃ社のケース

Ｃ社では研究所は本社に直属しており，一元的に研究開発活動が行われている．組織としては研究開発本部が設けられており，100人近い人員が所属している．また全社的に研究に関する技術委員会が設置されている．研究テーマについては同本部が子会社，事業部からヒヤリングを行い決定している．研究内容に関しては既存の事業活動に関するものが多くなっている．

新技術や新製品についての具体的なアイデアや情報の出所としては顧客からのものが最も多いとされている．また研究所が継続して行っている研究活動から生まれるケースもあるとされている．本社が一元的に研究開発を行うことで

効率的な遂行が可能になっている．各カンパニー間では技術上の関連性はなくなっている．当初は技術上の関連性があったが，独自の発展をするプロセスでその関連はなくなっていったものとされている．しかし研究機関は依然として本社に属しているのがC社の特徴である．

D社のケース

D社では機能別組織が採用されていた．研究開発部門も機能部門の1部門として位置付けられている．研究所はグローバルに展開しており世界各地に適した車の開発を行い，また世界の技術を吸収する拠点として位置付けられている．国内の子会社，グループ企業でも研究所が設置されている．

研究開発体制は本社の技術の企画部，管理部によってその基本的方針，枠組みは策定される．それにしたがって各研究機関が実行する体制になっている．各研究機関は技術部門に属し，そこで策定される全社レベルの計画で一元的に管理されているのがD社の特徴である．

E社のケース

E社では研究所を2ヶ所設置している．2つの研究所では汎用性の高い独自技術や新材料の研究が行われたり，超精密加工技術，先端実装技術を中心とした生産技術開発が行われている．

各事業部が生産・販売を行う上で，顧客企業から受注する際に詳細な技術上の指示や注文を受けることになる．各事業部ではその技術上の要請に対応する体制が設けられている．2つの研究所は汎用性の高い技術の研究開発を行う部門として位置付けられており，一定の役割分担がなされている．

2つの研究所と合わせて技術研修所も設置されている．これら3つの機関が事業開発本部の傘下に置かれている．事業開発本部は本社に属している．しかし本社部門ではなく社長に直属する組織として位置付けられているのが大きな特徴である．この事業開発本部は中期の3年から5年の先を展望して新しい技術を開発し，新規事業を作ることを目的にしている．また事業開発本部の一部を本社内に設置している．本部長は役員クラスが兼務している．

事業開発本部は全社レベルで行われる開発会議開催の担当部署にもなってい

る．開発テーマについては各事業部が発表し，それを受けて研究所で研究開発を事業部と連携して行うことになる．このように，E社では研究開発部門は各事業部と本社に直属する研究所および事業開発本部であった．全社レベルで研究開発活動を調整し，一貫した活動にするという機能を事業開発本部が担当していたのである．

F社のケース

F社では研究開発部門としては技術センターと基礎研究部が存在している．技術センターは顧客のニーズに応じた製品の開発を担当している．また海外にも基礎研究所を設置している．基礎研究部は継続的に基盤技術の開発を行っている部門である．技術センターは各工場に全体で約150人程度が配置されている．基礎研究部は約15人程度の人員が配置されている．

技術センターおよび基礎研究部はそれぞれ本社に属している．技術センターは本社に属する部門であるが実際の業務は各工場で行われている．基礎研究部は1ヶ所の工場に集中されている．このことによって全社的には一貫した研究開発活動が実現されている．特に，技術センターは各工場に配置されているが全社レベルでは一体として管理されていることがF社の特徴と言えるだろう．

以上6社の状況について検討してきたが，質問票で明らかになっていた特徴を裏付けるものであった．特にB社1社は例外であったと言えるが，全社的な研究開発の一貫性を確保するために研究開発部門を本社に直属する形態で設置することが支配的であった．各事業部の自律的な研究開発活動に全て委ねられるのではなく，それらの活動を全社的に一貫した活動として実現することが重視されていた．具体的には本社に直属する部門として研究開発本部が設置されたり，研究所自体を本社に直属する企業も存在した．これらの動きは，研究開発活動の一貫性を確保して，素早い対応を可能とする動きとして理解することができる．戦略的に研究開発活動を進めるためには，短期的視点ではなく長期的視点で研究開発することが強く求められてきていると考えられる．また事業部の現場と絶えず対話を行うことが必要になってきている．

第2に確認できたことは新規事業立ち上げのための研究開発部門もしくはその準備室を本社に設ける動きである．これは研究の一貫性維持の動きと重なる動きである．新規事業のために既存の研究開発とは別に部門を設置する必要性が認識されていた．

　研究開発活動については本社スタッフ部門の業務と関係はしているが，それとは別の部門が関係していることが確認できた．それは戦略的に一貫した動きを全社的に行うことが求められてきていることが理由と考えられる．ただし，技術上の専門的な知識が必要とされることと，戦略上の重要性から，トップが直接関与し，戦略的な決定を素早くしてゆくことが必要になっているものと考えられる．そのためには本社スタッフ部門とは別の部門を設け，数値だけによるコントロールではなく，対話による調整活動が必要とされたものと理解できるのである．

　また戦略的に新製品開発および新規事業の立ち上げが重視されていた．これらの戦略遂行のために技術の創造を行う研究開発活動について数値の上でコントロールすることでは対応できなくなってきており，トップと現場との対話を行うための長期的な取り組みを実現することが求められていることを示している．

8．ま　と　め

　本社スタッフの機能についてそれぞれ分析をしてきたが，日本の製造業における本社スタッフの特徴について以下のように整理することができるだろう．

　第1に，本社スタッフ部門の機能は従来はトップへの専門的な知識・情報を提供するという助言機能が中心であった．その機能の中でも戦略の策定機能が中心とされてきたが，会議の企画や組織横断的なプロジェクトの取りまとめ等の対話のための場の設定が重要な機能として認識されている点である．戦略の策定は継続的なプロセスである．戦略策定について事業部・部門と対話を通じて優れた代替案を策定することが必要になってきているものと理解できた．優

れた戦略になる条件としては，全社のビジョンと一貫性を持っていることが重要とされている点が挙げられる．また財務上の数字を設定することが対話の中心ではなくなり，ビジネスの仕組みが対話の中心になっていることが面接調査でも明らかになっていた．本社スタッフは，トップとは違い命令権限を持たないことが優れた対話を実現できる原因にもなっていると考えられる．トップが命令権限を背景として対話をすることがどの程度可能なのかは問題となるが，粘り強く対話を繰り返すためには本社スタッフが重要な役割を果たさざるを得ないといえる．

第2に，知識・情報の管理について現場の知識や情報が依然として重視されている点である．さらに組織横断的に設けられる公式・非公式の会議で知識・情報の共有化と利用が重視されていた点である．その際にトップの関与は重視されていなかった．スタッフ部門が知識・情報の企業内における利用についても一定の役割を担当していることが理解できた．

第3に，研究開発活動については本社スタッフ部門とは別の部門を設置することが支配的な動きとして確認できた．これは全社的に研究開発の一貫性を実現すると共に，素早くトップの意思決定ができるようにするためであると考えられる．

以上の3点に調査からの結果を要約できるが，本社スタッフの機能の変化は企業の全社レベルの戦略，事業レベルの戦略の変化に関係している．その変化に伴って，日本の製造業における経営管理のスタイルを変更する必要性があることが本社スタッフ機能の変化を生み出しているものと考えられるのである．しかし本社スタッフと事業部・部門との人事交流について質問しているが，その重要性について5ポイントで聞いているが，平均値3.26で標準偏差1.39で積極的な企業もあるが消極的企業も多い状況である．本社スタッフがその機能を効果的に果たす上で事業部等の現場との人事交流の必要性はそれほど重要とはされていない．

1) 質問票調査名は『グローバル時代の経営革新に関する調査』で2002年2月に実施している．対象は，上場1, 2部企業と店頭上場企業の中から無作為で抽出（乱数表利用）した1,000社である．質問票は郵送している．回答企業は118社であった．回収率11.8％である．面接調査の対象とした6社はこの回答企業の中から選択されている．
2) 戦略の重要性12項目の合計値と，組織戦略4項目の合計値それぞれと本社機能7項目の合計値との相関を計算している．本社機能の合計値計算に際して7項目目は逆スケールなので反転して計算している．
3) 知識創造活動の7項目の合計と本社機能の重要性7項目の合計との相関を計算している．本社機能の重要性の7項目目は逆スケールなので反転して計算している．

参考文献

河野豊弘（1996）「『小さな本社』実現の実際と進め方」，Business Research, 866, 5-9ページ．

伏見多美雄・横田絵理（1993）「事業部制マネジメント・コントロールにおける日本的特質―フィールド・スタディを基礎にして」，管理会計学第2巻第2号，25-44ページ．

伏見多美雄（1997）「企業環境に応じた戦略展開とマネジメント・コントロール」，『日本企業の戦略管理システム』第1章，1-11ページ．

三品和弘（2002）「企業戦略の不全症」，一橋ビジネスレビュー，50(1), 6-23ページ．

Young, D. and Goold, M. (1999), Effective Headquarters Staff, Ashridge Strategic Managemant Centre.

Young, D. and Goold, M. (2000), Corporate headquarters — An international analysis of their roles and staffing, Prentice Hall.

第7章　経営革新と情報化に関する実証研究
　　——アンケート1次集計結果の検討を中心に——

はじめに

　BPR（ビジネスプロセスリエンジニアリング），SCM（サプライチェーンマネジメント），KM（ナレッジマネジメント）等々，昨今の経営革新に関するスローガンの多くは，情報技術（IT）の活用を前提としている．これはパーソナルコンピュータやインターネットを中心とする情報技術の普及・浸透が進んだことによるものである．さらに1990年代後半には「IT革命」というブームに乗って，能率性や生産性向上のために，企業は挙って最新ITを活用した情報システムの導入を行った．

　そのブームも収束し，「IT不況」とまで呼ばれるようになってしまった現在では，「日本の商慣行に合わせるのは難しい」「インターネットでは客は呼べない」等々，多くの失敗事例がビジネス関連雑誌で取り上げられ，成功事例はわずかでしかない．実際に情報技術は無用のものなのだろうか．あるいは情報技術活用を成功させる要因は何だろうか．

　これらの疑問に有益な回答を導くために，われわれはアンケート調査を実施した．本章ではとくに企業の情報化に焦点を当てる．前半ではアンケートの1次集計結果を分析し，企業における情報化の現状を把握する．後半では，情報化と経営革新との関連を，相関分析等若干の統計手法を用いて検討する．

1. アンケート調査の概要

本調査は,「グローバル時代の経営革新に関する調査」というテーマで,中央大学企業研究所「グローバル時代の経営革新」研究プロジェクト（主査：遠山曉）内のトップマネジメントグループ（責任者：林 正樹）によって行われた．質問票は戦略特性,組織特性から情報技術,環境対策と多岐にわたっている．回答形式は,基本的に1（全くあてはまらない）～5（大いにあてはまる）の5スケールポイントを用い,一部複数回答や記述回答が含まれる[1]．調査対象となる企業は,『会社四季報CD-ROM版』（東洋経済新報社）に収録されている製造業1,751社より外国上場企業15社を除いた1,736社から無作為に1,000社抽出した．回答は主に経営企画室,総務部,社長室の担当者に依頼した．2002年3月末日締切とし,有効回答数は118社（11.8％）である．

回答企業の業種は電機機械が最も多く30社（25.4％）,次いで化学13社（11.0％）,機械,輸送用機械が共に11社（9.3％）となっている（図表7-1）．資本金は最も少ない企業でも1億200万円と,すべてが資本金1億円以上の大企業である．従業員は1,001人以上5,000人以下が45社（38.1％）と最も多い（図表7-2）．

またわれわれは,1998年にも「経営革新と情報化に関する調査」というテーマで調査を行っており[2],今回の

図表7-1 調査企業の業種

	企業数	割合
ガラス・土石製品	7	5.9％
ゴム製品	2	1.7％
その他製品	10	8.5％
パルプ・紙	2	1.7％
医薬品	4	3.4％
化学	13	11.0％
機械	11	9.3％
金属製品	4	3.4％
食料品	9	7.6％
精密機器	5	4.2％
石油・石炭製品	1	0.8％
繊維製品	3	2.5％
鉄鋼	2	1.7％
電気機器	30	25.4％
非鉄金属	2	1.7％
輸送用機器	11	9.3％
(無回答)	2	1.7％
合計	118	100.0％

調査の質問と一致する項目もあるので，調査結果の検討に際しては1998年調査の結果との比較も行う．

図表7-2　事業規模

資本金(百万円)	企業数	割合
0 ― 1,000	7	5.9%
1,001 ― 5,000	35	29.7%
5,001 ― 10,000	25	21.2%
10,001 ― 50,000	38	32.2%
50,001 ― 100,000	5	4.2%
100,001 ―	5	4.2%
（空白）	3	2.5%
合計	118	100.0%

従業員数(人)	企業数	割合
0 ― 100	3	2.5%
101 ― 500	30	25.4%
501 ― 1,000	24	20.3%
1,001 ― 5,000	45	38.1%
5,001 ― 10,000	6	5.1%
10,001 ―	7	5.9%
（空白）	3	2.5%
合計	118	100.0%

2．企業経営における情報化の現状

本調査は「グローバル時代の経営革新に関する調査」というテーマの通り企業経営全般にわたるものであり，しかも回答者が経営企画室，総務部，社長室の担当者である．情報システム構築やメンテナンスを行う情報（システム）部門の担当者に回答を依頼しているわけではないことから，情報技術に関する質問項目は，サーバの運用状況や開発言語等々といった技術に関する具体的事項ではなく，基本的にユーザ側もしくは管理者を対象とした内容となっている．

情報技術に関しては，情報技術特性，電子コミュニケーション技術活用状況，インターネット活用状況，情報文化・支援体制，情報化投資，情報技術活用効果という6項目を設定しそれぞれ数問質問した．

(1) 情報技術特性

企業情報システムは，日常の取引データ処理や各種財務諸表を作成する会計処理等々の基幹系情報処理（定型的業務処理）と，シミュレーションや個別分析

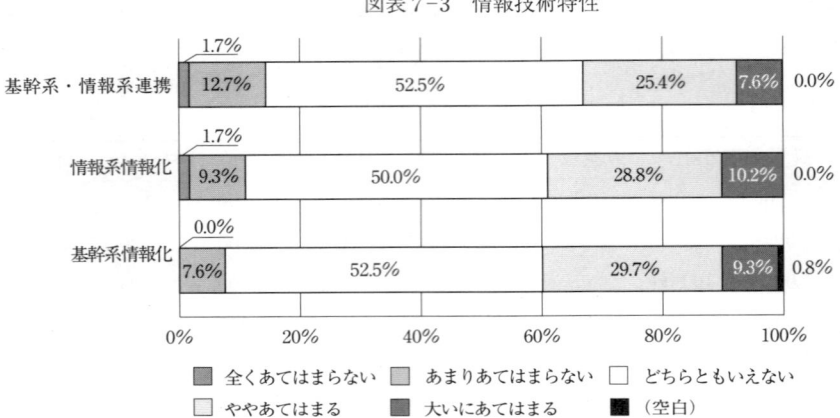

図表7-3 情報技術特性

	全くあてはまらない	あまりあてはまらない	どちらともいえない	ややあてはまる	大いにあてはまる	(空白)
基幹系・情報系連携	1.7%	12.7%	52.5%	25.4%	7.6%	0.0%
情報系情報化	1.7%	9.3%	50.0%	28.8%	10.2%	0.0%
基幹系情報化	0.0%	7.6%	52.5%	29.7%	9.3%	0.8%

処理等々の情報系情報処理（管理的情報処理）に大別される．情報系情報処理は，基本的に基幹系情報処理で処理された各種データベースを分析する必要があることから，両者の連携・統合を進めなければならない．まず基幹系，情報系それぞれの情報化程度，さらに連携・統合程度を調査した（図表7-3）．

　基幹系情報処理の情報化程度は39.0％の企業で，また情報系情報処理の情報化程度も39.0％と同数の企業で，同業他社より進んでいると回答している．1998年調査では基幹系が59.5％，情報系が40.0％であったので，とくに基幹系での数値が減少している．どちらともいえないと回答している企業も50％以上であることからも，情報技術の発展に合わせて企業でも情報化が進み，他社との格差が減少している，あるいは明確な格差が認識できないと推測できる．

　また両社の連携・統合化程度は，33.1％の企業で高いと回答している．これは1998年調査の33.7％と大きな差はない．基幹系，情報系単独での優位性ではなく，両者をいかに連携・統合させるかで他社との差別化を図ろうとする企業は，前回，今回の調査で変化はないといえる．

　情報技術特性としてさらに，情報技術の外部委託やアウトソーシングの状況についても調査した．外部委託やアウトソーシングを行っている企業が増加傾向であることはいくつかの要因から予測できる．例えば，この不況の中，コン

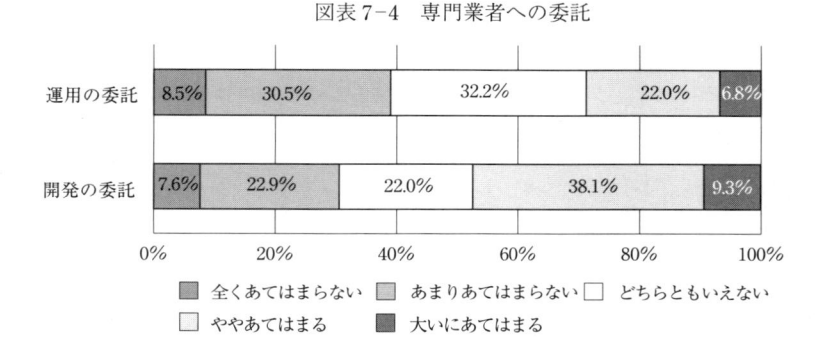

図表 7-4　専門業者への委託

	全くあてはまらない	あまりあてはまらない	どちらともいえない	ややあてはまる	大いにあてはまる
運用の委託	8.5%	30.5%	32.2%	22.0%	6.8%
開発の委託	7.6%	22.9%	22.0%	38.1%	9.3%

ピュータ等の資産を所有するより，開発・運用まですべて外部企業に委託し変動費として処理することによるメリットを追求するために，あるいは情報技術の高度化に企業内で対応することが困難になったという原因から，アウトソーシングに踏み切る企業が増加していると考えられる．またコンピュータメーカーのソリューションビジネスへの進出，情報部門の切り離し・分社化によるベンダーの増加等々も要因のひとつと考えられるだろう．業務アプリケーションの開発について，さらに運用について，専門業者への委託程度を調査した（図表 7-4）．

業務アプリケーションの開発に関しては47.5％の企業が高いと回答し，低いと回答した30.5％を上回っている．とくに新規開発に関しては，最新情報技術の活用を必要とするので，専門業者へ委託する割合が高いと推測される．それに対して，運用に関しては39.0％が低いと回答し，高いと回答した28.8％を上回っている．すでに構築されたアプリケーションの運用には自社の情報部門で対応できる，あるいは日常の運用に関して専門業者へ委託することによるコストの増大を回避するために自社で運用を賄うと考える企業が多いと予想される．さらには，やはり運用まで外部委託することによって，企業の業務全般にかかわる競争優位のための知識やノウハウが流出することへの懸念があるのかもしれない．

ただし，クロス集計表でも明らかなように，基本的には開発を委託した企業

図表7-5　業務アプリケーションの専門業者への委託

| | 運　用 | | | | | |
	全くあてはまらない	あまりあてはまらない	どちらともいえない	ややあてはまる	大いにあてはまる	総　計
開発						
全くあてはまらない	7(5.9%)	1(0.8%)		1(0.8%)		9(7.6%)
あまりあてはまらない	2(1.7%)	22(18.6%)	2(1.7%)		1(0.8%)	27(22.9%)
どちらともいえない	1(0.8%)	5(4.2%)	19(16.1%)	1(0.8%)		26(22.0%)
ややあてはまる		8(6.8%)	15(12.7%)	21(17.8%)	1(0.8%)	45(38.1%)
大いにあてはまる			2(1.7%)	4(3.4%)	5(4.2%)	11(9.3%)
総　計	10(8.5%)	36(30.5%)	38(32.2%)	26(22.0%)	8(6.8%)	

は，運用も委託する傾向が高いようである（図表7-5）．開発は外部委託しないで運用のみ外部委託する傾向のある企業が3.7％に対して，開発は外部委託して運用は外部委託しない企業が21.2％もあるという差が，開発と運用の差を生み出すのだろう．

(2)　電子コミュニケーション技術の利用状況

Microsoft社のWindowsオペレーティングシステムの登場以来，パーソナルコンピュータのユーザは爆発的に増大している．それらのユーザは，パーソナルコンピュータを会計処理や統計処理等々を行う「計算機」として活用する以上に，むしろ電子メールをはじめとする「コミュニケーション手段」として活用する割合が高いだろう．

企業経営においても，電子メールで会議資料を配布する，電子掲示板で営業ノウハウを提供する，交通費削減や議論の頻度増加のためにテレビ会議を行う等々，情報を伝達・共有する手段として情報技術を活用している事例が多い．さらに伝達・共有の範囲を企業内から関連企業へと拡大している傾向が強いことも予想される．電子コミュニケーション技術の活用状況を調査したが，調査にあたって電子コミュニケーション技術で行われるコミュニケーションを，情

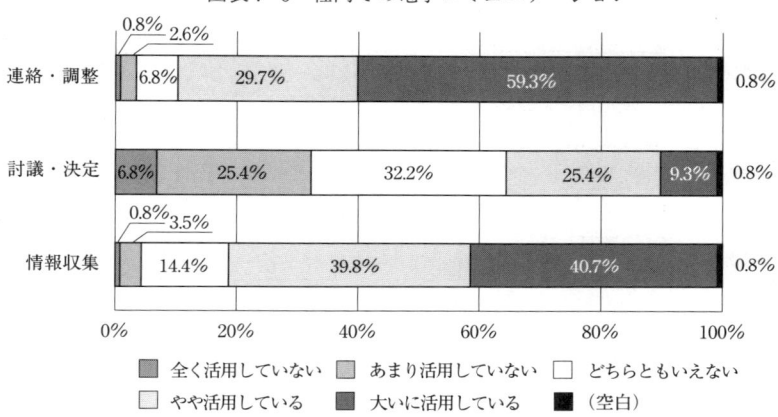

図表7-6 社内での電子コミュニケーション

	全く活用していない	あまり活用していない	どちらともいえない	やや活用している	大いに活用している	（空白）
連絡・調整	0.8%	2.6%	6.8%	29.7%	59.3%	0.8%
討議・決定		6.8%	25.4%	32.2%	25.4%	9.3%	0.8%
情報収集	0.8%	3.5%	14.4%	39.8%	40.7%	0.8%

報収集，問題事項の討議や意思決定，連絡や調整という3項目でそれぞれ質問した．

　まず社内でのコミュニケーションにおける活用状況は，情報収集が80.5％，連絡・調整が89.0％と大多数の企業が電子コミュニケーション技術を活用している（図表7-6）．情報収集や伝達のスピード，コミュニケーションの容易化等々，電子コミュニケーション技術の機能を十分に活用しているといえる．しかし討議や意思決定に関しては34.7％と，利用していない32.2％と大きな差は見られない．討議や意思決定を行うには，さまざまな意見をある一定方向へ収斂させなければならず，よりリッチな情報を必要とする[3]．やはり電子コミュニケーション技術よりもリッチな情報を扱える対面の会議・会合による討議や意思決定も行われているだろうと推測される．

　また関連企業とのコミュニケーションにおける活用状況は，情報収集が66.1％，連絡・調整が72.9％と，社内コミュニケーションよりは若干低くなるものの，やはりかなりの企業で電子コミュニケーション技術を活用していることがわかる（図表7-7）．社内よりも，むしろ関連企業間のコミュニケーションのほうが，遠隔への迅速な情報伝達が可能であるという電子コミュニケーション技術のメリットを享受できるかもしれない．さらに討議や意思決定に関して

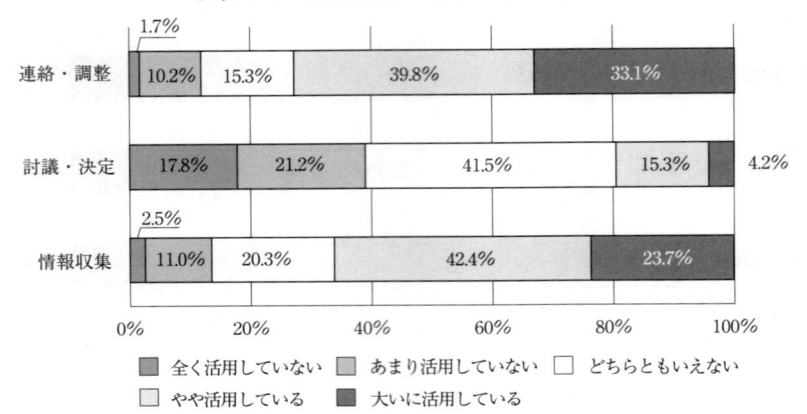

図表 7-7　関連企業との電子コミュニケーション

	全く活用していない	あまり活用していない	どちらともいえない	やや活用している	大いに活用している
連絡・調整	1.7%	10.2%	15.3%	39.8%	33.1%
討議・決定	17.8%	21.2%	41.5%	15.3%	4.2%
情報収集	2.5%	11.0%	20.3%	42.4%	23.7%

は，39.0％が利用しておらず，利用していると回答した19.5％を大きく上回っている．これは企業内コミュニケーションに比べて関連企業間コミュニケーションでは討議や意思決定の頻度が少ないことが反映されていると考えられる．

いずれにしても迅速性や遠隔性等々の電子コミュニケーション技術のメリットを生かした形での活用が進んでいるといえる．

(3)　インターネット活用状況

パーソナルコンピュータを通信手段として利用している割合が増加している最大の要因は，インターネットの登場であろう．コンピュータの機種に依存することなく，世界中のさまざまなコンピュータとの情報交換・共有を可能にするインターネットの普及は，企業活動から一般消費者の生活スタイルまで劇的に変化させている[4]．部品メーカーを巻き込んだe-マーケットプレイスの開発を大手自動車メーカーが推進する，あるいは書籍や衣料品の販売をWeb上で行うという形で，企業はインターネットを活用している．企業では，現状でどの程度インターネットを活用しているのだろうか．

インターネットは電子コミュニケーション技術とも考えられるが，本設問はとくにB to Bと呼ばれる関連企業間の取引と，B to Cと呼ばれる消費者との

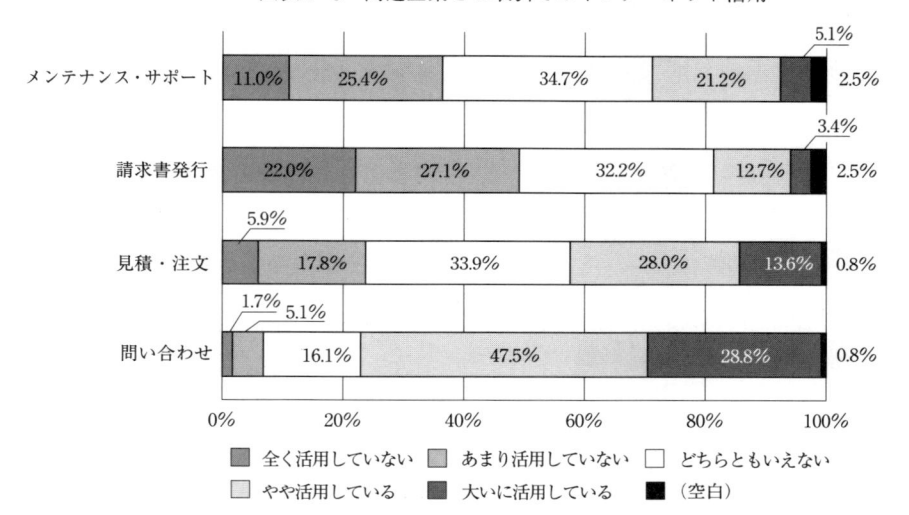

第 7 章 経営革新と情報化に関する実証研究　185

図表 7-8　関連企業との取引でのインターネット活用

	全く活用していない	あまり活用していない	どちらともいえない	やや活用している	大いに活用している	(空白)
メンテナンス・サポート	11.0%	25.4%	34.7%	21.2%	5.1%	2.5%
請求書発行	22.0%	27.1%	32.2%	12.7%	3.4%	2.5%
見積・注文	5.9%	17.8%	33.9%	28.0%	13.6%	0.8%
問い合わせ	1.7%	5.1%	16.1%	47.5%	28.8%	0.8%

取引における活用状況を調査した．取引は，問い合わせや情報収集，見積や注文，請求書や領収書発行，メンテナンスやサポートという 4 項目に分類した．

　企業間の取引におけるインターネット活用状況は，問い合わせや情報収集には 76.3 ％の企業が活用していると回答している（図表 7-8）．企業ホームページを検索したり，ホームページ上の「お問い合わせはこちら」という欄から電子メールを送信したりというインターネットサイトの典型的な活用方法であり，やはり数値も高くなっている．見積や注文に関しては 41.5 ％が活用していると回答しており，情報収集よりも数値は低いが，回答していないと回答した 23.7 ％を上回っている．しかしながら請求書や領収書発行に関しては 16.1 ％が活用しているに過ぎず，活用していない企業は 49.2 ％と半数近くにも上る．各種帳票類を作成する作業は，現在ではほぼコンピュータ化されているが，あくまでプリントアウトされた紙ベースの帳票であって，インターネット上で電子化された帳票を受送信することはまだ普及していないと考えられる．これは請求書や領収書に押される印鑑等の認証性や，インターネット上のセキュリティの問題によるのかもしれない．メンテナンスやサポートに関しても，活用して

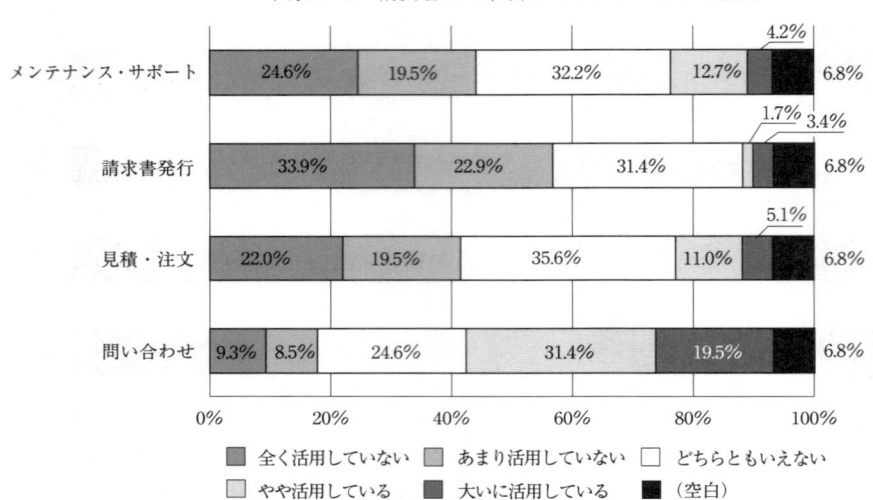

図表 7-9　消費者との取引でのインターネット活用

	全く活用していない	あまり活用していない	どちらともいえない	やや活用している	大いに活用している	(空白)
メンテナンス・サポート	24.6%	19.5%	32.2%	12.7%	4.2%	6.8%
請求書発行	33.9%	22.9%	31.4%	1.7%	3.4%	6.8%
見積・注文	22.0%	19.5%	35.6%	11.0%	5.1%	6.8%
問い合わせ	9.3%	8.5%	24.6%	31.4%	19.5%	6.8%

いると回答した企業が26.3％と，活用していないと回答した36.4％を下回っている．

　消費者との取引におけるインターネット活用状況は，相対的に企業間の取引よりも低い数値となっている（図表7-9）．これは，既存取引の決済方法や運送方法など，基本的にB to CよりもB to Bの方が取引を電子化しやすいという見解に合致していると見ることができる[5]．問い合わせや情報収集には50.8％と約半数の企業が活用している．しかし見積や注文は16.1％，請求書や領収書発行はわずか5.1％，メンテナンスやサポートは16.9％と，いずれも活用していない企業を大きく下回っている．請求書や領収書に関しては，届けられる商品に添付する形で領収書が送付される場合が多い，あるいは請求書や領収書を必要としない取引が多いことが予想される．またメンテナンスやサポートは，その体制を強化することによってリピート顧客を獲得することができる重要な業務である．顧客一人ひとりの特性に則した対応をすることによって，「次回も利用しよう」という思いを消費者に抱かせることも可能となる．今後はインターネット上でのメンテナンスやサポートを強化し，顧客と接する頻度を多く

することでリピート顧客を獲得する可能性が高まると考えられるので，活用する企業も増加するだろう．

インターネット上で利用できる技術はまだ改良・発展の可能性があり，技術如何によって，利用する企業も今後増加すると見ることもできる．

(4) 情報文化・支援体制

情報技術を企業に導入することは，単にコンピュータや業務アプリケーションを社内に配置するだけではない．実際に導入された情報システムを活用するには，ユーザがその情報システムを操作できるか，出力結果を理解できるか，情報システムを使用することに嫌悪感を抱いていないか等々，ユーザの意識や能力が重要なファクターになることは容易に理解できる．社員の情報技術に対する意識を理解すること，あるいは情報技術に対する教育訓練や専門スタッフの支援体制が必要である．

情報文化とは，社員が，ユーザとして自社の情報システムを積極的に活用しようとする共通の意識のことである[6]．情報文化が企業内に浸透していれば，社員は自らの業務に対して積極的に情報技術を活用することが予想される．さらに，情報技術に関するユーザ支援体制が整っていれば，情報技術活用程度がさらに促進されることも予想できよう．1998年調査においても同様の質問項目があるので，比較をしながら現状を検討する．

まず情報技術の活用程度は，実に82.2％の企業が活用していると回答し，活用していないと回答した企業はわずか5.1％でしかない（図表7-10）．コンピュータや通信技術等々の情報技術は企業経営にとって必要不可欠のツールであり，情報技術なしではもはや企業は存続できないレベルにまで達していると見ることができよう．

情報技術の専門家集団である情報（システム）部門の支援体制は，情報技術の活用程度と同様，69.5％の企業で積極的に支援していると回答し，1998年調査の57.1％よりも高い数値となっている．情報技術の専門家ではない営業やマーケティングの担当者が，自らパーソナルコンピュータ上で表計算ソフトやデー

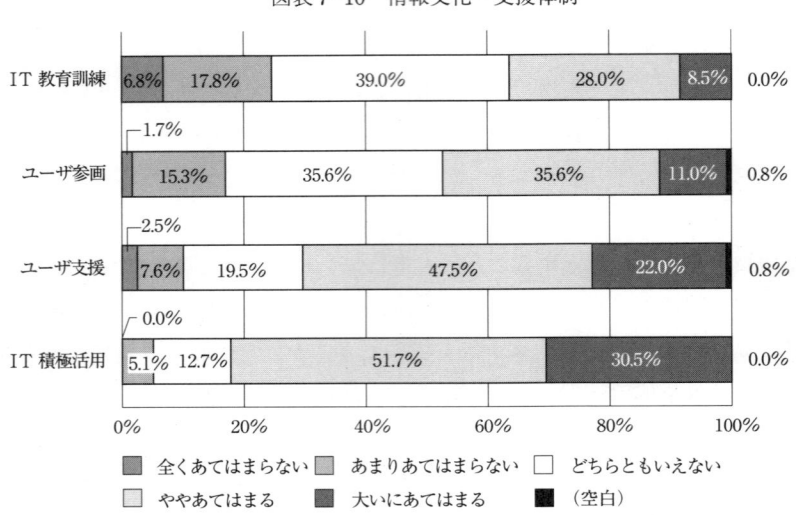

図表 7-10　情報文化・支援体制

	全くあてはまらない	あまりあてはまらない	どちらともいえない	ややあてはまる	大いにあてはまる	(空白)
IT 教育訓練	6.8%	17.8%	39.0%	28.0%	8.5%	0.0%
ユーザ参画	1.7%	15.3%	35.6%	35.6%	11.0%	0.8%
ユーザ支援	2.5%	7.6%	19.5%	47.5%	22.0%	0.8%
IT 積極活用	0.0%	5.1%	12.7%	51.7%	30.5%	0.0%

タベースソフトを駆使して業務処理を行う，いわゆるエンドユーザ・コンピューティングが急速に進んでいるが，ユーザに対する技術基盤の整備や，全社レベルのデータベースを利用するには，やはり専門家である情報部門の支援が必要となることが理解できる．またWebアプリケーション開発技術等，最新の情報技術に対応するためにも，やはり専門家の知識が必要であるとも読み取ることができる．

　逆に，企業情報システム構築・改善におけるユーザの参画程度は，1998年調査の51.0％を若干下回るものの46.6％の企業で積極的に参画しているとの回答があり，参画していないと回答した16.9％を大きく上回っている．業務において情報技術を活用する主体となるユーザが積極的に情報システム構築・改善に参画することによって，業務プロセスに則したシステム構築・改善が可能となる．またユーザと情報部門との意思疎通を図ることも可能となるだろう．

　ユーザへの情報技術に関する教育訓練や学習体制は，36.4％が整っていると回答している．24.6％の企業は整っていないと回答しており，他の項目と比べてその差は少ない．情報技術の高度化により，技術にあまり詳しくないユーザ

図表7-11　ITにおけるユーザ支援と教育訓練

	IT教育訓練					
	全くあては まらない	あまりあて はまらない	どちらとも いえない	ややあては まる	大いにあて はまる	総計
ユーザ支援						
全くあてはまらない	3(2.5%)					3(2.5%)
あまりあてはまらない	2(1.7%)	5(4.2%)	1(0.8%)	1(0.8%)		9(7.6%)
どちらともいえない	3(2.5%)	5(4.2%)	14(11.9%)	1(0.8%)		23(19.5%)
ややあてはまる		10(8.5%)	25(21.2%)	21(17.8%)		56(47.5%)
大いにあてはまる		1(0.8%)	5(4.2%)	10(8.5%)	10(8.5%)	26(22.0%)
(空白)			1(0.8%)			1(0.8%)
総計	8(6.8%)	21(17.8%)	46(39.0%)	33(28.0%)	10(8.5%)	118(100.0%)

でも容易に情報技術を使いこなせるはずであるという意識のもと，情報技術に関する能力開発をユーザ本人に委ねる企業が存在するからであろうか．しかし情報部門のユーザ支援程度とのクロス集計表からは，基本的に，ユーザに対して支援している企業は，ユーザに対する教育訓練・学習体制が整っているという結果を得られる（図表7-11）．

情報文化・支援体制の質問4項目を合算した値を，その企業の情報文化・支援体制の程度として計算すると，平均14.3ポイント，標準偏差3.20で，平均的に4ポイント以上つまり16ポイント以上と回答した企業は，39.8％に上った．総体的には情報文化・支援体制が整っている企業が多いことがわかる．

(5) 情報化投資

バブル崩壊以降の不況が長期化している昨今，企業ではあらゆる方策で徹底的にコストを削減している．新規開発やメンテナンスなど情報化投資に関しても削減傾向にあるのだろうか．それとも生産プロセスのコストダウンや新製品開発などのために，あえて情報化投資を増加させているのだろうか．

情報化投資の変化を3年前と比較した結果，64.4％の企業で増加していると回答し，減少している企業は，わずか11.9％であった（図表7-12）．1998年調

図表 7-12　情報化投資

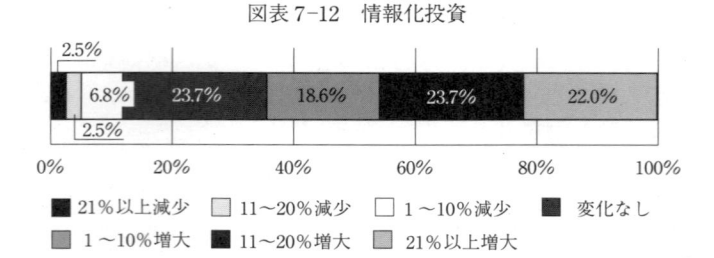

区分	割合
21%以上減少	2.5%
11～20%減少	2.5%
1～10%減少	6.8%
変化なし	23.7%
1～10%増大	18.6%
11～20%増大	23.7%
21%以上増大	22.0%

査でも 60.5％の企業で増加している．企業の「横並び意識」のもとに仕方なく情報技術を導入することも考えられるが，エンドユーザ・コンピューティング推進に必要な情報基盤の整備，ナレッジマネジメントのための共有知識データベース構築，Web アプリケーションなど新規情報技術への対応などにより，不況にもかかわらず情報化投資は増大していると考えられる．

(6)　情報システム効果

　実際に情報技術を活用して，どのような効果を得ることができたのだろうか．情報システム効果を 11 項目について調査した（図表7-13）．

　これまでの質問項目と比較して，情報システム効果では，「どちらともいえない」と回答している企業が多くを占めていることには注目する必要があろう．情報システムを導入・活用することによって直接的に何らかの効果を得ることができたと判断することができない，あるいは現在活用している段階で効果を評価することができない等々の理由が考えられ，情報化による効果測定の困難さを示しているともいえる．

　経費・仕損じの削減やスピードの迅速化などの能率性の向上は 60.2％，管理の質の向上は 50.0％の企業が効果を得られていて，得られていないと回答した 5.1％，5.9％を大幅に上回った．これは 1998 年調査も同程度の数値を示している．コンピュータを企業経営に活用し始めた当時からの期待効果である能率性や管理の質の向上は，現在もなお主要な目標であり，その効果も十分に得られている．

第7章　経営革新と情報化に関する実証研究　191

図表7-13　情報システム効果

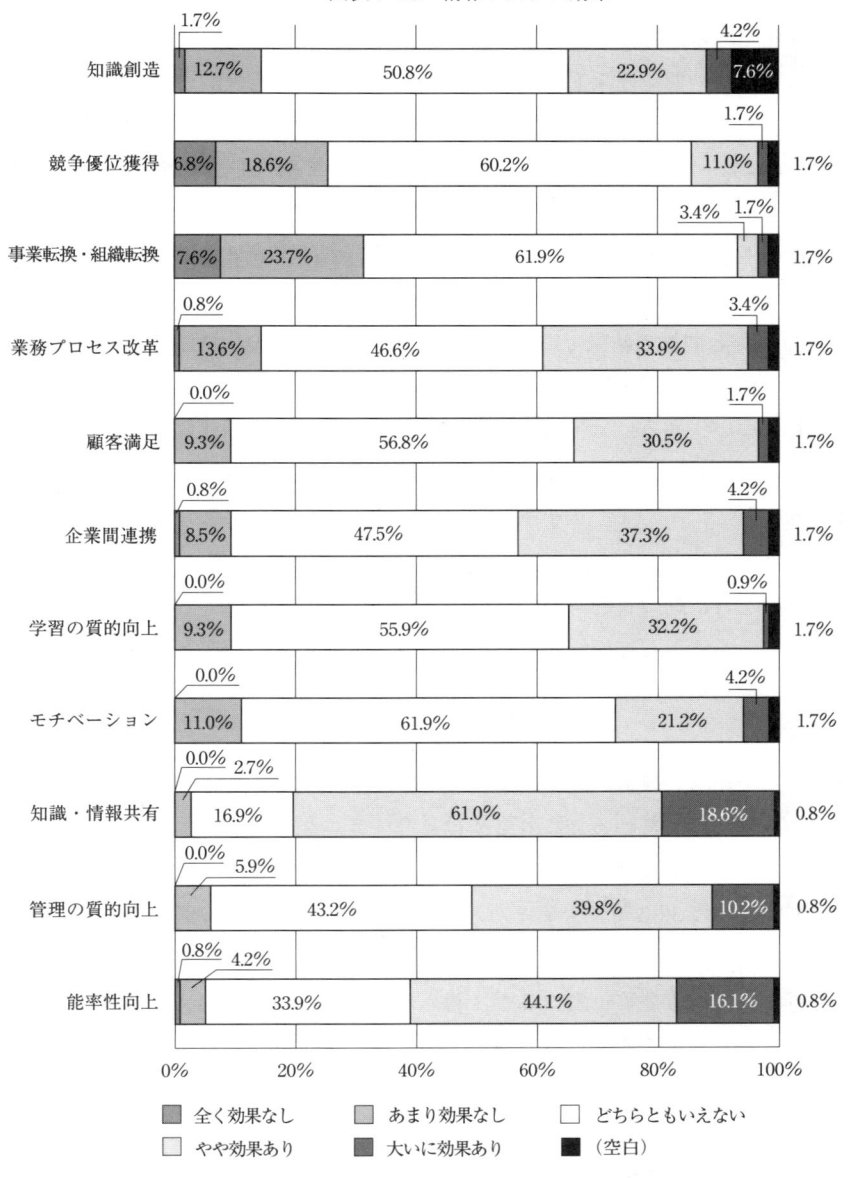

項目	全く効果なし	あまり効果なし	どちらともいえない	やや効果あり	大いに効果あり	(空白)
知識創造	1.7%	12.7%	50.8%	22.9%	7.6%	4.2%
競争優位獲得	6.8%	18.6%	60.2%	11.0%	1.7%	1.7%
事業転換・組織転換	7.6%	23.7%	61.9%	3.4%	1.7%	1.7%
業務プロセス改革	0.8%	13.6%	46.6%	33.9%	3.4%	1.7%
顧客満足	0.0%	9.3%	56.8%	30.5%	1.7%	1.7%
企業間連携	0.8%	8.5%	47.5%	37.3%	4.2%	1.7%
学習の質的向上	0.0%	9.3%	55.9%	32.2%	0.9%	1.7%
モチベーション	0.0%	11.0%	61.9%	21.2%	4.2%	1.7%
知識・情報共有	0.0%	2.7%	16.9%	61.0%	18.6%	0.8%
管理の質的向上	0.0%	5.9%	43.2%	39.8%	10.2%	0.8%
能率性向上	0.8%	4.2%	33.9%	44.1%	16.1%	0.8%

しかし能率性や管理の質の向上以上に高い数値を示したものは，知識や情報の共有化である．79.7％とほぼ8割の企業で，共有化が達成できていると回答しており，他の期待効果も含めて最も数値が高い．前述のように，今日の情報技術は「計算機」としての機能以上に，電子メールや電子掲示板等々による「コミュニケーション手段」としての機能に対して期待し，効果を得ていると見ることができる．

社員のやる気やモチベーションの向上に関しては，効果を得られたと回答した企業が25.4％と，他の項目と比較しても若干低い数値となっている．これも1998年調査と同様の結果である．モチベーション向上の仕掛けは情報技術ではなく，目標管理や報酬制度などの従来の手法が有効であると判断されているのかもしれない．あるいは情報共有を進めることによって，社員は上司と頻繁なコミュニケーションを図ることができ，結果としてモチベーションが向上したということで，あくまでモチベーション向上は二次的効果と考えられているとも推測できる．

社員の学習活動の質的向上には，33.1％の企業で効果が得られている．インターネットを活用しての情報収集や，社員，関連企業，顧客とのコミュニケーションの頻度増加により多様な情報を得ることができ，学習の材料となっていると考えられる．

企業間の連携・調整に関しては，効果を得られている企業が41.5％と，比較的高い数値となっている．これもやはりコミュニケーション手段として情報技術を活用している割合が高いことを裏づけするものである．

顧客満足度は32.2％の企業で効果を得られているとの回答があり，得られていないという9.3％を上回っている．同様に業務プロセスの抜本的改革も，効果を得られている企業が37.3％と，得られていないという14.4％を上回っている．顧客満足向上のために，企業で利用できる情報技術を駆使して，業務プロセスを抜本的に改革するというリエンジニアリングの基本的スローガンを追求している企業が多いということである．

しかしながら，事業転換や組織転換，競争優位獲得という経営戦略上の期待

効果に関しては注目しなければならない．情報システムにより事業転換や組織転換を実現できたと回答した企業はわずか5.1％に過ぎず，実現できていないと回答した31.4％を大きく下回っている．事業転換や組織転換のような全社レベルの大掛かりな改革は，さまざまな要因が複雑に絡み合う中で行われ，情報化に関する効果測定がより困難であることを示しているともいえる．

さらに競争優位獲得は，実現できた企業が12.7％と，実現できていない企業の25.4％の半数である．1998年調査においては，30.2％が実現できたと回答しており，実現できていない11.7％を大きく上回っている．BarneyやPorterが指摘するように，情報技術による競争優位は，同様の技術を採用することですぐに優位差がなくなることから，持続的競争優位には至らないということが実証されていると見ることができよう[7]．

知識やノウハウの創造に関しては27.1％の企業が実現できたと回答している．知識・情報共有の結果と比べて，かなり低い数値となっている．野中らの知識創造理論においても，形式知だけではなく目に見えないあいまいな暗黙知の重要性が展開されており，情報技術は形式的な知識や情報の共有は可能でも，暗黙知レベルの情報を処理することは困難であることが影響しているかもしれない[8]．ただ共有するだけではなく，共有された情報をもとに新たな知識・情

図表7-14　知識・情報に関する情報システム効果

知識・情報共有	知識・情報創造 全くあてはまらない	あまりあてはまらない	どちらともいえない	ややあてはまる	大いにあてはまる	(空白)	総計
全くあてはまらない							
あまりあてはまらない		3(2.5%)					3(2.5%)
どちらともいえない	1(0.8%)	4(3.4%)	12(20.2%)	3(2.5%)			20(16.9%)
ややあてはまる		7(5.9%)	37(31.4%)	19(16.1%)	2(1.7%)	7(5.9%)	72(61.0%)
大いにあてはまる	1(0.8%)	1(0.8%)	11(9.3%)	5(4.2%)	3(2.5%)	1(0.8%)	22(18.6%)
(空白)						1(0.8%)	1(0.8%)
総計	2(1.7%)	15(12.7%)	60(50.8%)	27(22.9%)	5(4.2%)	9(7.6%)	118(100.0%)

報を創造できるようなユーザ側の能力が問われるのである．しかしクロス集計表を検討すれば，知識・情報創造を達成できた企業は情報共有の効果を得ており，知識・情報創造のためには情報技術を活用して情報共有を図ることが必要であるといえよう（図表7-14）．

3．企業経営と情報技術の関連性

前節では情報技術を中心とした質問項目の検討を行ってきた．しかしながら企業経営において，情報技術はあくまでもツールであり，経営戦略や組織特性，経営理念・目標，人的資源，文化等々企業におけるあらゆる資源や能力との整合性を図る必要があることは容易に理解できる．実際の企業経営においては，情報技術は他の要素とどの程度関連しているのだろうか．とくに関連性が深いと思われる質問項目を中心に検討する．

(1) 経営戦略，組織特性との関連性

企業経営において，経営戦略の立案や実行，あるいは業務遂行のための組織編成や組織開発は最重要課題であることは疑いようがない．情報技術を活用して効果をあげることができるか否かも，経営戦略でどのように情報技術を取り扱うか，情報技術を活用できるような組織編成を行うことができるかに，おおいに関連すると予想される．

まず情報化戦略と，事業戦略や競争戦略という経営戦略の策定との関連性について調査した（図表7-15）．最も多い回答は「経営戦略策定と情報化戦略策定

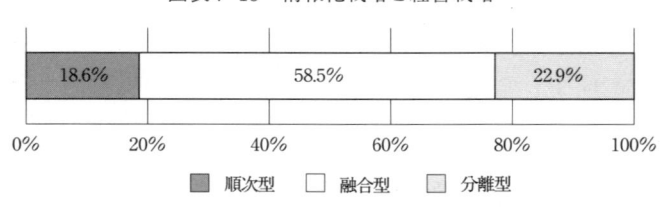

図表7-15　情報化戦略と経営戦略

順次型	融合型	分離型
18.6%	58.5%	22.9%

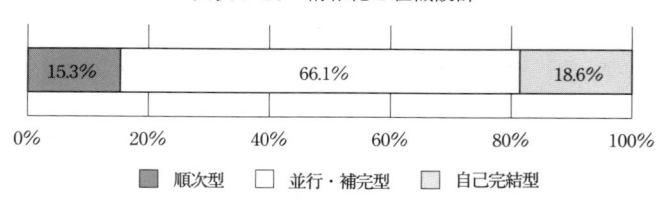

図表7-16 情報化と組織設計

| 15.3% | 66.1% | 18.6% |

■ 順次型　□ 並行・補完型　□ 自己完結型

は融合的・統合的に行われる」(融合型)で，58.5％であった．また「経営戦略策定は情報技術の活用を前提とする」との質問項目において，47.5％の企業が前提とすると回答しており，戦略策定における主要なイネーブラーのひとつとして情報技術が取り扱われていることがわかる．しかしながら「情報化戦略は，経営戦略と関係なく策定される」(分離型)との回答も22.9％あった．

また情報化と組織設計との関連についても同様で，66.1％の企業が「全社的業務改善や組織設計と情報システム設計・開発は並行・補完的に進められる」(並行・補完型)と回答している(図表7-16)．設計された組織に適合するように情報化を進めるということではなく，情報技術の活用を前提のもとで，両者の整合性を重視する必要があると考える企業が多いことがわかる．

この結果からも企業経営において情報技術活用が不可欠と考える企業が多いことがわかる．

(2) ビジネスプロセスとの関連性

リエンジニアリングの登場以来，企業経営の中心的スローガンのひとつは「ビジネスプロセス革新」であるといえよう．「ERPパッケージを駆使してサプライチェーンを再構築」「インターネットを活用して企業間の業務連携を強化」等々の記事が雑誌で頻繁に取り上げられることからも，ビジネスプロセス革新の重要性と共に，ビジネスプロセス革新に情報技術が不可欠であることが読み取れる．まずビジネスプロセスに関する質問項目を検討する．

従来，経営革新(イノベーション)は新製品開発を中心とした製品イノベーシ

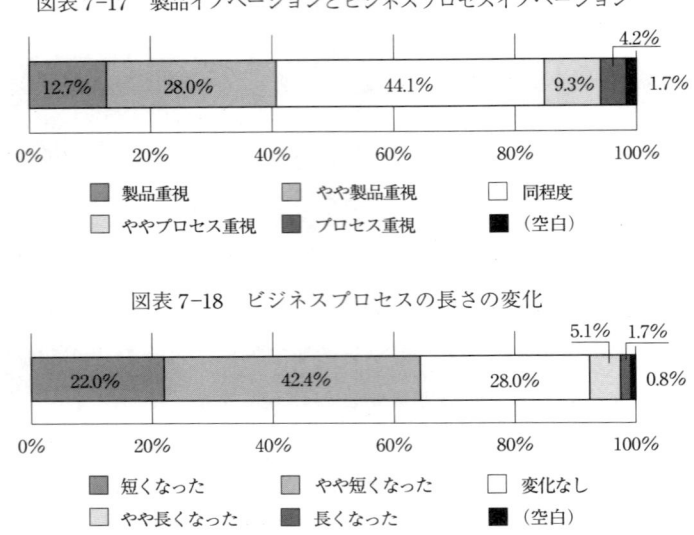

図表7-17　製品イノベーションとビジネスプロセスイノベーション

| 12.7% | 28.0% | 44.1% | 9.3% | 4.2% | 1.7% |

■ 製品重視　　■ やや製品重視　　□ 同程度
□ ややプロセス重視　　■ プロセス重視　　■ (空白)

図表7-18　ビジネスプロセスの長さの変化

| 22.0% | 42.4% | 28.0% | 5.1% | 1.7% | 0.8% |

■ 短くなった　　■ やや短くなった　　□ 変化なし
□ やや長くなった　　■ 長くなった　　■ (空白)

ョンという形で展開されている．今日的なビジネスプロセス革新は，製品イノベーションと比較してどの程度重視されているかを調査した（図表7-17）．44.1％の企業が両者の重視度は同程度と回答しているが，意外にもビジネスプロセスを重視する企業は13.6％でしかなく，40.7％の企業はビジネスプロセスよりも製品のイノベーションを重視するという結果になった．一般的にはビジネスプロセス革新を重視しているようだが，やはり企業革新を起こすためには製品による部分が大きく，製品イノベーションという中心的課題のためにビジネスプロセスを変更するというスタンスの企業が多いということだろうか．しかしながら，同程度との回答も合わせた57.6％の企業においてビジネスプロセス革新を経営革新の視野に入れていると見れば，半数以上の企業でビジネスプロセス革新が重要課題であると捉えることもできよう．

　さらに3年前と比較したビジネスプロセスの変化に関しても調査した（図表7-18）．ビジネスプロセスの長さは，64.4％の企業が短くなったと回答している．これは，顧客までの一連のプロセスとしてビジネスプロセスを捉え，顧客満足

図表 7-19　ビジネスプロセスの複雑さの変化

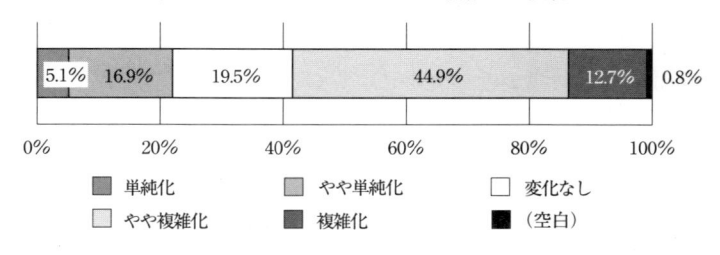

| 5.1% | 16.9% | 19.5% | 44.9% | 12.7% | 0.8% |

■ 単純化　　■ やや単純化　　□ 変化なし
■ やや複雑化　■ 複雑化　　　■ （空白）

図表 7-20　ビジネスプロセス革新と情報技術との相関分析

	単相関係数
消費者との取引でのインターネット活用	
問い合わせ・情報収集	0.2906*
見積・注文	0.2982**
請求書・領収書発行	0.3267**
メンテナンス・サポート	0.1176

** 1％有意　＊ 5％有意

のために徹底的にビジネスプロセスを再構築した結果と見るべきであろう．

またビジネスプロセスの複雑さについては，57.6％の企業が複雑になったと回答している（図表7-19）．スリム化や単純化のためにビジネスプロセスの再構築を行うという発想ではなく，他社に模倣されないような複雑なビジネスプロセスの構築を行うという発想を持つ企業が多いと見ることができよう．あるいは，ビジネスプロセスは短くなったものの，自社が認識するビジネスプロセスの範囲を顧客まで延ばすことにより，その中に関連企業など多くの資源や要素が介入し複雑になったとも捉えられる．

情報技術とビジネスプロセスとの相関分析では，とくにビジネスプロセス革新の重視度と消費者に対するインターネット活用程度で，関連性が顕著に表れた（図表7-20）．ビジネスプロセス革新を重視する企業は，消費者までの一連のビジネスプロセスを革新するために，インターネットを駆使していると捉える

ことができよう.

その他の項目との相関分析では，特徴的な傾向は見られなかった．企業経営における情報技術の重要性に関しては多くの項目で示すことができているので，これはむしろ，製品重視かビジネスプロセス重視か，あるいはビジネスプロセスの変化に関係なく，情報技術は活用されていると見るべきであろう．より詳細な分析を必要とする．

(3) 知識創造，ナレッジマネジメントとの関連性

経営(学)研究においては，1990年代初頭から「知識創造」「ナレッジマネジメント」の実践が提唱されている[9]．知識創造を実践する企業は，企業の競争力

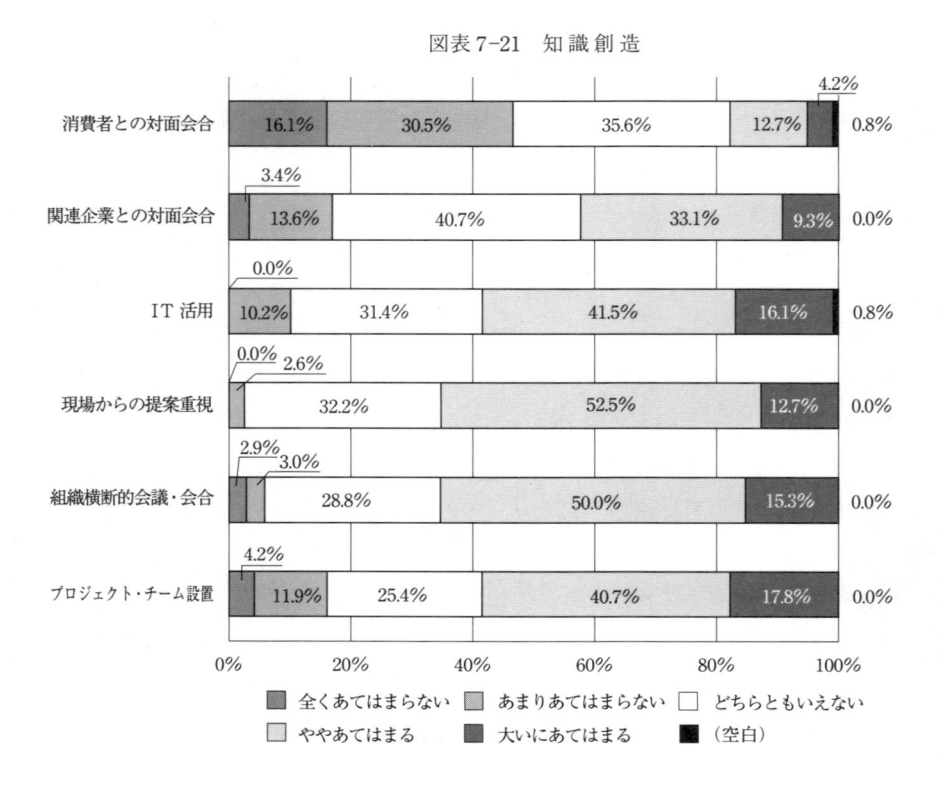

図表7-21 知識創造

項目	全くあてはまらない	あまりあてはまらない	どちらともいえない	ややあてはまる	大いにあてはまる	(空白)
消費者との対面会合	16.1%	30.5%	35.6%	12.7%	4.2%	0.8%
関連企業との対面会合	3.4%	13.6%	40.7%	33.1%	9.3%	0.0%
IT活用	0.0%	10.2%	31.4%	41.5%	16.1%	0.8%
現場からの提案重視	0.0%	2.6%	32.2%	52.5%	12.7%	0.0%
組織横断的会議・会合	2.9%	3.0%	28.8%	50.0%	15.3%	0.0%
プロジェクト・チーム設置	4.2%	11.9%	25.4%	40.7%	17.8%	0.0%

の源泉を，社員個々人が持っている知識・ノウハウ，組織の活動で個々人の知識がさまざまに組み合わされた組織的知識，あるいはそれらを組み合わせるために必要な知識や能力であるとする．文書化されたマニュアルなどの形式的知識や，体感することでしか理解できない技術ノウハウなどの暗黙的知識を多くの社員で共有し創造するために，企業ではさまざまな方策を施していると考えられる．情報技術も，知識共有・創造の重要なツールとなる可能性がある．

　知識創造に関する質問項目を検討すると，プロジェクト組織やチームは58.5％，組織横断的会議は65.3％の企業で設置していると回答している（図表7-21）．やはりプロジェクト組織やチーム，会議などを部門横断的に，また公式・非公式を問わず活用している企業が多いことがわかる．また現場からの提案やアイディアを重視している企業は65.3％にも上った．さまざまな人のやりとりを通じて，知識やノウハウが共有され，さらに新たな知識を創造していると予想できる．

　さらに知識やノウハウの共有・活用のために情報技術を積極的に活用している企業も，57.6％あった．電子メールや電子掲示板，グループウェア，知識データベース等々を活用して情報共有，知識創造を実施していることがわかる．

　また関連企業や消費者とのインタラクション，とくに対面でのインタラクションの程度に関しても調査している．関連企業との対面コミュニケーションの機会は，40.7％はどちらともいえないと回答しているが，42.4％の企業は積極的に設置していると回答し，設置していない16.9％を大きく上回っている．営業担当者が卸，小売店をまわって，担当者から「生きた」情報を獲得し，新たな販売戦略策定の主要な知識とすることは当然のように行われていることであるが，あらためてその重要性が認識される．しかし消費者との対面コミュニケーションは，積極的に機会を設置している企業は16.9％にとどまり，46.6％と半数近くの企業では積極的には設置していないと回答している．企業にとっては製品のユーザである消費者の声は重要な知識・情報となるだろうが，直接対面しての話し合いを設定することは，手続きや費用がかなり必要になることが，低い数値となった理由のひとつと考えられる．また消費者一人ひとりの情報よ

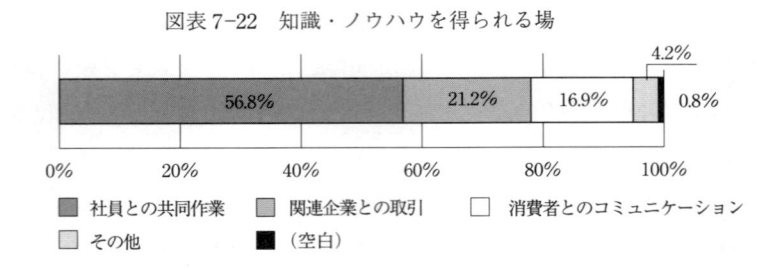

図表 7-22　知識・ノウハウを得られる場

社員との共同作業	関連企業との取引	消費者とのコミュニケーション	その他	(空白)
56.8%	21.2%	16.9%	4.2%	0.8%

りも，むしろ多くの消費者と接している小売店の担当者からの情報は，情報が集約されており，総体的な傾向が発見できるのかもしれない．

　これらの結果は，知識を獲得する場の質問項目ともほぼ合致している．改善・改革に伴う知識やノウハウを最も獲得する場についての質問では，社内の共同作業の場が56.8％と最も多く，関連企業との取引の場が21.2％，消費者とのコミュニケーションの場が16.9％という結果となっている（図表7-22）．関連企業や消費者からは重要な知識・情報を獲得することが可能であろうが，そのような「生」の情報をもとに，社員が会議，会合，話し合いなどを通じてさまざまな議論をすることによって，改善・革新につながる新たな知識・情報が創造される傾向が強いと解釈できる．

　知識やノウハウの共有・創造に関する質問項目と，情報技術に関する質問項目の相関分析から，以下のような洞察が得られる（図表7-23）．

　まず知識やノウハウの共有・活用のために情報技術を活用しているという質問項目は，情報技術に関する項目のほとんどにおいて，相関係数が有意となった．単純なトランザクションのみではなく知識やノウハウの共有・活用レベルで情報技術を活用するには，通信ネットワーク技術をはじめ高度な情報技術特性や，情報文化・支援体制が必要であることがわかる．

　知識共有・創造と情報文化・支援体制とは，多くの質問項目で有意となった．情報文化の醸成や情報技術支援体制の確立と同時に，プロジェクト・チームや提案制度などの仕組みを整備することによって，知識やノウハウの共有・創造が実現できるといえる．

図表7-23　知識創造と情報技術の相関分析

単相関係数	プロジェクト・チーム	部門横断的会議・会合	現場からの提案重視	ITを活用	関連企業との対面会合	消費者との対面会合
情報文化・支援体制						
IT積極活用	0.3482**	0.3848**	0.4435**	0.5151**	0.4119**	0.3929**
ユーザ支援	0.2370*	0.3613**	0.4287**	0.5199**	0.3193**	0.5137**
ユーザ参画	0.3488**	0.3486**	0.3957**	0.4241**	0.3202**	0.4478**
IT教育訓練	0.2745*	0.3307**	0.2968**	0.3411**	0.1421	0.4077**
情報技術特性						
基幹系	0.2396*	0.3519**	0.3062**	0.3920**	0.2067	0.4106**
情報系	0.1249	0.2609*	0.2276*	0.4302**	0.3068**	0.3545**
基幹・情報連携	0.1693	0.3189**	0.3749**	0.4688**	0.3537**	0.4572**
開発委託	-0.0792	-0.1537	0.1917	0.0660	0.0959	0.0595
活用委託	0.0182	-0.0760	0.2594*	0.0091	0.3014**	0.1337
社内での電子コミュニケーション						
情報収集	0.1171	0.1654	0.4549**	0.3693**	0.2490*	0.2044
討議・決定	0.0919	0.2068	0.2221	0.2787**	0.2521*	0.2477*
連絡・調整	0.1752	0.2565*	0.3153**	0.4403**	0.1945	0.2478*
関連企業との電子コミュニケーション						
情報収集	0.1749	0.2572*	0.4126**	0.2428*	0.4121**	0.3537**
討議・決定	0.0421	0.1924	0.2765*	0.2297*	0.3150**	0.2443*
連絡・調整	0.0579	0.1360	0.3821**	0.2707*	0.2213	0.2549*
関連企業とのインターネット活用						
問い合わせ	0.0589	0.1205	0.3039**	0.2018	0.0977	0.1646
見積・注文	0.1074	0.1288	0.2462*	0.3905**	0.1548	0.3082**
請求書・領収書	0.0300	0.0818	0.0922	0.3059**	0.0715	0.2487*
サポート	0.1172	0.1189	0.0778	0.2562*	0.1016	0.2999**
消費者とのインターネット活用						
問い合わせ	0.0607	0.0615	0.0841	0.3413**	0.0253	0.1682
見積・注文	-0.0991	-0.0409	0.0902	0.2580*	0.2163	0.3080**
請求書・領収書	-0.1346	-0.0622	0.0190	0.1929	0.0748	0.2407*
サポート	-0.0476	0.0191	0.0984	0.2391*	0.0830	0.1459
情報システム効果						
能率性	0.1630	0.3305**	0.2982**	0.4489**	0.2829*	0.3680**
管理の質	0.2710*	0.1599	0.2555*	0.4014**	0.1680	0.3465**
知識・情報共有	0.2353*	0.3215**	0.3944**	0.5711**	0.3687**	0.3107**
モチベーション	0.1926	0.2103	0.3959**	0.4803**	0.2926**	0.3979**
学習の質	0.1820	0.2098	0.2784*	0.3145**	0.1330	0.2804*
企業間連携	0.3200**	0.3382**	0.2181	0.2727*	0.2881*	0.2680*
顧客満足	0.0943	0.1548	0.2960**	0.3267**	0.1098	0.3141**
業務プロセス改革	0.3022**	0.3561**	0.2555*	0.4411**	0.2760**	0.3791**
事業・組織転換	0.0806	0.0699	0.1523	0.1974	0.2214	0.2604*
競争優位獲得	0.0342	0.0730	0.2137	0.2790*	0.2322*	0.2253*
知識創造	0.1584	0.2237	0.2592*	0.3496**	0.2432*	0.1576

＊＊1％有意　＊5％有意

また情報技術特性に関しても，有意な結果となっている．基幹系，情報系を問わず情報化の程度が高い企業では，知識やノウハウ活用体制が整っているといえる．しかしながら，業務アプリケーションの開発や運用を専門業者に委託している程度と，知識・ノウハウ活用体制の程度は相関が見られない．「外部の専門業者に依頼して優れたナレッジマネジメントシステムを構築すれば，知識経営が推進される」という見方が妥当であるという結果には必ずしも至っていない．

　社内および関連企業との電子コミュニケーション活用の程度と，現場からの提案・アイディア重視の程度で相関関係が有意であることは注目される．現場から重要かつ魅力的な提案やアイディアを伝達するために，社内，関連企業を問わず電子メールや電子掲示板などの電子コミュニケーション技術を活用していると解釈できる．この結果からは，優れた知識やノウハウを社内データベースに貯蔵して，社員で共有・活用するというナレッジマネジメントの基本的手法は有効であるともいえよう．

　情報システム効果との関連性は，現場からの提案やアイディア重視の程度との関連性で有意な数値が多く見られる．これは，情報システムを活用して効果を達成するには，「生きた」情報を所有している現場とのコミュニケーションをいかに行うかが主要な要因のひとつとなることを示しているだろう．さらには消費者との対面コミュニケーションの程度と情報システム効果との相関でも有意な数値が多く見られる．消費者との対面コミュニケーションを設置している企業は少なかったことから，消費者との対面コミュニケーションで有効な知識・情報を得ることができると考え，手間や費用を惜しまず対面の機会を設定している企業ほど，情報システム効果が達成されていると見ることもできよう．

　これらの結果を踏まえれば，知識やノウハウの活用と，情報技術とは関連性があるといえるだろう．

(4)　企業文化との関連性

　企業文化，あるいは組織文化は企業の構成員により共有された価値観や行動

第7章　経営革新と情報化に関する実証研究　203

図表7-24　企　業　文　化

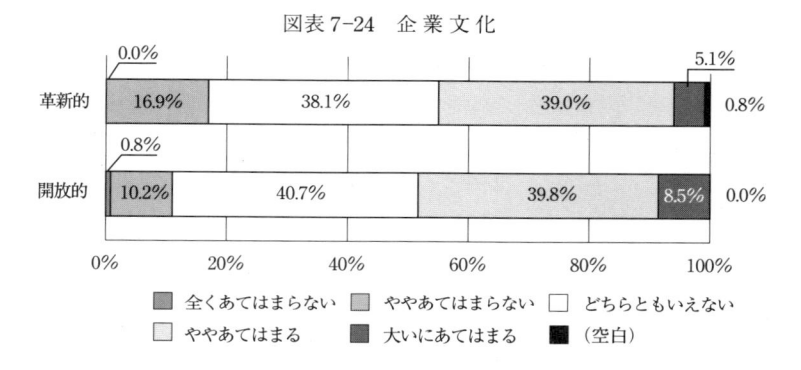

	全くあてはまらない	ややあてはまらない	どちらともいえない	ややあてはまる	大いにあてはまる	(空白)
革新的	0.0%	16.9%	38.1%	39.0%	5.1%	0.8%
開放的	0.8%	10.2%	40.7%	39.8%	8.5%	0.0%

様式のことであり，企業経営を有効にするための重要なファクターであることはさまざまな文献で検討されている[10]．情報技術活用においても，社員の意識や価値観の相違から，本来意図した目的と異なる方法で利用されてしまう可能性もある[11]．例えば問題発見を促進させるためにオープンなコミュニケーションを可能とするシステムを構築しても，実際に社員は問題を発見するという意識がないため，単なる連絡システムとして利用されてしまう可能性もある．組織構成員の行動を規定する企業文化と情報技術活用にはどのような関連性があるのだろうか．

企業文化については，開放的な文化か，あるいは革新的な文化であるかという質問を設定した．結果はいずれも，どちらともいえないと回答した企業が4割程度あったが，開放的文化であるとの回答が48.3％，革新的であるとの回答が44.1％と，いずれもそうではないとの回答よりも大きく上回っている（図表7-24）．変化が激しく不安定な環境の中で，企業は環境に適応するために，多様な経営資源を導入できるオープンな文化，あるいはつねに挑戦し自らを変革させる革新的な文化を醸成しているといえる．

情報技術と企業文化との関連性を検討すると，数値は若干低いものの情報文化・支援体制の程度と，革新的企業文化の程度との相関が有意となっている（図表7-25）．情報技術を積極的に活用する，あるいは情報システム構築にユーザが積極的に参画する企業では，新しいものに積極的に挑戦するという革新的

図表7-25　企業文化と情報技術の相関分析

単相関係数	文化 開放的	文化 革新的	単相関係数	文化 開放的	文化 革新的
情報文化・支援体制			情報システム効果		
IT積極活用	0.1810	0.2285*	能率性	0.1903	0.2011
ユーザ支援	0.1356	0.1990	管理の質	0.1829	0.0727
ユーザ参画	0.1592	0.2397*	知識・情報共有	0.1077	0.0782
IT教育訓練	0.1468	0.1703	モチベーション	0.2325*	0.3230**
情報技術特性			学習の質	0.1194	0.1314
基幹系	0.3034**	0.2145	企業間連携	0.3284**	0.4002**
情報系	0.2370*	0.1940	顧客満足	0.0391	0.1152
基幹・情報連携	0.3544**	0.3311**	業務プロセス改革	0.1849	0.3025**
社内での電子コミュニケーション			事業・組織転換	0.2419*	0.3578**
			競争優位獲得	0.2229	0.3458**
情報収集	0.0734	0.0491	知識創造	0.3747**	0.3595**
討議・決定	0.1447	0.2046			
連絡・調整	0.1354	0.1258			
関連企業との電子コミュニケーション					
情報収集	0.1718	0.2939**			
討議・決定	0.1904	0.2727*			
連絡・調整	0.1489	0.2323*			

＊＊1％有意　＊5％有意

な文化が醸成されている割合が高いということである．

　情報技術特性との関連性では，とくに開放的文化の程度との相関が有意となっている．基幹系・情報系とも情報化程度の高い企業では，さまざまな手段で情報を共有・伝達できるような開放的な文化である程度が高いことがうかがえる．さらに基幹系・情報系システムの連携程度が高い企業は，開放的文化，革新的文化ともに程度が高い．基幹系，情報系個別の情報化を一歩超えて両者の整合・連携を図っている企業では，多様な手段で情報を入手でき，それらをもとに自己の変革を起こすという開放的かつ革新的な文化である割合が高いといえる．

電子コミュニケーション技術活用では，社内での活用の程度とは有意な相関関係は見られないが，関連企業とのコミュニケーションでの活用の程度と革新的文化の程度とは有意な相関関係が見られる．社内のみではなく関連企業とのコミュニケーションを情報技術を活用して頻繁に積極的に行っている企業では，やはり自己をつねに変革していく意識の強い文化となっているということである．

情報システム効果でも，いくつか有意な相関関係が見られる．とくに業務プロセスの抜本的改革や競争優位獲得という効果をあげている企業では革新的文化の程度が高く，さらに企業間の調整や連携の質的向上，事業・組織転換，知識創造という効果をあげている企業では革新的文化に加えて開放的文化の程度も高い．これらの情報システム効果は今日の企業が目指す目標や戦略課題であり，開放的，革新的文化の程度が高い企業ほど，情報技術を有効に活用することにより，抜本的な変革や新たな知識・情報創造に結び付ける割合が高くなることが示されているといえる．

以上の結果から，情報技術の有効活用と企業文化は関連性があることが示された．今回の調査では開放的，革新的という比較的基本的かつ単純な項目で企業文化を調査したが，企業文化は社員自らもとくに意識していない，あるいは無意識のうちに行動しているので実証分析を行いにくい質問項目といえる．それゆえに，企業文化と情報技術との関連性をある程度検討できたことは注目できることといえよう．

むすびにかえて

本章は，経営革新に関するアンケート調査を利用し，企業の情報化の現状，および情報化と経営革新の関連性の検討を行った．ここでこれまで検討された内容をあらためて整理する．

情報技術特性は，基幹系情報処理，情報系情報処理とも他社よりも進んでいるとの回答が多く，さらにそれらの連携程度に関しても同様に進んでいるとす

る企業が多い．情報技術のアウトソーシングや外部委託は，開発は高いが，運用は逆に自社で行われている割合が高い．

電子コミュニケーション技術は，討議や意思決定を行う割合は低いものの，情報収集や連絡・調整にはかなりの割合で活用されている．またインターネットも情報収集ではかなりの割合で活用され，見積や注文，メンテナンスにも活用されている．また活用の程度は消費者との取引よりも企業間取引のほうが高い．

情報文化や支援体制は，基本的には情報技術を活用しようとする意識を持った企業が多く，活用のための体制を整えている程度も高いといえる．

情報化投資は，6割以上の企業で3年前より増加している．

情報システム効果は，今日のコンピュータの主たる活用目的である知識・情報共有促進の効果が80％弱の企業で達成されていると，他の効果より圧倒的に高い．逆に事業転換や競争優位獲得という効果を達成した企業は少ない．

経営戦略や組織特性と情報技術との関連性は，両者を融合させ，同時並行的に事業を展開している企業が多い．

ビジネスプロセス革新と情報技術との関連性は，インターネット活用程度との相関関係は有意であるが，他の情報技術項目とは有効ではない．情報技術活用はビジネスプロセスの変化やイノベーションの内容に関係なく活用されていると推察される．

知識創造活動やナレッジマネジメントと情報技術との関連性は，情報技術の多くの項目で有意な相関関係が導出された．とくに情報文化・支援体制との相関関係の多くが有意となっている．知識創造には情報や知識を活用するという意識，あるいは支援体制を必要とすると推察される．

企業経営の主要なファクターといえる企業文化と情報技術との関連性は，開放的・革新的文化の程度が高い企業で，情報技術を有効に活用している程度が高い．企業文化は情報技術の有効活用に影響を及ぼしていると認識できる．

本章は企業での情報技術活用に関する質問項目を中心として，1次集計による企業情報化の現状認識と，相関分析による質問項目間の関連性の検討を行っ

た．関連性の検討において，最初のステップとして相関分析を行ったが，まだ十分に分析しているとはいえない．例えば相関分析は単純に関係性があるかどうかの判断しかできず，本来は全く関係のない2要素が，他の要素の影響で「見せかけの」相関をしているかもしれない．各要素間の原因と結果という因果関係を検討しなければならない．また回答企業を特定の項目の回答により類型化し，それらの差異の分析を行うことも有効であろう．多変量解析等の統計手法を用いて，更なる分析・検討を実施する必要があることはいうまでもない．

1) 調査結果の検討においては，基本的に1と2の回答を「あてはまらない」，4と5の回答を「あてはまる」と表示している．
2) 調査結果の検討については，安積（1999, 2000），安積・遠山（2001），遠山（2001）を参照されたい．
3) Daft & Lengel（1986）
4) 森谷（2001）
5) 森谷（2001），104-105ページ．
6) Davenport（1994）を参照．
7) Barney（2001），Porter（2001）を参照．
8) 野中・竹内（1996），野中（1999）等を参照．
9) 例えば野中（1990），野中・竹内（1996），Davenport & Prusak（1998）を参照．
10) 企業文化，組織文化に関しては加護野他（1983），梅沢（1990），Kotter & Heskett（1992）等々を参照されたい．また組織文化と情報技術の関連性については遠山（1998）を参照されたい．
11) Walton（1989）では，情報技術の効果を，社員をモニタリングするという「従属の効果」と，社員のモチベーションを高め積極的に業務に参加させるという「参画の効果」があり，意思疎通の欠如により一方の目的で構築されたシステムが他方の目的で利用されてしまうことを指摘する．

参 考 文 献

Barney, Jay B.(2001): 'Is Sustained Competitive Advantage Still Possible in the New Economy? Yes.'（岡田正大監訳（2001）「リソース・ベースド・ビュー」『Diamondハーバード・ビジネス・レビュー』，May, pp.78-87）

Daft, R. L. & Lengel, R. H.（1986）'Organizational Information Requirements, Media Richness And Structural Design', *Management Science*, Vol.32, No.5, pp.554-571

Davenport, T. H.(1994)'Saving IT's Soul : Human-Centered Information Management',

Harvard Business Review, March-April（八原忠彦訳（1994）「人間中心の情報マネジメント」『Diamond ハーバード・ビジネス』June-July, pp. 82-94）
——— & Prusak, Laurence(1998): "Working Knowledge"（梅本勝博訳（2000）『ワーキング・ナレッジ』, 生産性出版）
Kotter, John P. & James L. Heskett（1992）"Corporate Culture and Performance", Simon & Schuster（梅津祐良訳（1994）『企業文化が高業績を生む—競争を勝ち抜く「先見のリーダーシップ」207社の実証研究』, ダイヤモンド社）
Porter, Michael E.（2001）: 'Strategy and the Internet'（藤川佳則監訳（2001）「戦略の本質は変わらない」『Diamond ハーバード・ビジネス・レビュー』, May, pp. 52-77）
Walton, R. E.（1989）"Up And Running"（高木晴夫訳（1993）『システム構築と組織適合』, ダイヤモンド社）
安積　淳（1999）「企業における情報化に関する実証研究—情報共有・組織学習を中心に—」『オフィス・オートメーション　第40回全国大会予稿集』, オフィス・オートメーション学会, 191-194ページ.
———（2000）「企業における情報化に関する実証研究—情報共有・組織学習メカニズムを中心とした因果モデル構築—」『商学論纂』第42巻第1・2号, 中央大学商学研究会, 169-196ページ.
———・遠山　曉（2001）「情報技術と組織変革の実証研究」, 池上一志編（2001）『現代の経営革新』, 中央大学出版部, 139-174ページ.
梅沢　正（1990）『企業文化の革新と創造』, 有斐閣
加護野忠男・野中郁次郎・榊原清則・奥村昭博（1983）『日米企業の経営比較』, 日本経済新聞社
遠山　曉（1998）『現代経営情報システムの研究』, 日科技連
———（2001）「情報技術による企業革新」, 池上一志編（2001）『現代の経営革新』, 中央大学出版部, 3-32ページ.
野中郁次郎（1990）『知識創造の経営』, 日本経済新聞社
———（1999）「組織的知識創造の新展開」『Diamond Harvard Business』August-September, 38-48ページ.
———・竹内広高（1996）『知識創造企業』, 東洋経済新報社
森谷正規（2001）『IT革命の虚妄』, 文芸新書

第8章　進化し深化する環境経営と経営学の課題

　は　じ　め　に

　1990年代初頭のバブル経済崩壊以降，日本経済は低迷を続けている．企業の大型倒産や金融不安が繰り返し起こる中で株価はじわじわと下がりつづけ，失業率も5％台で高止まりの傾向を見せている．かつては圧倒的な強さを誇った自動車，電機などの製造業も一部の勝ち組み企業を除いては総じて業績の悪化に苦しんでいる．興隆する隣国中国の活況に比べて日本経済の元気のなさが目に付くが，その一方でペシミズムが蔓延する現在の日本にあって21世紀の企業競争力を左右する新しいパワーが着実に企業経営に根付き始めているという事実も見落としてはならない．本章の関心領域である環境経営もそうした新しいパワーの1つである．周知のように，地球環境問題は年々深刻の度合いを増しており，それに対応すべく環境保全のための法規制が近年，行政によって広範に渡り整備強化されつつある．また，市民レベルでの環境保全活動も活発化しており，社会全体における環境意識の顕著な高まりが見られる．こうした状況は当然のことながら企業活動にも影響を及ぼしており，今や企業にとって環境経営の実践は企業経営上不可欠のエッセンスとなりつつある．

　地球環境問題と企業活動の関わりが本格的に議論され始めたのも1990年代の初期であるが，それから現在までの約10年間に企業の環境問題への取り組みはその射程を拡大するとともに，質的にも発展を遂げた．いわば環境経営は進化(evolve)し，また深化(deepen)してきたと言える．そして，日本企業（とりわけ製造企業）はその環境経営の水準の高さにおいて現状では間違いなく世界のトップレベルにある．このことは経済不況の影に隠れて現在はあまり注目されて

いないが，近い将来，日本企業が再び活力を取り戻す際の切り札になる可能性が大である．環境経営の実践は，日本企業にとって強い競争力と高い倫理性を兼ね備えた「偉大な企業」に変貌するチャンスを秘めている．

本章では，製造企業に対して行われた環境経営についての2つのアンケート調査の結果をもとに日本企業の現状を分析するとともに，この新しい研究テーマに対して経営学が今後どのような分析視角を持つべきかについて提言を行いたい．

1．環境経営の現状——2つのアンケート調査の結果から

前述したように日本企業，特に製造企業の環境経営はこの10年間にその射程を拡大し，かつ質的向上を遂げてきた．進化と深化が同時並行的に進む現在の状況は，間違いなく世界をリードする立場にある．この点に関して，日本は欧米諸国に比べて環境問題への取り組みが遅れているという議論が依然としてあるが，市民レベルの環境意識はともかくとして，こと製造企業の環境経営に関しては決して欧米企業のそれに劣るものではなく，むしろ上回っていると見るのが妥当であろう（無論，業界や企業規模，個別企業のケース等によるバラツキがあることは言うまでもないことであるが）．ここでは，中央大学企業研究所と日本経済新聞社がそれぞれ実施したアンケート調査の結果をもとに，日本の製造企業が実践している環境経営の現状を把握することとする．

(1) 中央大学企業研究所によるアンケート調査

中央大学企業研究所の中に設置された研究プロジェクトチーム「グローバルな時代の経営革新」のメンバー5人（林，芦沢，所，安積，鄭）は，実証データに基づいて日本企業の経営革新の実態を探るべくアンケート調査を実施した．まずこのアンケートの概要について略述しておく．アンケート企業のセレクション方法については，「会社四季報CD‐ROM」2002年1集（東洋経済新報社）に収録された製造企業1751社の中から外国上場企業15社を除いた1736社を対象

に1000社を無作為に抽出，質問票を郵送した．調査の実施時期は2002年2月で，同3月末までに118社から回答を得た（回収率11.8％）．アンケートの質問項目は「トップマネジメント」「本社機能」「目標・ビジョン」「戦略」「組織」「企業文化」「知識創造」「研究開発」「情報技術」「環境対策」「人的資源」「グローバル化」という12のカテゴリーにわたっており，上記のメンバー5人が分担して質問項目を作成した．その中で筆者が担当したのが「環境対策」についてであり，さらに（リスク管理）（研究開発）（リサイクル対策）（情報公開）の4つのカテゴリーにブレイクダウンして，計18の質問項目を作成した．紙幅の制約から全ての集計結果を記載することはできないが，日本の製造企業の環境経営を知る上で有益なデータをいくつか挙げてみることにしよう．

1) リスク管理

製造企業が環境経営を進める大きな要因の1つがリスク回避である．リスク回避とは，将来発生する可能性のあるリスクを予想し，対策を講じることでリスクを未然に防止し，仮にリスクが発生した場合でも派生するコストを最小限に抑えようとする考え方である．現在の地球環境問題を過去の公害問題の延長線上で捉えた場合，日本の製造企業にとってリスク回避のための対策とは汚染対策を意味する．大気，水質，土壌等の環境汚染に関しては，すでに1970年代にOECDが「汚染者負担の原則」（Polluter Pays Principle）の考え方を提唱しており，最近制定されたPRTR法（1999年），土壌汚染対策法（2002年）等の法規制を見ても汚染物資を扱う企業に対して厳しい制約を課す内容のものとなっている．調査結果を見てみよう．まず大気や水質，土壌汚染に対する対策の実施の有無について尋ねたところ，約8割の企業が何らかの対策を実施していると回答している（図表8-1）．次に，汚染情報に関するデータの蓄積についても尋ねてみたが，こちらの方も約7割の企業がデータを蓄積していると回答している（図表8-2）．これらの数値については，事前に予想された範囲内であったが，図表8-3と図表8-4については事前の予想を上回る数値が得られた．図表8-3は，ゼロエミッションへの取り組みに対する回答結果であるが，実施企業の割合はもっと少ないものと予想していた．ゼロエミッションとは，1994年

に国連大学が提唱した考え方で，産業などから排出される廃棄物を再利用することで廃棄物のない社会を構築しようというもので，循環型社会の理念を具現化した考え方として近年急速に普及している．製造企業が取り組むゼロエミッションとは，工場から排出される廃棄物をゼロにする取り組みを指すもので，究極の汚染対策とも言える．廃棄物をゼロにすることが技術的に比較的容易であったビール業界などがすでにゼロエミッション工場を達成しているが，一部の先進的な企業を除けば，こうした取り組みはまだそれほど進んでいないものと思われた．しかしながら，実際には回答企業の6割が工場のゼロエミッションに取り組んでいると答えており，予想以上に高い数値であった．同じく，図表8-4の環境影響評価制度の実施についても，LCA（Life Cycle Assessment）による評価方法が確立されていない現状においては環境影響評価制度を実施している企業はかなり少ないものと予想していたが，実施企業の割合が37％に上るというのは正直言って驚きであった．これら2つの調査結果から言えることは，わが国の製造企業がより水準の高い環境経営の実現を目指して確実に進化しているということである．

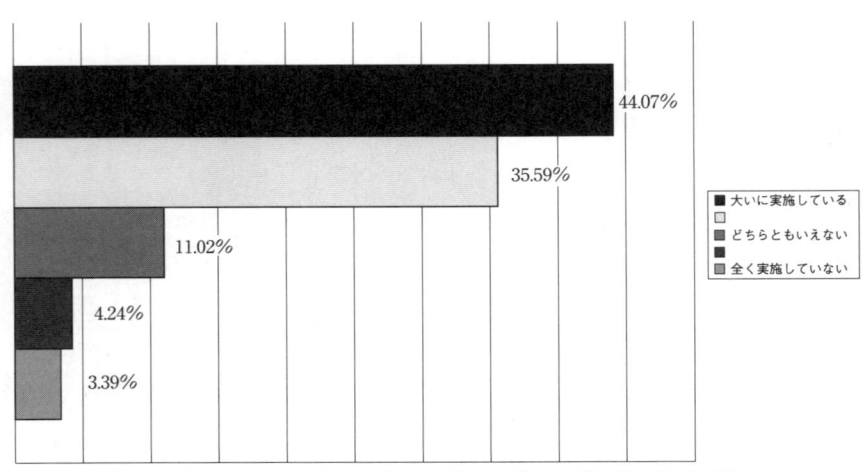

図表8-1　大気・水質・土壌汚染対策

第 8 章　進化し深化する環境経営と経営学の課題　213

図表 8-2　汚染情報に関するデータの蓄積

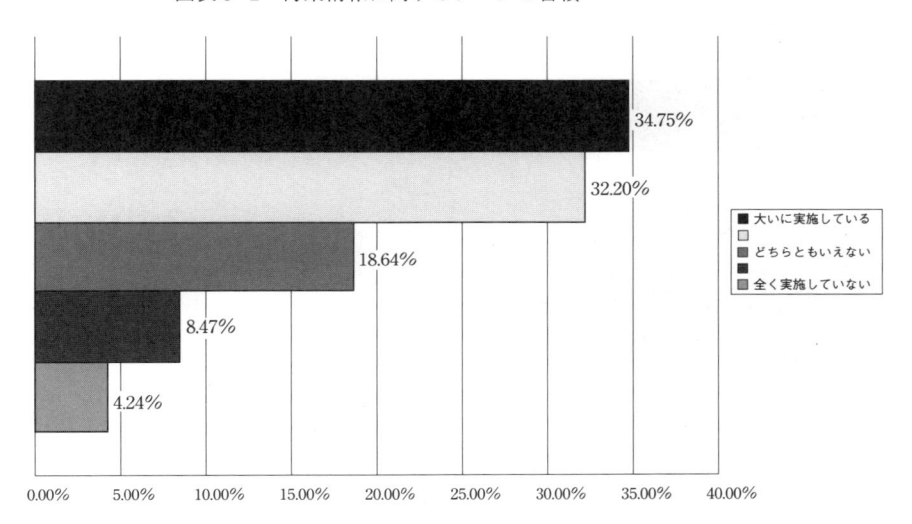

- 大いに実施している: 34.75%
- (2番目): 32.20%
- どちらともいえない: 18.64%
- (4番目): 8.47%
- 全く実施していない: 4.24%

図表 8-3　ゼロエミッションへの取り組み

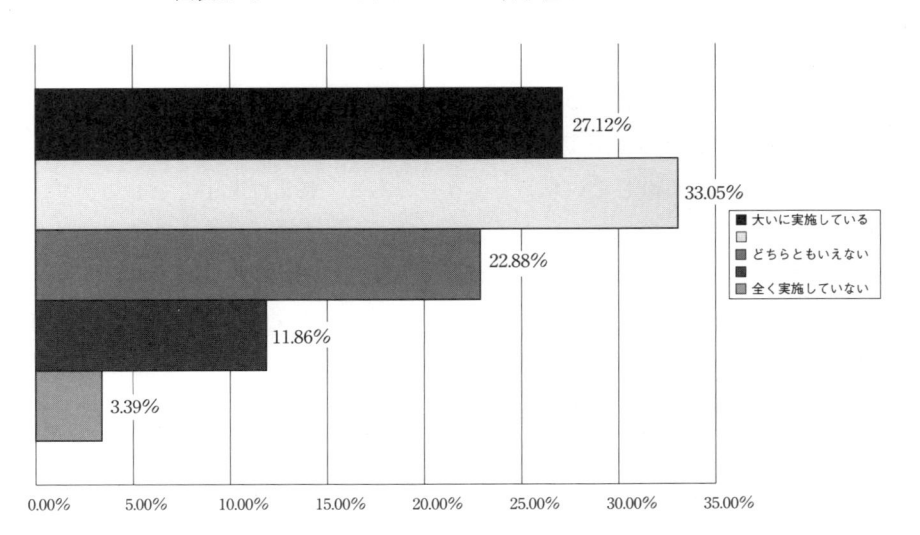

- 大いに実施している: 27.12%
- (2番目): 33.05%
- どちらともいえない: 22.88%
- (4番目): 11.86%
- 全く実施していない: 3.39%

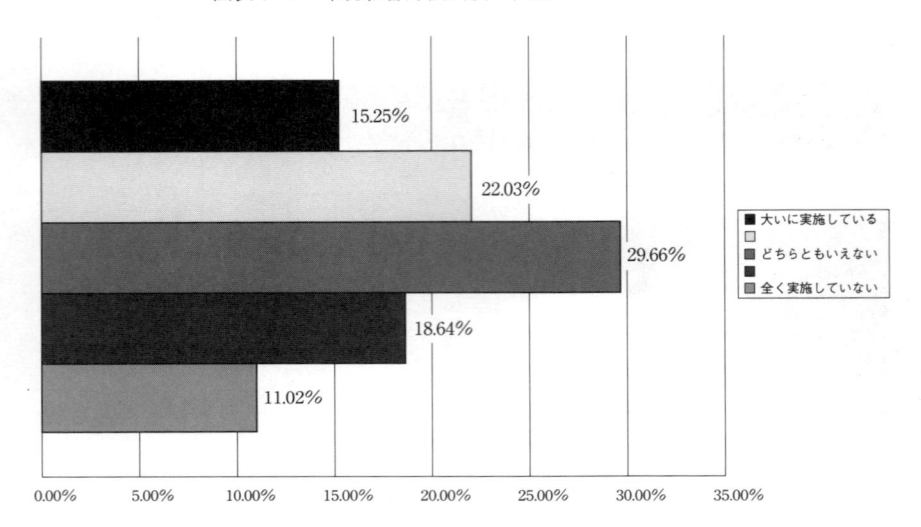

図表 8-4　環境影響評価制度の実施

- 大いに実施している: 15.25%
- (凡例2): 22.03%
- どちらともいえない: 29.66%
- (凡例4): 18.64%
- 全く実施していない: 11.02%

2）研究開発

　研究開発に関しては，まず最初に環境配慮型製品・サービスの開発の実施について質問したが，これに対して回答企業の7割が実施しているという結果が出た（図表8-5）．全く実施していないと回答した企業はわずか3％に過ぎず，環境配慮型製品・サービスの開発は製造企業にとって常態化しつつあることが見て取れる．問題なのは，現状ではこうした製品・サービスの開発が必ずしも企業の収益増化に貢献していないという点である．都市部を中心としてグリーン・コンシューマが増加傾向にあることは確かであるが，消費者の環境意識の高まりが必ずしも実際の購買行動に結びつかないため，環境配慮型製品・サービスの売上げは伸び悩んでいる．開発とマーケティングを一体化した戦略の再構築が求められる．

　次に，省資源・省エネルギー技術の開発についても質問してみたが，72％の企業が開発を実施しているという予想通りの高い数値が得られた（図表8-6）．周知のように，1997年に京都で開催された第3回気候変動枠組条約締約国会議

（COP3）で採択された京都議定書により，日本は2008-2012年の5年間に温室効果ガスの排出を1990年比で6％削減することが義務づけられているが，現状では1990年比で7％増加しており，実質的には13％を上回る削減を達成しなければならない状況下にある．そのため1999年に改正された省エネルギー法では，省エネルギー基準として自動車や電機機器などの製品の中で最も優れた省エネルギー性能製品以上の性能を求める「トップランナー」方式が採用され，また省エネルギー基準から見て問題ありと行政が判断した場合に従来は勧告するだけであったが，改正法では勧告に加え，これに従わない時には公表，命令，罰則というより厳しい規制が課せられることになった．こうした状況から製造企業は否応なく省資源，省エネルギー技術の開発に取り組まざるを得ないわけであるが，それとは別にこれらの技術開発によりもたらされるコスト削減効果も大きい．日本企業は過去に二度のオイルショックを経験したことにより，省資源，省エネについての技術，ノウハウを蓄積してきた実績を持つ．これらの技術は確実に日本企業の競争力を高めることに役立つものであり，法規制の強化は技術開発のインセンティブとして作用する．

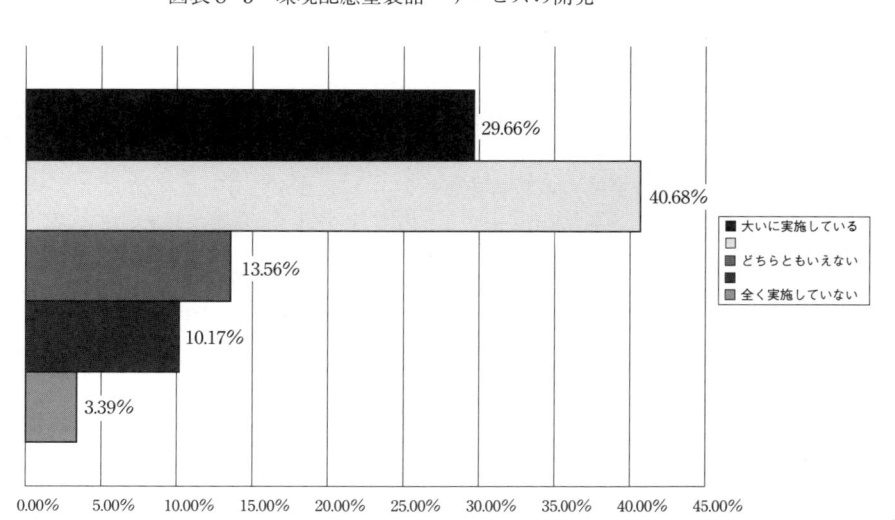

図表8-5　環境配慮型製品・サービスの開発

区分	割合
大いに実施している	29.66%
（2番目）	40.68%
どちらともいえない	13.56%
（4番目）	10.17%
全く実施していない	3.39%

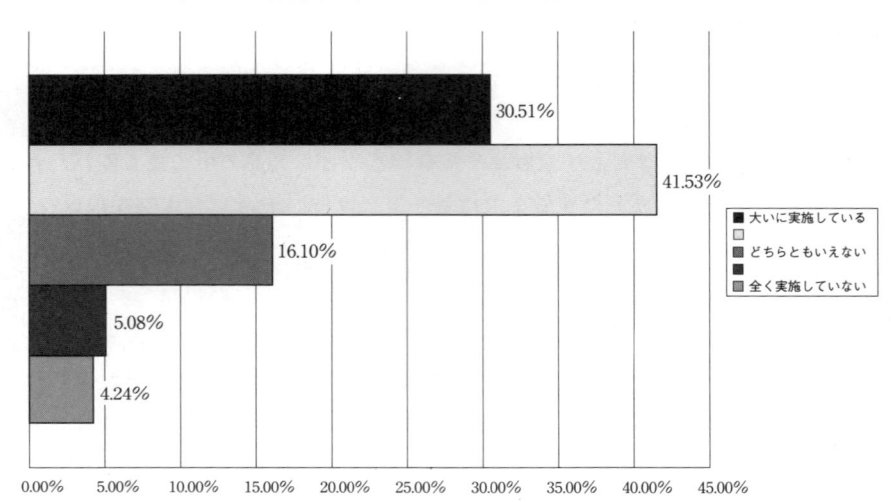

図表 8-6　省資源・省エネルギー技術の開発

- 30.51%
- 41.53%
- 16.10%
- 5.08%
- 4.24%

■ 大いに実施している
□
■ どちらともいえない
■
□ 全く実施していない

3）リサイクル対策

　使用済み製品の回収システムの構築に関しては，実施している企業が37％と予想外に少なかった（図表 8-7）．わが国では，1997年の容器包装リサイクル法施行を皮切りに，家電リサイクル法（2001年），食品リサイクル法（2001年），建設資材リサイクル法（2002年），自動車リサイクル法（2004年）と立て続けにリサイクル法が施行（予定を含む）されているが，回答企業の中にはこうしたリサイクル法の対象外の企業も多数含まれており，それがこうした数値につながったものと思われる．前述の省資源，省エネルギー技術の開発の場合とは異なり，使用済み製品の回収は現状においてはコスト負担の方が大きく，企業収益に貢献しないため，多くの企業にとっては積極的に対応しようというインセンティブは低い．法的規制に対応する形での消極的対応が中心になるものと思われるが，その場合企業としてはコスト負担をできる限り減らすために，他企業と協力して回収システムを構築したり，リサイクル設備を共有化するなどの協調戦略をとることが予想される．現状では，まだそうした行動はさほど顕在化

していないが（図表8-10），今後，他企業とのアライアンスは確実に増えてこよう．

リサイクルに関する知識・技術・ノウハウの蓄積に関しては，64％の企業が実施していると回答した（図表8-8）．使用済み製品の回収システムの構築とは対照的にこちらは高い数値が得られた．リサイクルの義務化が避けられない流れである以上，リサイクルを効率的に行うため知識・技術・ノウハウを蓄積しておくことは，競争力の強化につながる．すでにトヨタ自動車などはリサイクル解体研究所を設立して，集中的な研究を実施している．今回の調査で64％の企業がこうした問題に取り組んでいると回答したことは，日本企業の環境経営の深化の表れと見ることができよう．

リサイクルに関しては，製品の設計段階からリサイクルを想定した製品設計を実施しているかどうかについても質問してみたが，56％の企業から実施しているという回答を得た（図表8-9）．この質問は，上記の知識・技術・ノウハウの蓄積とも関連するものであり，そうした蓄積の一環として製品設計が行われていると見ることもできる．リサイクルを効率的に実施するためには，製品解体に手間ヒマがかかる複雑な製品構造や技術的にリサイクルが困難な素材の選定等はできうる限り避けなければならない．リサイクルなど考えなくてもよかった時代にはそうした必要性はなかったが，使用済み製品を製品製造企業が回収し，リサイクルすることが義務化される時代には，製品を構想し設計する段階からリサイクルが想定されていなければならない．筆者は1998年にも機械工業4業種（機械，電気機械，輸送用機械，精密機械）に対して行ったアンケート調査[1]のなかで同様の質問をしているが，その際の答えは「実施している」が24％，「現在検討中」が48％というものであった．対象企業やサンプル数が異なるため単純に比較することはできないが，実施している企業が増加していることは確かである．この点においても環境経営が深化している事実を確認することができる．

図表8-7　使用済み製品の回収システムの構築

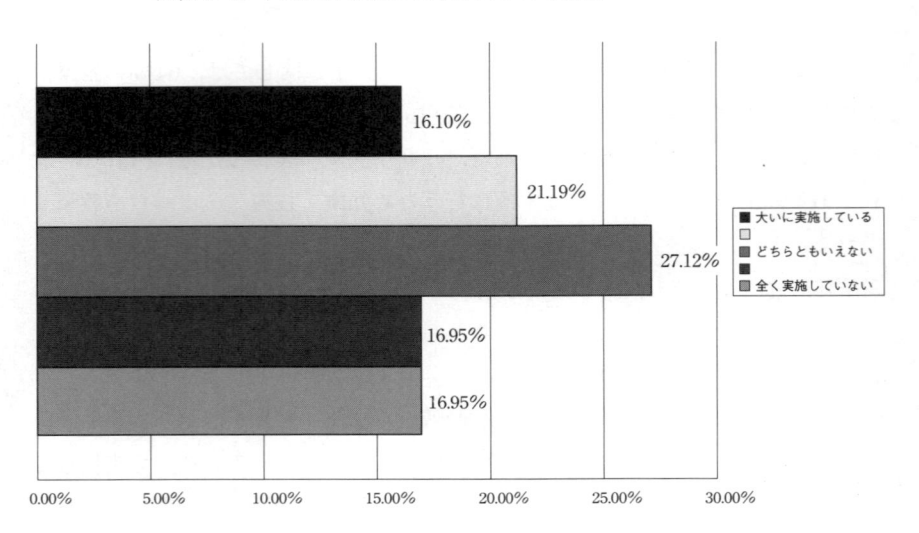

- 大いに実施している: 16.10%
- (どちらかといえば実施している): 21.19%
- どちらともいえない: 27.12%
- (あまり実施していない): 16.95%
- 全く実施していない: 16.95%

図表8-8　リサイクルに関する知識・技術・ノウハウの蓄積

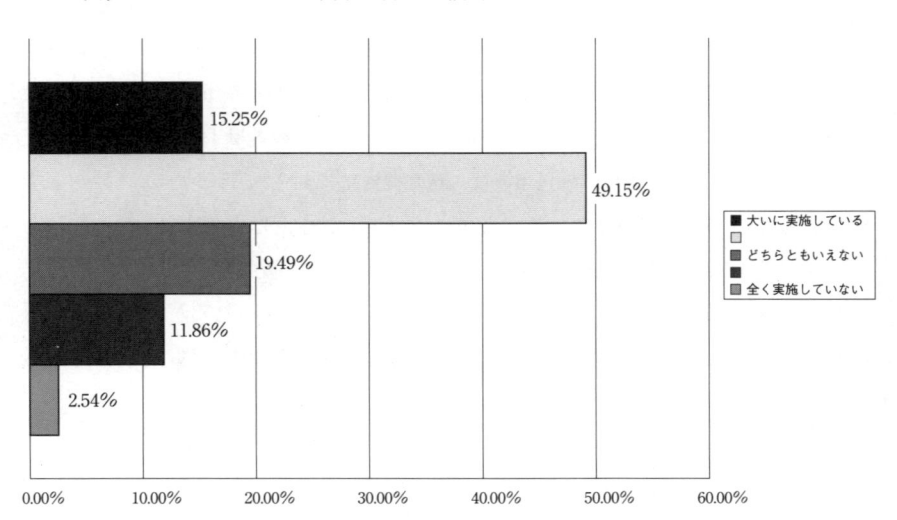

- 大いに実施している: 15.25%
- (どちらかといえば実施している): 49.15%
- どちらともいえない: 19.49%
- (あまり実施していない): 11.86%
- 全く実施していない: 2.54%

第 8 章 進化し深化する環境経営と経営学の課題　219

図表 8-9　リサイクルを想定した製品設計を実施している

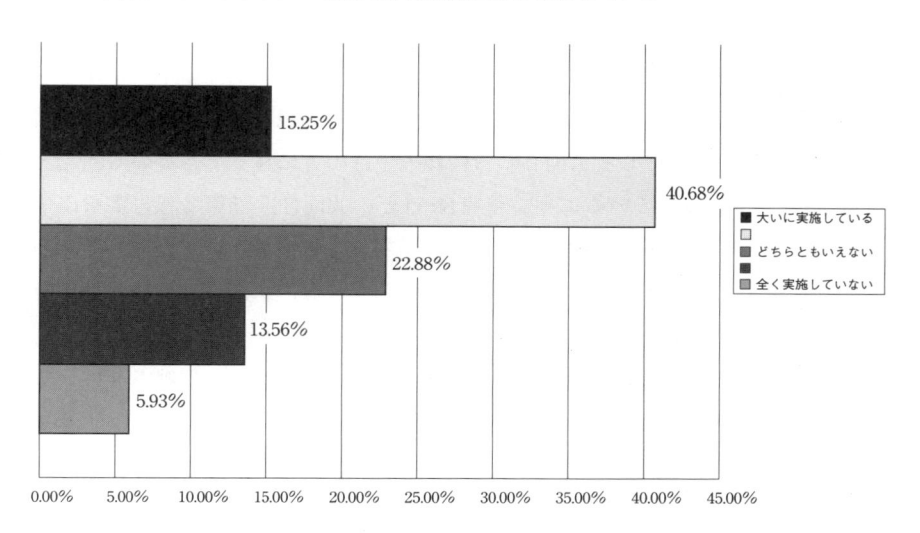

- 15.25%
- 40.68%
- 22.88%
- 13.56%
- 5.93%

■ 大いに実施している
□
■ どちらともいえない
■
■ 全く実施していない

図表 8-10　他企業・他組織との間でリサイクル設備を共有化している

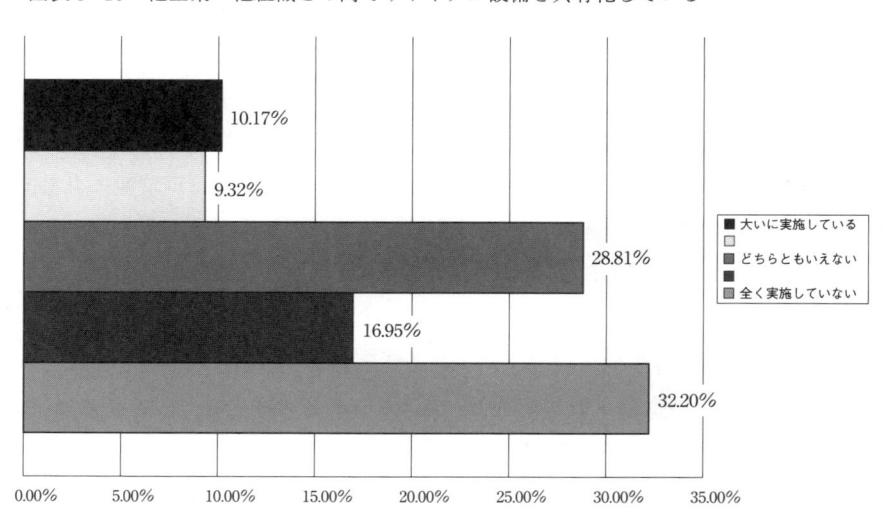

- 10.17%
- 9.32%
- 28.81%
- 16.95%
- 32.20%

■ 大いに実施している
□
■ どちらともいえない
■
■ 全く実施していない

4) 情報公開

かつて日本企業の環境経営における最大の弱点は，情報公開の遅れにあると言われてきたが，現在では環境報告書，環境会計等の情報公開のツールが急速に普及してきており，この問題は解消されつつある．現在の関心は，情報公開の実施の有無よりもむしろ公開される情報の中身の方に移ってきている．たとえば，NECが実践しているような環境NPOとの共同作業で環境報告書を出すことにより，客観性，信頼性が担保された情報を提供するといった取り組みが評価されるようになってきている．そこで本調査でも，公開される情報の中身に関連する質問を行った．

まず最初に，環境報告書の内容にステークホルダーの意見を反映させているかどうかについて尋ねたところ，20％の企業が実施していると回答した（図表8-11）．何故，このような質問をしたかというと，環境報告書を発行する企業は昨今，確かに増えてはいるが，その一方で公表されるデータは企業に都合のよいものばかりであるという批判も高まってきている．公表されるデータに恣意的なものが感じられ，データに客観性や信頼性が付与されていないのであれば，環境報告書の発行企業数だけ増えても何ら意味はない．このため，企業が環境報告書を作成する際に，ステークホルダーの意見を反映させるべきであるとする意見が勢いを得ている．今回の調査では，こうした対策を実施している企業は2割にとどまっているが，今後この数値は確実に高まっていくことが見込まれる．企業にとっても，時間と労力をかけて作成した環境報告書が社会的に評価されないのであれば，作成する意味はない．これまでは環境報告書を出すこと自体に環境経営の先進性が認められていたが，今後は公表するデータの中身，質が問われることになる．このプロセスはまさに情報公開の深化のプロセスである．

次に，環境報告書の発行の際に第3者評価を受けているかどうかを尋ねてみたところ，25％の企業が第3者評価を受けていると回答した（図表8-12）．この質問も環境報告書に客観性や信頼性が担保されているかどうかを問うものである．欧米企業では，第3者評価は一般化しつつあり，評価機関も会計監査

法人，コンサルティング会社，NPO等多様化している．自社の環境経営を様々な視点から評価してもらおうという意図が窺える．KPMGとアムステルダム大学環境マネジメント研究所による共同調査によると，1998-99年の期間に発行された環境報告者の中で，第3者評価を受けた環境報告者の割合が最も多かったのはイギリスで17件であり，日本は1件に過ぎなかった[2]．今回，25％の企業が第3者評価を受けていると回答したことは，日本企業がこの点においても確実に深化を遂げていることを表している．さらに上記したNECのような先進的な事例も見られるようになってきている．ただし日本の場合，NPO等の市民組織の力が弱いため第3者機関は会計監査法人に片寄っており，多面的な評価という点では問題がある．消費者の視点，市民の視点から環境経営を評価するためにも，環境報告書を評価できる能力を持ったNPOを育成することが大切である．

　特定の層をターゲットにして環境報告書を作成しているかどうかについても質問したが，実施している企業は12％にすぎず，予想通り現状では非常に少ないことがわかった（図表8-13）．環境報告書の中身については読者の中に，専門的すぎて理解できないとかカバーしている領域が広すぎて消化しきれない等の意見がある．たとえば，汚染対策や省資源・省エネルギー対策を記載するにしても専門家に対する場合と，一般市民に対する場合とでは説明の仕方に差異がなければならない．とりわけ，専門的知識に乏しい消費者，市民等のステークホルダーを対象にする場合には，平易な表現でわかりやすい説明を心掛けなければなるまい．現状では，まだそうしたことを実施している企業は少ないが，特定の層をターゲットにしてその層のニーズに合わせた環境報告書を作成するという，きめの細かい作業がいずれ必要となってこよう．

　最後に，環境会計の結果を社員のコスト意識に結びつけているかどうかについて尋ねたが，実施している企業は16％にとどまった（図表8-14）．環境会計は，環境経営を実践するにあたって発生した費用とそれに対する効果を定量的に把握するために開発されたツールで，環境報告書とともに近年，導入する企業が増えている．環境会計の目的は，費用対効果のデータを公開することで，

図表 8-11　環境報告書の内容にステークホルダーの意見を反映させている

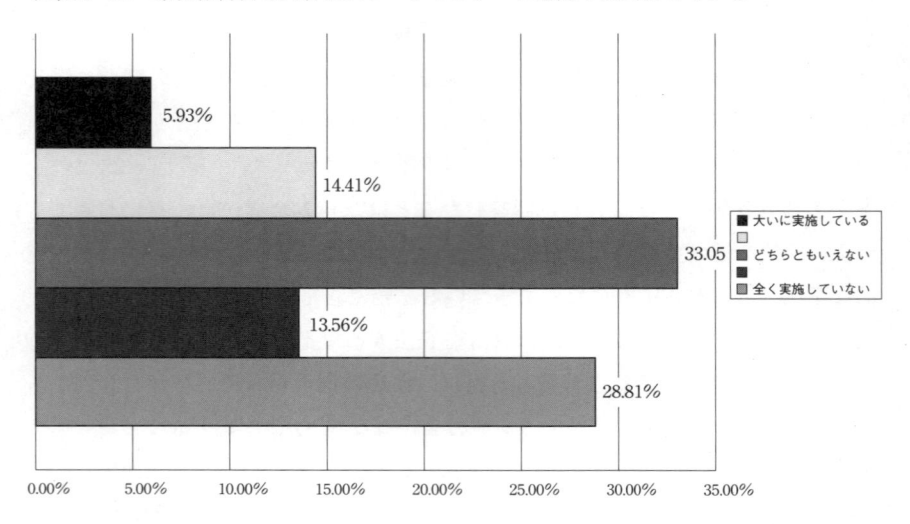

- 大いに実施している: 5.93%
- : 14.41%
- どちらともいえない: 33.05
- : 13.56%
- 全く実施していない: 28.81%

図表 8-12　環境報告書の発行の際に第3者評価を受けている

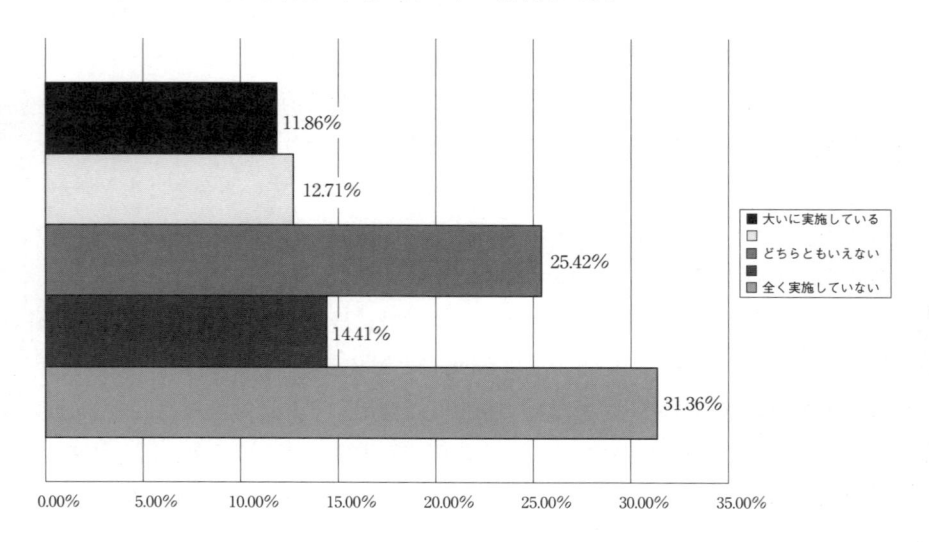

- 大いに実施している: 11.86%
- : 12.71%
- どちらともいえない: 25.42%
- : 14.41%
- 全く実施していない: 31.36%

第8章　進化し深化する環境経営と経営学の課題　223

図表8-13　特定層をターゲットにして環境報告書を作成している

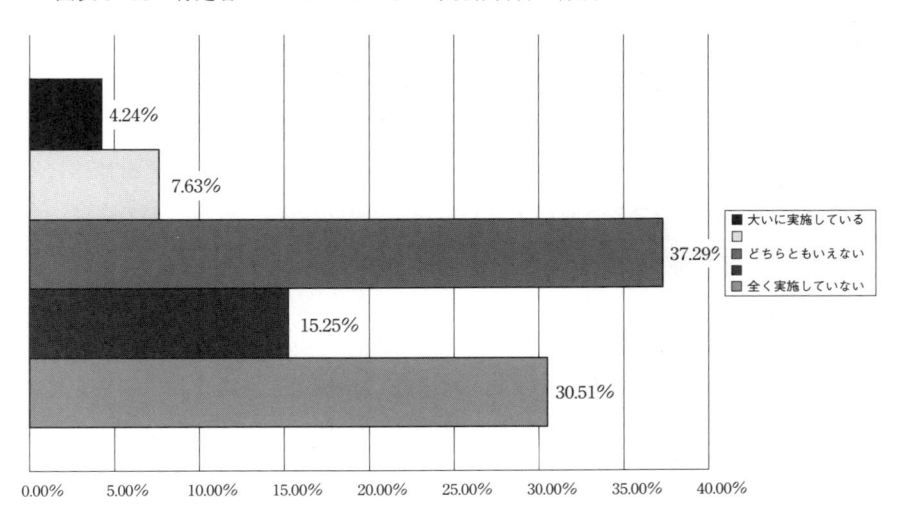

- 大いに実施している
- どちらともいえない
- 全く実施していない

4.24%
7.63%
37.29%
15.25%
30.51%

図表8-14　環境会計の結果を社員のコスト意識に結びつけている

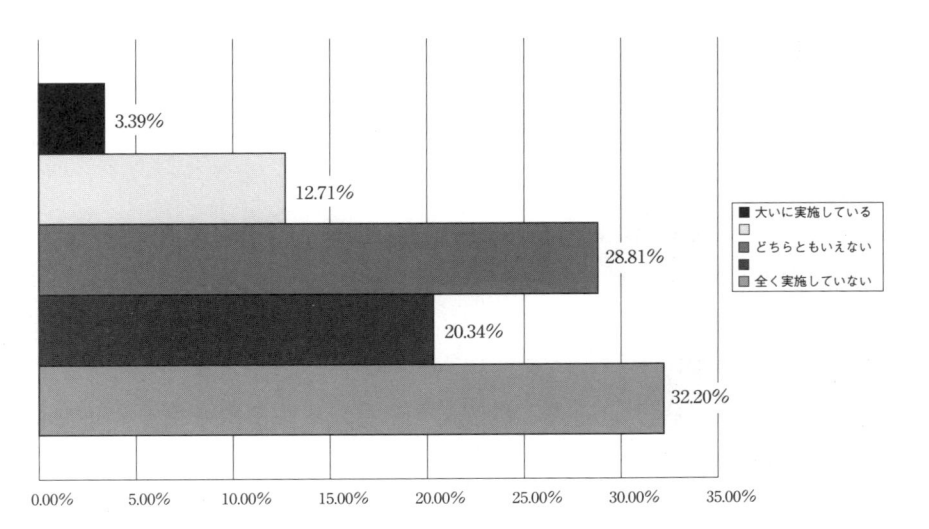

- 大いに実施している
- どちらともいえない
- 全く実施していない

3.39%
12.71%
28.81%
20.34%
32.20%

社外的には投資家が投資する際の判断材料を提供すること，社内的には社員に対して環境経営についてのコスト意識を持たせることにある．今回の質問は，後者の点に関して実施状況を尋ねたわけであるが，結果はあまり芳しいものとは言えなかった．環境経営はコストがかさむばかりで儲からないという企業人の意識を変えるためにも，環境会計で表示した費用対効果のデータを社内に周知徹底させ，社員のコスト意識を高めていく努力が必要である．この点は，今後の大きな課題と言えよう．

(2) 日本経済新聞社第6回「環境経営度調査」

次に，日本経済新聞社が毎年実施している「環境経営度調査」の結果を見てみよう．同調査は，日本経済新聞社が日経リサーチの協力をえて1997年から実施しているもので，今回で6回目を迎える．今回の調査は，上場，非上場の製造業（建設，エネルギー含む）の有力企業2,047社を対象に，2002年9月～10月の期間にアンケート調査を実施，703社から有効回答を得た（回収率34.3％）．調査の内容は，環境経営に関する43の設問を「運営体制・情報公開」「環境教育・社外貢献」「ビジョン」「汚染リスク」「資源循環」「製品・物流対策」「温暖化対策」の7つの評価項目に分類して回答結果を集計し，偏差値により総合得点（平均500）を算出，ランキング化したものである[3]．この調査結果から，いくつか特徴的なことを抽出してみよう．

図表8-15は，今回の調査で明らかになった環境経営度ランキング上位50社を示したものである．

1位にランクされたのは，前回の調査に引き続き日本IBMである．図表8-16は，日本IBMの環境経営を集計結果に基づいてレーダーチャートで表したものであるが，前述の7つの評価項目全てにおいて業界平均を大きく上回っており，ほぼ正七角形に近い形状となっている．

以下，キヤノン，NEC，リコー，松下電器，ソニーとお馴染みの企業が続くわけであるが，その中にあって気づくことは松下，トヨタ系のグループ企業の多さである．今回の調査では，松下グループ9社，トヨタグループ6社がそれ

第8章 進化し深化する環境経営と経営学の課題 225

図表8-15 製造業の環境経営度ランキング上位50社

1	日本IBM	26	アンリツ
2	キヤノン	26	東海理化
3	NEC	26	松下寿電子工業
4	リコー	30	凸版印刷
5	松下電器産業	31	大成建設
5	ソニー	32	エスペック
7	九州松下電器	32	東芝
8	デンソー	32	豊田合成
9	ホンダ	35	昭和電線電纜
10	富士写真フイルム	35	ダイキン工業
11	トヨタ自動車	35	INAX
12	TDK	38	シャープ
13	日立製作所	38	松下電工
14	コクヨ	40	日本ビクター
15	コニカ	41	アサヒビール
16	富士ゼロックス	42	オムロン
17	松下電池工業	43	協和発酵
18	松下電子部品	43	セイコーエプソン
19	カシオ計算機	43	豊田自動織機
20	松下冷機	43	キヤノン電子
21	富士通	47	大阪ガス
22	大日本印刷	48	岡村製作所
22	光洋精工	49	パイオニア
24	YKK	50	松下通信工業
25	松下精工	50	日清製粉グループ本社
26	関西電力	50	ダイハツ工業

出所：日経産業新聞 2002年12月10日付記事.

図表8-16 日本IBMと電気機器の平均

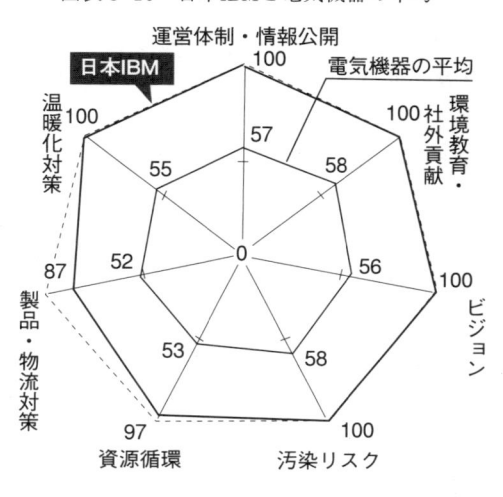

出所：日経産業新聞 2002年12月10日付記事.

ぞれ上位50社以内にランクインしている．このことは，親企業である松下電器，トヨタ自動車がグループ企業全体の環境経営の底上げを図るために対策を講じた結果である．日本経済新聞社の調査によると[4]，松下電器は，グループ環境経営の政策や方針を審議するため，大阪府門真市の本社で最高決議機関「環境会議」を開催している．年2回，4月と10月に開催される同会議には，松下電器社長を議長に連結対象20社の社長ら約40人が参加する．これだけのグループ幹部が一堂に会する会議は松下グループでは他にないという．同会議において，松下グループの環境行動計画「グリーンプラン2010」がまとめられた．「グリーンプラン2010」は単なる理念にとどまらず，二酸化炭素や廃棄物の排出量について数値目標が盛り込まれており，松下グループ全体としての事業活動を大きく左右するものとなっている．

　一方，トヨタは2000年度から国内外の連結子会社，グループ企業，海外代理店を加えた210社を対象に「連結環境マネジメント」システムを導入している．孫会社にあたる390社も連結子会社が管理しており，トヨタグループの環境関連情報がトヨタ本社に集中する仕組みをつくった．同システムは，各社の廃棄物排出量やエネルギー使用量などの環境パフォーマンスを数値管理するとともに，2001年度からは新たに二酸化炭素，廃棄物，水使用量のデータを日本国内のみならずアジア，オセアニア，北米，ヨーロッパで集計し情報開示を実施している．

　このような松下電器，トヨタ自動車のグループ企業を巻き込んだ環境経営の推進は，日本企業全体の環境経営の底上げに大きく寄与するものであり，注目に値する．これまで環境経営の先進企業と言えば，自動車，電機等の大企業を指すものとされ，実際，日本経済新聞社が実施してきた「環境経営度」ランキング調査でも上位を占めてきたのはそうした大企業であった．今回，松下系，トヨタ系のグループ企業が数多く上位にランクされたことは，環境経営のすそ野が確実に広がりつつあることを示すとともに，環境経営の評価が新たな段階に入ったことを表している．すなわち，これからの製造企業の環境経営は，大企業単独で評価されるのではなく，連結対象子会社も含めたグループ全体で評

価されるということである.

　さらに上記との関連で言えば,今回の調査では完成品メーカーを支える部品メーカーもランキング上位に顔を出している.たとえば,12位にランクされたTDKは,電機や情報機器メーカーが実践する「グリーン調達」に対応して環境経営の水準を向上させた.完成品メーカーの「グリーン調達」基準が部品メーカーの環境経営水準を向上させるという1つの流れができつつあり,環境経営の進化の現状を確認することができる.

　さて,今回の日本経済新聞社の調査において,もう1つ特徴的なことを挙げるとすればそれは製造企業の海外拠点における環境経営も調査対象に含めたことである.周知のように,近年わが国の製造企業の多くは生産拠点を海外にシフトしており,とりわけ人件費の安い中国への移転が顕著である.一般的に中国をはじめとする発展途上国の場合,経済発展が最優先されるため,これを阻害するような環境規制はとられないことが多く,汚染に対する規制を除けば総じて環境規制は緩いというのが現状である.筆者もここ数年,中国,タイ,マレーシア,ベトナム等の国を訪問し,現地の日系企業に対してインタビュー調査を行っているが,工場の汚染対策等に関しては日本国内と同じレベルの対策が実施されているものの,使用済み製品の回収,リサイクル,グリーン調達,情報公開等の取り組みは全く実施されていないというのが現状である.しかしながら,生産拠点の海外シフトは今後も続くことが予想され,海外拠点の環境経営のあり方が今後の焦点となる.重要なことは,環境規制の緩い国に進出しても日本国内と同じレベルの環境経営を実践することである.大手の製造企業の多くは,海外に展開する全ての事業所にISO14001を認証取得させるという動きを加速させており,またリコー,キヤノンといった先進企業では海外拠点においても使用済み製品の回収やグリーン調達等の取り組みを実施している.今回,日本経済新聞社が初めて海外拠点の環境経営を調査し,ランキングを公表したことは(図表8-17)海外展開を進める製造企業を刺激し,今後一層取り組みを加速させることになろう.すなわち,製造企業の環境経営は海外拠点にも射程を拡大し,近い将来には海外拠点の環境経営も含めたトータルな環境経

営が評価されるようになるということである．

図表8-17　海外ランキング

1	ソニー	26	クラレ
2	日立製作所	27	ミネベア
3	日本ＩＢＭ	28	日本ビクター
3	トヨタ自動車	29	シャープ
5	松下電器産業	30	ＴＤＫ
6	ＮＥＣ	31	京セラ
7	富士通	32	ローム
8	リコー	33	アジレント・テクノロジー
9	松下寿電子工業	33	キヤノン電子
9	ブリヂストン	35	味の素
11	富士写真フイルム	36	村田製作所
12	キヤノン	37	東芝
13	ホンダ	38	九州松下電器
14	松下電池工業	39	住友特殊金属
14	コニカ	40	富士ゼロックス
16	ダイキン工業	41	東海理化
17	東レ	42	豊田合成
18	松下電子部品	43	豊田自動織機
19	協和発酵	44	新日本製鉄
20	デンソー	45	帝人
21	ＪＦＥホールディングス	46	マブチモーター
22	凸版印刷	46	イビデン
23	大昭和製紙	48	カシオ計算機
24	藤沢薬品工業	48	松下冷機
25	大日本印刷	50	王子製紙

出所：日経産業新聞　2002年　12月10日付記事．

2．経営学の課題——事実の確認・把握から事実の理論化へ

　以上，本章では2つのアンケート調査の結果をもとに製造企業の環境経営の実態を分析してきた．前述したように，わが国の製造企業の環境経営がテイク・オフしたのは1990年代の前半であり，多くの企業にとって環境経営の実践はたかだか10年の経験を有するに過ぎない．しかしながら，その10年の期間にわが国企業の環境経営は目覚ましい進展を遂げた．進化と深化が同時並行的に進行しており，業界によって温度差はあるものの企業経営のコアに位置づけられるようになってきている．

　言うまでもなく地球環境問題は，人類が取り組まなければならない最大の課題の1つであり，故に自然科学，社会科学，人文科学の様々な分野から解決に

向けてのアプローチがなされている．その中にあって，地球環境に最も大きな負荷を与える活動を行い，かつ環境問題解決のために必要なリソースも持ち合わせている主体であるところの企業を研究対象とする経営学の果たす役割は決して小さくはない．すなわち，組織，戦略，人的資源，生産管理，研究開発，エシックス等，企業活動を分析するために開発された様々な知を融合することで，環境経営の実践，分析に貢献することが経営学に課せられた使命であると考えられる．

　これまで経営学の研究対象としての環境経営は，事実の確認，把握に主眼が置かれてきた．すなわち，射程の拡大や質的高度化において急速な進展を続ける環境経営の実態を正確に捉えることに精力が注がれてきたと言える．しかしながら，テイク・オフから10年余の歳月を経て企業経営の中枢に位置づけられるようになった現在，そろそろ次のステップ，すなわち事実の確認・把握から事実の理論化へと進む段階に達しているのではなかろうか．理論化の作業を行うためには，理論構築に必要なデータを確保することが必要であるが，昨今の状況はそうしたデータを十分とは言わないまでもかなりの割合で確保することが可能である．そこで本章の締めくくりとして，経営学の視点から環境経営の理論化を進めるにあたり，重要と思われる視座を2つほど提示しておきたい．

　まず第1の視座は，環境経営を企業競争力のソースとして取り込むプロセスを理論化することである．環境経営は当初，理念先行の感があったが進化と深化が進む中で実践と結果が問われるようになってきている．企業である以上，環境経営も企業収益の増加に寄与するものでなければ将来的に持続していくことは難しい．環境経営を実践することで持続的な競争優位性を獲得し，それにより収益の増加が得られれば企業にとって環境経営の重要度は増す．このプロセスを分析し，理論化することが経営学の新たな課題である．その際に，これまで主として経営戦略論の領域で蓄積されてきた知の集積を分析ツールとして援用することは可能であろう．たとえば，競争的環境の下で企業はいかにして持続的な競争優位性を獲得するかという問題は，経営戦略論の重要な研究テーマの1つであり，これまでに影響力のある理論がいくつも構築されてきた．市

場において当該企業が置かれた地位，ポジションがその企業の競争優位性を決定するというポジション優位の考え方（Positional Advantages），企業の内的コンテキストとしての組織能力の優劣が競争優位性を左右するという考え方（Capability Advantages），両者を統合する形で企業の外的，内的コンテキストにおける資源を競争優位性の源泉とみる資源ベースの考え方（Resource Based View）等がある．さらには，競争優位性と持続的競争優位性を別個のものとして捉える見方もある．つまり，獲得された競争優位性は，競争相手の攻勢にさらされるのが常であり，こうした攻勢に打ち勝った時に持続的競争優位性（Sustainable Competitive Advantage）となる．競争相手の攻勢に敗れた場合には，獲得した競争優位性は失われ，価値（収益）を手に入れることはできない．こうした経営戦略論の支配的な理論を環境経営の分析に援用し，環境経営の実践と競争優位性，持続的競争優位性の関係を理論化する作業がなされる必要がある．前述したように，理論化するためには豊富なデータ（ケース）が必要となるが，わが国の製造企業の現状はそうした要求に応えられるものである．たとえば，トヨタとホンダが2002年12月に同時に市販化に踏み切った燃料電池車のケースなどは，ポジション優位の考え方を援用して分析することが可能であり，時系列的に競争優位獲得のプロセスを追いかけていくことで有意な理論が構築される可能性が指摘できる．

　次に第2の視座は，「環境」を基準に企業間で広まっている選別，淘汰の運動法則を理論化することである．1つの事例を提示しよう．トヨタ，キヤノン，リコーなどの環境先進企業は現在，材料・部品メーカーに対して調達する材料，部品の中に有害物資がどの程度含まれているかを調査し，基準以上の有害物資が含まれていることが判明した場合には取引先のリストから外すという動きを加速させている．いわゆる「グリーン調達」と呼ばれる新しい調達方式であるが，これにより材料・部品メーカーは厳しい選別にさらされている．たとえばキヤノンでは，国内で調達している約1,500種の材料と約23,000種の部品について，28分野の化学物資の使用状況や含有量を調達先メーカーに調査させ報告させる体制を構築した．対象企業は材料で約250社，部品で約200社に上ると

いう．一方リコーは，PCB，水銀，鉛等14の使用禁止物資とその他の使用管理物資を独自の基準で定め，取引先に通告．全廃時期への対応をチェックするとともに，使用していないことを所定の方法で証明するよう求めていくという．またトヨタは，有害とされる鉛，水銀，カドミウム，六価クロムの4物資について部品メーカーに使用量の報告義務を課し，今後2,3年の間にこれら4物資の全廃を目指すという．大手メーカーのこうした動きに対して，材料・部品メーカーでは有害物資の含有量を計測する装置の購入や調達原材料の厳密なチェック等の対応を迫られており，対応できなければ納入を打ち切られることになる．

　グリーン調達は，材料・部品メーカーにとっては確かに厳しい側面もあるが，環境経営のすそ野を拡大し，全体的な底上げを図るという意味では有益である．材料，部品メーカーにとって，大手完成品メーカーとの取引基準はこれまで「価格」，「品質」，「納期」の3要素であったが，新たに「環境」という4番目の要素が加わることにより，選別，淘汰の波にさらされることになった．これは，経営学の研究テーマとして興味深い題材であり，理論的な貢献がなされる必要がある．その際に有益な分析ツールとして活用できそうなのが，ハナンとフリーマンによって提唱された「個体群生態学モデル」(population ecology model) の考え方である．個体群生態学モデルは，組織論の分野で開発された理論であり進化論や生態学といった自然科学の理論をバックボーンにしている．すなわち，古典的な進化論では，様々な「種 (species)」からなる生態系を分析対象とし，環境からの影響を「自然淘汰」という概念で捉える．自然淘汰の圧力は「種」に対して作用すると考え，種の誕生や盛衰，絶滅によって生態系の変化を説明する[5]．個体群生態学モデルでは，何らかの共通の属性を持つ組織の集合が「種」に相当する単位であり，多様な組織形態を持つ組織の集合によって構成される「組織個体群 (population of organizations)」を生態系に相当する分析対象として捉える[6]．その理論の骨子を略述してみよう[7]．

　個体群生態学モデルでは，組織個体群の変化を「自然淘汰モデル (natural selection model)」によって説明する．自然淘汰モデルは，「変異 (variation)」，

「選択・淘汰 (selection)」,「保持 (retention)」という3つのステップによって組織個体群の変化を説明する.「変異」とは,組織個体群の中に新しい組織形態を持つ組織が生まれることを意味する.変異が生じると,組織形態の中で生存に必要な領域(これをニッチと呼ぶ)を見出せた組織形態が他の組織形態を制して選択される.選択された組織形態は,次なる変異が生じず環境と対立しない限りにおいて,維持され再生産されていく.これが保持である.図表8-18は,個体群生態学モデルにおける自然淘汰のプロセスを表したものである.

このモデルは,前述のグリーン調達の実施による材料・部品メーカーの選別・淘汰の動きを理論的に整理する際に有用であると思われる.すなわち,大手完成品メーカーが従来の部材調達基準であった「価格」,「品質」,「納期」に新たに「環境」を加えたことにより,組織個体群のなかに変異が生じ,環境マネジメントに対応するというニッチを見出さない企業は淘汰され,環境マネジメントを構築した組織形態が保持されるという一連のプロセスは個体群生態学モデルの自然淘汰のプロセスで説明することが可能である.そのなかで我々が最も関心を寄せるのが,選択・淘汰を決定づける要因である.つまり,どのような条件を兼ね備えた組織がニッチを見出して生存を確保し,逆にどのような組織が淘汰されるのかといった,いわば組織の生死を分ける要因の解明である.個体群生態学モデルでは,組織は本来的に強い「慣性 (inertia)」を有しており,変化に対する適応能力に劣る存在であることを前提としている.この問題は,前出の「組織能力」の分析の問題とも関わっており,ケース分析を積み重ねることにより実践に耐えられうる理論を構築していく必要があろう.

第 8 章 進化し深化する環境経営と経営学の課題　233

図表 8-18　自然淘汰のプロセス

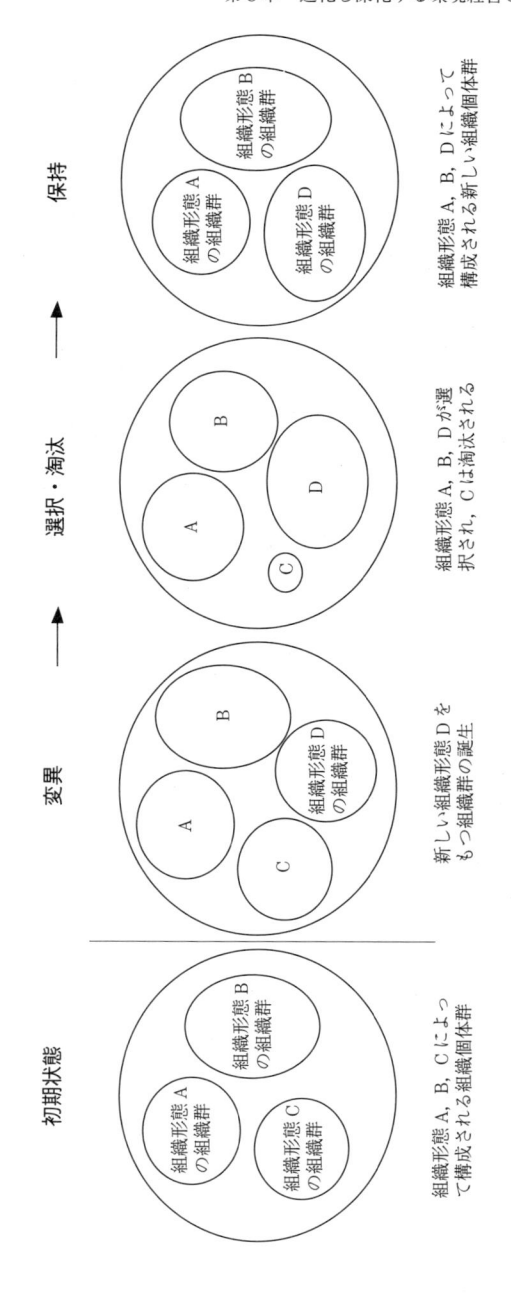

初期状態　→　変異　→　選択・淘汰　→　保持

初期状態: 組織形態 A, B, C によって構成される組織個体群（組織形態 A の組織群、組織形態 B の組織群、組織形態 C の組織群）

変異: 新しい組織形態 D をもつ組織群の誕生（A、B、C、組織形態 D の組織群）

選択・淘汰: 組織形態 A, B, D が選択され、C は淘汰される

保持: 組織形態 A, B, D によって構成される新しい組織個体群（組織形態 A の組織群、組織形態 B の組織群、組織形態 D の組織群）

出所：桑田耕太郎・田尾雅夫著『組織論』有斐閣アルマ、1998年、112-113ページ．

1) 中央大学企業研究所の研究プロジェクト「現代の経営革新」のメンバー3人（林，芦沢，所）は，1998年10月～11月にかけて機械工業4業種（機械，電気機械，輸送用機械，精密機械）300社に対して郵送によるアンケート調査を実施，88社から回答を得た（回収率 29.3％）．調査結果の詳細については以下の文献を参照されたい．所 伸之稿「環境経営の実践と課題」池上一志編著『現代の経営革新』中央大学出版部，2001年，第3章所収．
2) 前掲書 77ページ参照．
3) 詳細は2002年12月10日付日経産業新聞に掲載されている．
4) 前掲新聞記事内容を要約
5) 桑田耕太郎，田尾雅夫著『組織論』有斐閣アルマ，1998年，104ページ．
6) 前掲書 104ページ．
7) 前掲書 110ページ．

参 考 文 献

山倉健嗣著『組織間関係』，有斐閣，1993年．
桑田耕太郎，田尾雅夫著『組織論』，有斐閣アルマ，1998年．
ガース・サローナ／アンドレア・シェパード／ジョエル・ポドルニー著，石倉洋子訳『戦略経営論』，東洋経済新報社，2002年．
慶応戦略経営研究グループ著『組織力の経営』，中央経済社，2002年
Hannan, M. T. and J. Freeman, "The Population Ecology of Organization" *American Sociological Review*, Vol. 82. 1977.
Michael E. Porter, "Competitive Strategy" Free Press, 1980.
Robert M. Grant, "The Resource-Based Theory of competitive Advantage : Implications for Strategy Formulation" *California Management Review*, Spring, 1991.

第9章　日本企業の雇用システムにおける変容

はじめに

　日本経済が転換期にあり,「日本的経営」も見直されるべきであるとの声が高まっている．1990年代以降日本経済の低成長への移行,高齢化・少子化の進展,意識の多様化などによる経営環境が大きく変わり始めたためである．

　長期雇用（＝終身雇用），年功賃金，企業内組合は，かつて，日本経済の強さを支える雇用システムと見なされ,「日本的雇用慣行」とも呼ばれた．しかし，バブル経済の崩壊以降，このような雇用システムはむしろ経済効率を阻害しているとみる見方が有力になっている．また，実際の雇用情勢をみても，失業率が5.5％程度までに上昇し，安定的な長期雇用は幻想にすぎないという実感も広がっている．また，若者の就職行動も変化してきており,「フリーター」と呼ばれる働き方も広がっている．

　ここでいう「日本的」の意味に関しては，従来は主として2通りの意味に解釈されてきた．第1は，諸外国には存在しない「特殊日本的な」（制度ないしその性質）という意味の「日本的」であり，第2は，同種のものが諸外国にも存在しその機能（＝目的）は似ているが形態が異なるために「日本型」という意味で使われる場合の「日本的」である．ところが，この2通りの意味では説明できない第3の使い方がある．それは，第2の「日本型経営」の研究が高度成長期の日本型とか低成長期の日本型，というような特定の時期の「理念型」を国際比較の視点から抽出するのに対して，1990年ごろから主としてグローバルに活動する日本企業の経営を歴史的かつ理論的に研究し，その研究成果が国際的に注目されるケースが現れてきたが，それが「日本企業の経営」研究である

ゆえに「日本的経営論」と呼称される場合の「日本的」である[1]．ここでは日本的あるいは日本型の意味を第3の使い方として捉えることとする．

日本企業は現在，業種を問わずグローバル競争の渦中にあるといっても過言ではない．熾烈なグローバル競争の中で勝ち残るためには，市場の変化，競合他社の動向等に対応すべく自らを変え続けていく「絶えざるイノベーション」が問われつつある．

この章においては日本の製造業における最近の動向やその経営システム，特に雇用システムが持つ問題点および課題を述べる．「流動化」「非正規化」「能力主義・成果主義化」「多様化」等のキーワードに現れる変化の実態は大企業のホワイトカラー層を対象にしたものが多い．雇用システムに限定していうならば，第1に，コア人材の長期雇用と，長期雇用に支持された内部での人材育成投資，第2に，スキルの伸張を評価基準として長期的に行われる企業内部での競争，第3に，人材の長期的な囲い込みによる労働者と企業の目標同一化，の3点が挙げられる[2]．

このように，現在の日本の雇用システムに見られる変化に関する議論は大きく分けて3つの傾向を見せている．1つは正社員の長期雇用から短期間の非正規社員化への傾向を含む雇用形態の多様化がそれであり，もう1つはワークシェアリング（work sharing）という「仕事の分かち合い」の導入問題がそれである．最後には賃金制度の変化がそれである．以下においては賃金制度の変化を除く2つの傾向を考察することによって，「日本型雇用システム」の進化の方向を示すことを目的とする．

1．日本の雇用システムの特徴

日本の雇用システムの特徴としては，一般的に，主に日本の大企業の正規労働者に多く見られる，長期雇用と年功賃金に加えて企業別労働組合が挙げられる．このような特徴は，戦後不安定な雇用関係[3]の下，いわゆる「電産型賃金体系」の普及などの動きの中で広まってきたとされている．

このような「日本的雇用システム」を成立させた要因としては，次の6つにまとめられる[4]．第1に，持続的な経済成長である．昭和30年代以来持続的な経済成長が達成される中で，企業規模が拡大し続けてきたことから，これに見合って役職ポストも増え続け，労働問題も顕在化せず，輸出主導型の成長を可能としてきたのである．このようにして，中高年者を役職者として処遇しそれに見合う賃金を支払う年功的処遇による長期雇用を行うことが効率的であった．第2に，日本の経済構造が欧米諸国に追いつくことを目標とした「キャッチアップ型」構造であり，特に，大量生産方式で生産量を拡大するような経済構造化の企業組織では，年功的処遇により，協調的，同質的な人材を確保することが効率的であった．第3に，豊富な若年労働者である．このことがピラミッド構造の企業組織を維持することを容易にするとともに，全体の労働コストを低下させ，年功的処遇を可能にしたのである．

　第4点目として挙げられるのは企業内訓練による技能蓄積のことである．OJT，Off-JTを通じて，長期にわたる労働者間の競争と協力の結果，多くの労働者が高い能力や知識を蓄積し共有することが可能となったのである．第5に，労使の価値観の共有である．労使間における意志疎通や教法の共有を促すことによって生産性の向上を図ることは各国に共通に見られる現象であるが，日本においては，労使双方が企業の長期的成長や労働者の生活の安定などを共通の目的とし，経営家族主義や企業共同体的価値観を広く共有することで，労使関係の安定や労働者の帰属意識が形成されてきたのである．第6に，大きい転職コストのことである．転職による賃金・退職金等の減少など，転職によるコストは大変高く，労働者にとって同じ企業に長く勤続し，人事評価を高めることが昇進・昇給の面において有利になるため，労働者の特定企業に対する高い帰属意識が維持されてきたのである．

　このような日本の雇用システムの，運用の面において，メリットとデメリットは図表9-1の通りである．メリットとしては，次の3点が指摘できる[5]．まずは，労働者の生活と社会の安定ということが挙げられる．企業は多少経営環境が悪化しても時間外労働の短縮，中途採用の停止，退職者の不補充などの調

図表9-1　90年代までの日本的雇用システムが持っているメリットとデメリット

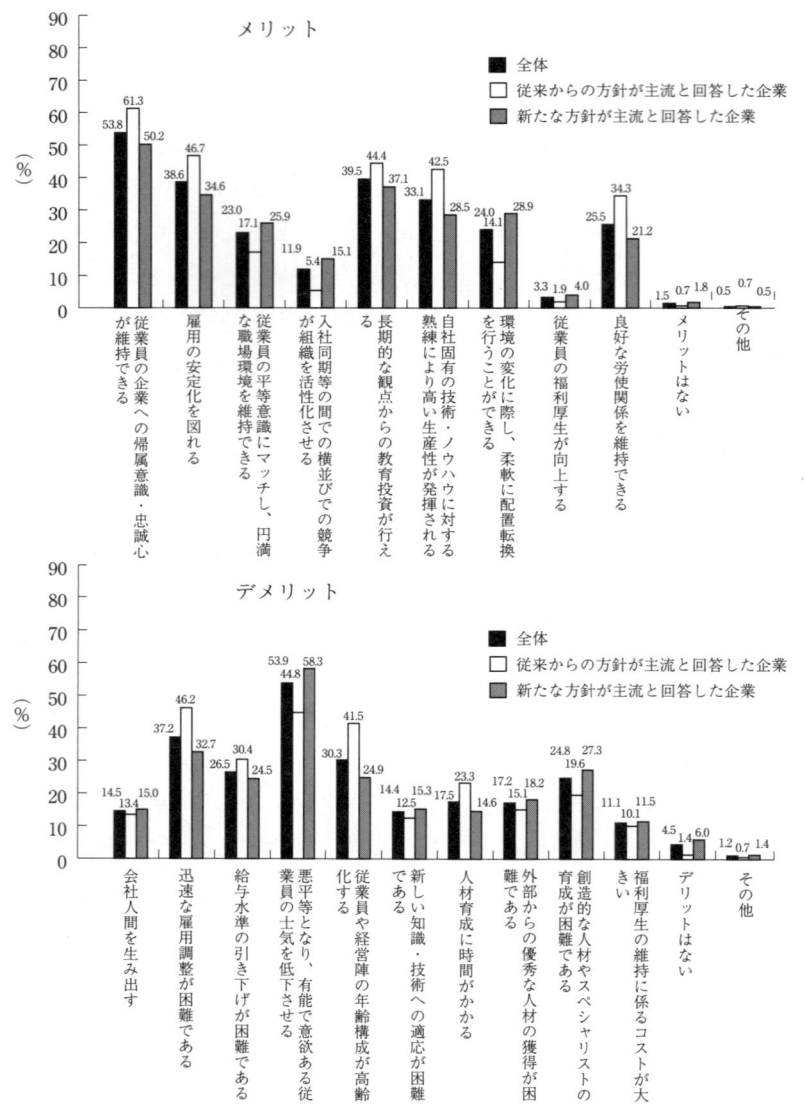

メリット

項目	全体	従来からの方針が主流と回答した企業	新たな方針が主流と回答した企業
従業員の企業への帰属意識・忠誠心が維持できる	53.8	61.3	50.2
雇用の安定化を図れる	38.6	46.7	34.6
従業員の平等意識にマッチし、円満な職場環境を維持できる	23.0	17.1	25.9
入社同期等の間での横並びでの競争が組織を活性化させる	11.9	5.4	15.1
長期的な観点からの教育投資が行える	39.5	44.4	37.1
自社固有の技術・ノウハウに対する熟練により高い生産性が発揮される	33.1	42.5	28.5
環境の変化に際し、柔軟に配置転換を行うことができる	24.0	14.1	28.9
従業員の福利厚生が向上する	3.3	1.9	4.0
良好な労使関係を維持できる	25.5	34.3	21.2
メリットはない	1.5	0.7	1.8
その他	0.5	0.7	0.5

デメリット

項目	全体	従来からの方針が主流と回答した企業	新たな方針が主流と回答した企業
会社人間を生み出す	14.5	13.4	15.0
迅速な雇用調整が困難である	37.2	46.2	32.7
給与水準の引き下げが困難である	26.5	30.4	24.5
悪平等となり、有能で意欲ある従業員の士気を低下させる	53.9	44.8	58.3
従業員や経営陣の年齢構成が高齢化する	30.3	41.5	24.9
新しい知識・技術への適応が困難である	14.4	12.5	15.3
人材育成に時間がかかる	17.5	23.3	14.6
外部からの優秀な人材の獲得が困難である	17.2	15.1	18.2
創造的な人材やスペシャリストの育成が困難である	24.8	27.3	19.6
福利厚生の維持に係るコストが大きい	11.1	10.1	11.5
デリットはない	4.5	1.4	6.0
その他	1.2	0.7	1.4

出所：経済企画庁調査局編『日本的経営システムの再考―平成10年企業行動に関するアンケート調査報告書―』，1998年，19ページ．

整を通じて，解雇を回避するため，長期的に雇用が保障されるからである．第2に，計画的な人材育成と柔軟な配置転換が挙げられる．企業としては，労働者の長期勤続が見込めることから，労働者への能力開発や技術習得に対する投資を積極的に実施し，問題解決と状況変化への対応能力を備えた人材を計画・効率的に育成し，高い労働生産性を実現することが可能である．最後に，労働者の高い帰属意識が挙げられる．企業の成長が労働者に対する長期雇用を保障する中で，企業が長期にわたる人材評価とそれに基づく人材選抜を行うため，労働者が昇進インセンティブを持ち続けるなど，労働に対するモティベーションが維持されてきた．

一方，デメリットとしては次の5つが指摘できる[6]．労働市場の閉鎖性，女子労働者の疎外，会社人間化，創造的人材の埋没，そして労働コストの増大がそれである．

以上の特性を持つとされている日本的雇用システムは，特に製造業において

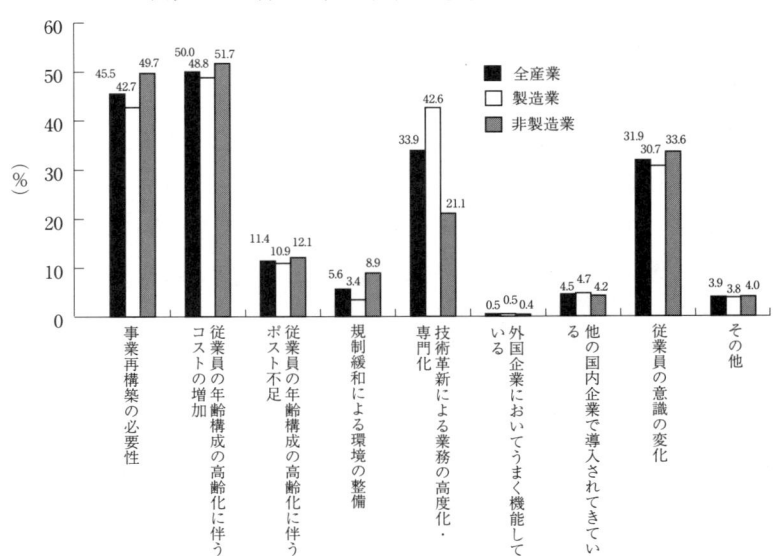

図表9-2 新たな雇用方針の重要性が高まっている背景

項目	全産業	製造業	非製造業
事業再構築の必要性	45.5	42.7	49.7
従業員の年齢構成の高齢化に伴うコストの増加	50.0	48.8	51.7
従業員の年齢構成の高齢化に伴うポスト不足	11.4	10.9	12.1
規制緩和による環境の整備	5.6	3.4	8.9
技術革新による業務の高度化・専門化	33.9	42.6	21.1
外国企業においてうまく機能している	0.5	0.5	0.4
他の国内企業で導入されてきている	4.5	4.7	4.2
従業員の意識の変化	31.9	30.7	33.6
その他	3.9	3.8	4.0

出所：経済企画庁調査局編，前掲書，1998年，16ページ．

は，事業再構築の必要性，従業員の年齢構成の高齢化に伴うコストの増加，技術革新による業務の高度化・専門化，そして従業員の意識の変化によってその変容を必要としている．（図表9-2を参照されたい）

ここで日本の雇用システムの変容を雇用形態の多様化に代表される労働者個々人の「質の側面」とワークシェアリングにその典型を見る総労働人口の拡大という「量の側面」の両方に焦点を合わせて考察を進める．

2．雇用形態における変化

最近雇用形態の多様化が盛んに言われるようになっている．ここでいう雇用形態の多様化とは，同じ職場内において，正社員以外に期間工・パートタイム・アルバイト・契約社員・派遣労働者・出向社員などの様々な雇用条件・就業形態の下で一緒に働くことを意味する．

雇用形態の多様化が進んでいる原因としては，企業側と労働側にそれぞれの理由があると思われるが，大きく3つあると考えられる．1つは，構造改革をはじめ社会経済環境の急激な変化の中で，企業の大きな命題として，固定費を如何に削減するか，同時に如何に変動比率を高めるかである．とりわけ日本型雇用システムの特徴はこの人件費が固定費であったことである．こうした日本型経営が成立した最大の背景は，常に売上が伸びる右肩上がりだったことである．損益分岐点を超えると固定比率の高い企業ほど，大きな利益が返ってきた．しかし，その構図は社会経済環境の大きな変化によって狂いが生じてきた．先行きが見えないだけに固定費の比率が高い会社ほど，極めてリスキーになってきたのである．そのため，それぞれの会社の置かれた状況に応じて，必要なときに，必要なだけ，必要なレベルの人材をいかに確保しながら経営を行うかが重要になってきた．

2番目としては，硬直した組織の活性化のことである．その一番の方法は，人を入れ替えていくことである．しかし，従来の日本型経営では，人の入れ替えは社内ローテーションを用いて，いろいろな部署を体験させる手法で行って

きた．そのため，働き手は必然的にジェネラリスト志向，管理者志向に向くことになり，その結果，専門能力を持ったスペシャリストが育ちにくかったといえる．ところが，これからの仕事は，一層専門的部分が拡大し，専門家の活躍する舞台が広がってきている．専門家を育てなければならないというニーズと組織の活性化も同時に図らなければならないという相矛盾が生じているのである．この問題をどう解決するかの1つの答えが，専門的な能力を持つ派遣労働者を含めた，様々雇用形態の活用である．3つめは，組織そのものが活力を持ってダイナミックに展開していくためには，組織の簡素化が大変重要になってきている．そのときに，1つの方法が，アウトソーシングに代表される業務の分割，雇用形態の多様化などのダイナミックな人事管理である．以上の観点から，雇用形態の多様化は有効であるといえる．

このような雇用をめぐる環境変化に対して雇用形態の多様化を説明する理論として，雇用政策の側面と企業組織の側面という2つの側面からのアプローチがあると考えられる．

雇用政策の側面からのアプローチとしては日経連（現在の経団連）による「新時代の日本型経営」論が取り上げられる．日経連は1995年5月に発表した

図表9-3 日経連が分類した雇用の3つのタイプ

	雇用・就業契約	主な対象	賃金形態	賞与・一時金制度	昇進・昇格	退職金・年金
長期蓄積能力活用型グループ	期間の定めのない終身雇用	管理職・総合職・技能部門の基幹職	月給制年俸制職能給昇給制度	定率＋業績スライド	役職昇進職務資格昇格	ポイント制
高度能力活用型グループ	有期雇用契約	企画・営業・研究開発などの専門部門	年俸制業績給昇給なし	成果配分	業績評価	なし
雇用柔軟型グループ	有期雇用契約	一般職技能部門販売職	時間給制職能給昇給なし	定率	上位職務への転換	なし

『新時代の「日本的経営」―挑戦すべき方向とその具体策―』の中で，雇用形態の複線化を目指して，従来の終身雇用・年功制賃金に代わる新しい雇用政策の方向性を示している．そのために，雇用を，①長期蓄積能力活用型グループ，②高度専門能力活用型グループ，③雇用柔軟型グループという3つのグループに分けて活用することを提言している（図表9-3を参照されたい）．

その狙いは，3つのグループ間の移動を含めて，雇用の流動化を促進しようとするものである．①と②は現実的に新規採用される方を意味する．そしてある段階において，①と②に分けられることが考えられる．一方，③が雇用形態の多様化を進めるうえでの対象領域である．

長期蓄積能力活用型グループは管理職，総合職，技能部門の基幹職のことであり，従来の正社員にあたる従業員のことである．このグループはこれまでと同様に終身雇用，職能資格制度，企業内福利制度を適用するとしている．

一方，企業組織の側面から日本的雇用慣行の変化を見たアプローチとしては八代尚宏（1997）等が取り上げられる[7]．ここでは企業内の業務を，日常業務でマニュアル化された定型業務，マニュアル化されていない非定型業務，そして経営の3つに分類して議論を進める．

毎年4月に新規学卒者を対象に定期採用し，OJT等の企業内教育，年功制，終身雇用の保証を基本的には一企業内で完結する意味をこめている従来の雇用形態を「クローズ型雇用」としている．

図表9-4
〈クローズ型雇用〉

定期採用 & 年功賃金

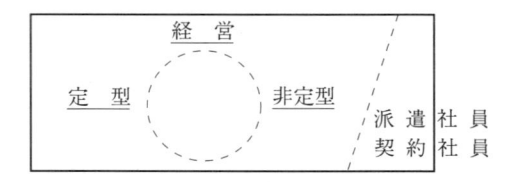

| 経　営 |
| 定　型 　 非定型 ／派遣社員 |
| 　　　　　　　　　／契約社員 |

出所：大石邦弘「多様化する雇用形態とその対応」『FRI Review』
　　　Vol. 1 No. 3, 12ページから引用．

図表 9-5

〈セミ・オープン型雇用〉

非定型 契　約 年　俸	経　営 定期採用 年功賃金	定　型 派　遣 時　給

アウトソーシング

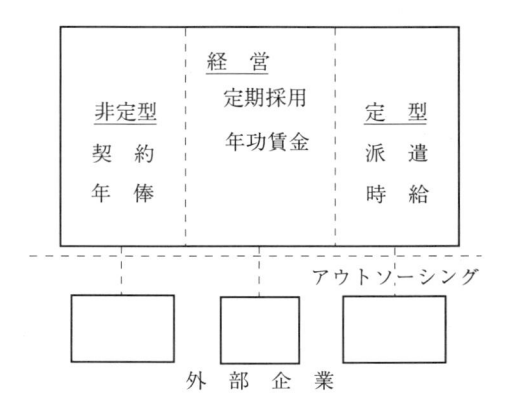

外　部　企　業

出所：大石邦弘「多様化する雇用形態とその対応」『FRI Review』
　　　Vol. 1 No. 3, 13ページから引用.

　このクローズ型雇用は，すでに存在している技術・ノウハウを，緩和された競争化で吸収するには，時間的余裕もあり有効な雇用形態であった．
　一方で，急速な技術革新のテンポに対応し，マニュアル通りに進められない非定型業務は，その能力を即座に活かせる形での雇用形態や給与形態が求められる．また，定型業務においては，ITの発展によって，これまで企業特有の業務方法とは違う，企業横断的な業務処理方法が可能となったのである．それゆえ当該業務の下位部委託や派遣などによる業務処理がますます発展することとなる．その結果として，様々な雇用形態が同一の企業内に存在する企業はクローズ型雇用よりはオープンな形で多様な雇用形態が並存するために，「セミ・オープン型雇用」と名付ける．
　さらに市場競争が早まるか，情報処理や意思決定のスピードに企業組織がついていけないほど早くなると，企業内部のユニットは独自に分処理する必要が高まるにつれて，セミ・オープン型雇用の中に残っていたクローズ型の部分がなくなる．このような雇用形態を「オープン型雇用」と名付ける．
　「オープン型雇用」においては，企業の内部ユニットがそのときそのときの

図表 9-6

〈オープン型雇用〉

契約・派遣&年俸・時給

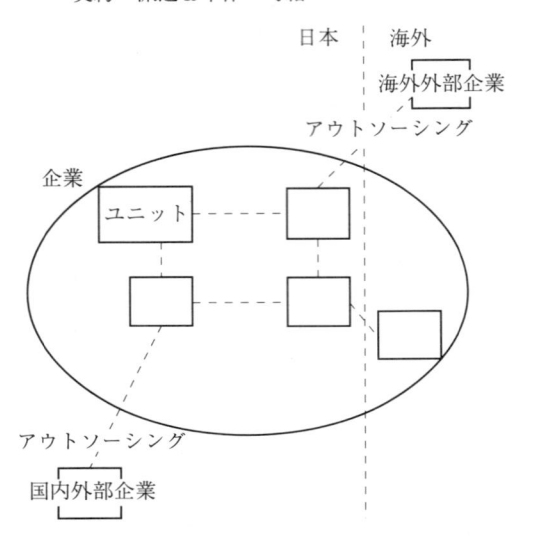

出所:大石邦弘「多様化する雇用形態とその対応」『FRI Review』Vol. 1 No. 3, 14ページから引用.

ニーズに応じて国内外の外部企業にアウトソーシングが行われる．また，ITの進展はネットワーク化を可能とし，企業の多国籍化から内部ユニット・プロジェクトの多国籍化を可能にする．もちろんこの「オープン型雇用」が普及するにつれて雇用の流動化も進むであろう．このように企業組織に対応した雇用システムは，クローズ型雇用・企業内教育・年功制賃金とオープン型雇用・自己投資・年俸制とを両極にして様々な割合の組み合わせの形で実在するわけである．

　ここで取り上げる雇用形態の多様化は「雇用の外部化」とも捉えられる（図表9-7を参照されたい）．実際今回のアンケート調査においてもアウトソーシングを行っている業務が製造・保全などの直接部門だけではなく，人事・経理などの間接部門にまで拡大されていることがわかる．

第9章　日本企業の雇用システムにおける変容　245

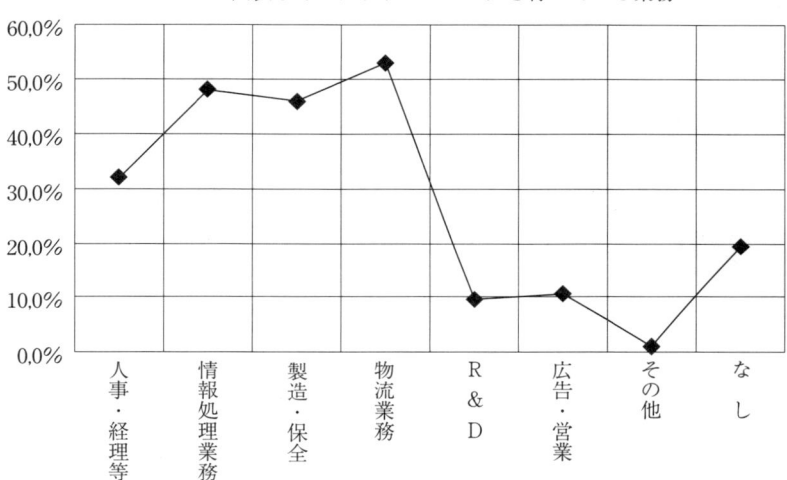

図表9-7　アウトソーシングを行っている業務

業務	割合
人事・経理等	約32.5%
情報処理業務	約48.5%
製造・保全	約46.0%
物流業務	約53.0%
R&D	約10.0%
広告・営業	約11.0%
その他	約2.0%
なし	約20.0%

　ペファー・バロン（Pfeffer & Barron）によれば，雇用の外部化には，勤務スペースの外部化，管理的業務・日常的業務の外部化，そして契約社員などの「雇用期間の短期化」という意味での外部化，という3つのパターンがあるとしている．また，雇用の外部化のメリットとして，正社員の採用の場合には人事部その他の承認を得ることが大変であることに対して，①各部門が人事部の厳格な採用管理下に置かれなくても労働力を利用できること，②外部労働力は含まれないということから，基幹社員1人当りの生産性や利益が向上すること，③業務遂行の上でも人員調整がフレキシブルになると同時に，業務遂行に必要な技能の柔軟化にも対応できること，④企業のコア的なところに管理その他を集中できること，⑤賃金の市場価値以上の上乗せを防ぐことができること，⑥相対的に低コストで労働力を獲得することができること，⑦自社の正規社員がやりたがらない業務を外部化することができること，⑧外部労働力を利用することで，組合化回避策にもなること，の8つを挙げている[8]．

　今回のアンケート調査[9]を通じても，雇用形態の多様化が人事戦略のレベルで進められているし，特に雇用の外部化が進んでいることがわかった（図表9-8

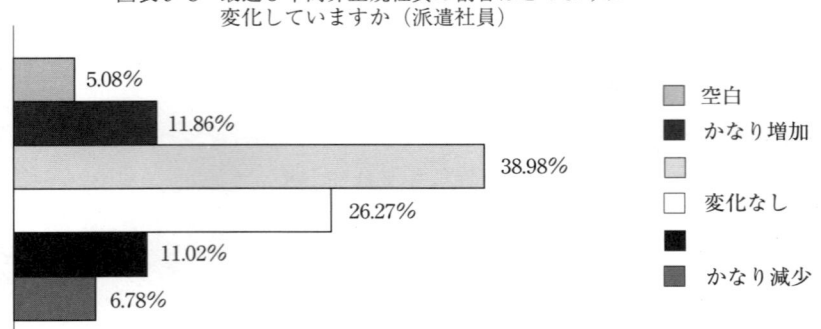

図表9-8　最近3年間非正規社員の割合はどのように
　　　　変化していますか（派遣社員）

- 空白: 5.08%
- かなり増加: 11.86%
- （増加）: 38.98%
- 変化なし: 26.27%
- （減少）: 11.02%
- かなり減少: 6.78%

図表9-9　人事戦略において雇用形態の多様化を実施している

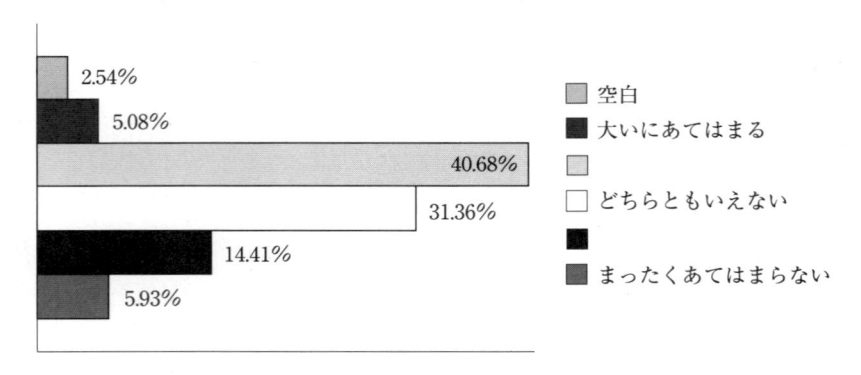

- 空白: 2.54%
- 大いにあてはまる: 5.08%
- （あてはまる）: 40.68%
- どちらともいえない: 31.36%
- （あまりあてはまらない）: 14.41%
- まったくあてはまらない: 5.93%

と図表9-9を参照されたい）．特に派遣社員とか契約社員という形の外部化が進んでいるのが現在の日本の雇用システムにおける変容の1つの特徴である．

　以上の議論を通じて，日本の雇用システムの中において進められている雇用形態の多様化は，労働者個々人の「質の向上」を持って全体コスト削減を図る企業側の必要性によって進められている現象であることがわかる．次は「仕事の共有による量の拡大」とも言うべきワークシェアリングについて考察する．

3．ワークシェアリングの導入問題

(1) 導入問題の背景

　ヨーロッパには1970年代後半から労働時間を短縮することによって失業率を低下させようとする努力がなされてきたのである．その結果，ヨーロッパのいくつかの国の労働時間は1970年代に週当り40時間程度までに減少したし，1980年代中盤以降は週当り40時間以下にまで短縮されたのである．特に1980年代に入ってから高失業率が長期化される傾向を見せてから，ヨーロッパの各国は法定労働時間以下に労働時間を短縮しようとする多様なワークシェアリング制度を導入し，失業率の低下に努めた．ヨーロッパにおけるこのような動きは労使間の合意および法律を通じての強制によって多様なレベルにおいて拡大されている[10]．

　日本の完全失業率を概観してみると，高度成長期とも言われる1960年代から1974年までが1％台を，安定成長期とも言われる1975年から1994年までが2％台を維持してきたが，バブル経済が崩壊してから情勢は急変する．1995年から1997年まで間に3％台を突破してから，2001年には5％に，2002年は5.4％を，2003年2月には5.6％を記録している[11]．

　このような厳しい雇用情勢の中，雇用の維持・創出という観点から，社会的関心が高まっているところであり，また，少子高齢化の進展や勤労者の価値観の変化が進む中，雇用形態の多様化以外に，多様な働き方の実現手法の1つとして位置付けられるものとしてワークシェアリングが注目を浴びている（図表9-10を参照されたい）．

　景気変動に伴う雇用調整方式には整理解雇以外に労働時間短縮，超過労働時間の縮小，早期退職制度，配置転換・転出，出向，有・無給の休職，循環休職制，教育休暇，賃金抑制などの方法がある．中でもワークシェアリングは経営変動に伴う労働需要の減少を雇用規模自体の調整というより労働時間の調整を通じて仕事を分かち合おうとするものである[12]．

図表 9-10　ワークシェアリング実施の根拠となる主な経済状況

```
＜マクロ面＞
  ●戦後最悪の完全失業率
  ●不良債権処理による大量失業発生の可能性
  ●グローバル化による構造的失業と，産業構造の転換
  ●デフレ状況下における下方硬直的な賃金による失業の発生
  ●流動性の低い労働市場
  ●少子化
  ●高齢化
＜企　業＞
  ●雇用に対する社会的責任
  ●景気回復時までの人材維持策
  ●日本的雇用慣行の行き詰まり
＜労働者＞
  ●大量解雇時の士気の低下
  ●雇用不安による個人消費の低迷
  ●正社員のパートタイム化による賃金格差
  ●働き方の見直し
```

出所：相澤洋次郎「日本におけるワークシェアリング導入に関する調査研究」『研究レポート』No. 131, 2002 年，富士通総研(FRI)経済研究所，1 ページから引用．

(2)　ワークシェアリングの定義

　ワークシェアリングとは主に雇用情勢の悪化を契機とし，労働時間と賃金の調整によって，一定の雇用量を維持するか，あるいは新たな雇用を創出することを目的とした諸政策である．また，ワークシェアリングは「仕事の分かち合い」あるいは「仕事の共有」と訳されるが，大きく，新規雇用を増やすことによって雇用創出を意味する失業者を新たに雇用することと，雇用維持あるいは失業防止を意味する人員削減に対する予防装置としての雇用確保の 2 つがある．

　ワークシェアリングの定義は国・労・使・政の立場から，様々なものがある．1978 年の「ワークシェアリングに関する欧州委員会提案」によれば，ワークシェアリングを「就業を希望するすべての者に対する雇用機会を増加させるために，経済における総雇用量を再配分すること」と定義している．また，1982 年

のOECD発行の『労働力供給，成長制約およびワークシェアリング』によると，ワークシェアリングを「就業者と失業者との間でより公正に仕事を分かち合うこと」と定義されている．

日本の見解については次の通りである．労働者側の見解としては，連合が発表した「2002年春季生活闘争方針」による[13]と，ワークシェアリングを「雇用と賃金と労働時間の適正配分により，中長期的に良質な雇用を創出していくことを意味するもの」と定義したものが挙げられる．経営者側の見解としては，2000年1月の日経連による「労働問題研究委員会報告」によれば，ワークシェアリングを「一般に就労時間を減らし，その分，賃金を下げて雇用を維持する手法である」と定義したものがある．政府見解としては，2001年に厚生労働省が発表した『ワークシェアリングに関する調査研究報告書』において，「ワークシェアリングとは，雇用機会，労働時間，賃金の3つの要素の組み合わせを変化させることを通じて，一定の雇用量を，より多くの労働者の間で分かち合うこと」[14]と定義したものがその典型である．

日本においてワークシェアリングが問題になったのは，石油危機後，円高不況後，そして2000年10月18日に日経連と連合が共同で「雇用に関する社会合意推進宣言」を発表後の3回であると思われる．石油危機後と円高不況後は短期間の内に経済回復になったこともあってワークシェア論議について深めて議論することはなかったが，2000年以降の状況は，過去2回の状況と違って，ワークシェアリングに関する議論が活発である．その背景として次の3点が指摘される[15]．

第1に，雇用情勢が大変悪くなっている．2000年10月の完全失業率が5.4％に達する高い失業率であること，第2に，経済のデフレ的傾向が非常に強まったことである．これは，失業率が高くなる→雇用者所得減→購買力減→企業の売上減→物価が下がる，というデフレスパイラルが懸念される．第3に，高齢化や女性，あるいは一部の若者たちが労働時間の面において多様な働き方を求めていることである．

(3) ワークシェアリングの類型

ワークシェアリングには導入目的・特徴・効果によって，いくつかの類型がある．実際にワークシェアリングを実施する際には短期的に効果を出すものと，中長期的に効果を出すものの2つに分けられる[16]．

より細分化していくと短期的な効果を期待するものとしては，①一時的・短期的な効果を狙った緊急避難的なもの，②勤務形態を変えずに中長期的な効果を期待するもの，③勤務態様の変化を伴うものの3つに大別できる[17]．さらに，緊急避難型雇用維持型と中高年対策型雇用維持型，雇用創出型，そして多様就業対応型の4タイプに大別できる．

まず，雇用維持型の中の緊急避難型ワークシェアリングは一時的な景況の悪化を乗り越えるため，緊急避難措置として，従業員1人当りの所定内労働時間を短縮し，社内でより多くの雇用を維持することをその目的とする．雇用維持型中の中高年対策型ワークシェアリングは中高年層の雇用を確保するために，中高年層の従業員を対象に，当該従業員1人当りの所定内労働時間を短縮し，社内でより多くの雇用を維持することをその目的する．これに比べて，雇用創出型ワークシェアリングは失業者に新たな就業機会を提供することを目的として，国または企業単位で労働時間を短縮し，より多くの労働者に雇用機会を与えることをその目的とする．最後の多様就業対応型ワークシェアリングは正社員について，短時間勤務を導入するなど勤務の仕方を多様化し，女性や高齢者をはじめとして，より多くの労働者に雇用機会を与えることをその目的とする．ワークシェアリングの4タイプを，導入背景，対象，実施手法，そして導入による賃金の変化の有無にしたがって整理すると図表9-11の通りになる．

これにしたがえば，ワークシェアリングを短期＝緊急避難・雇用維持型，雇用創出型，中高年雇用維持型，高齢者早期退職型と中期＝多様就業対応型，長期休職者の代替雇用型に分類できる．それぞれのメリットとデメリットは図表9-12の示す通りである．

図表9-11　ワークシェアリングの4つの類型の諸特徴

目的から見た分類	背　景	誰と誰のシェアリングか	仕事の分ち合い手法	賃金の変化
1) 雇用維持型(緊急避難型)：一時的な景況の悪化を乗り越えるため，緊急避難措置として，従業員1人当りの労働時間を短縮し，社内でより多くの雇用を維持する．	・企業業績の低迷	・現在雇用されている従業員間全体	・所定内労働時間短縮 ・休暇の増加	・減少 ・維持（生産性上昇等によりカバー）
2) 雇用維持型(中高年対策型)：中高年層の雇用を確保するために，中高年層の従業員を対象に，当該従業員1人当りの労働時間を短縮し，社内でより多くの雇用を維持する．	・中高年を中心とした余剰人員の発生 ・60歳台前半の雇用延長	・高齢者など特定の階層内 ・60歳未満の世代から60歳以上の世代		
3) 雇用創出型：失業者に新たな雇用機会を提供することを目指して，国または企業単位で労働時間を短縮し，より多くの労働者に雇用機会を与える．	・高失業率の慢性化	・労働者と失業者	・法定労働時間短縮	・政府の援助により維持される場合が多い（フランス）
		・労働者(高齢者)と失業者(若年層)	・高齢者の時短，若年層の採用	・減少
4) 多様就業対応型：正社員について，勤務の仕方を多様化し，女性や高齢者をはじめとして，より多くの労働者に雇用機会を与える．	・女性・高齢者の働きやすい環境作り ・育児・介護と仕事の両立 ・余暇―所得選好の多様化 ・労働者の自己実現意識 ・企業にとっての有能人材確保	・現在の労働者と潜在的な労働者	・勤務時間や日数の弾力化 ・ジョブシェアリング：1人分の仕事を2人で分担 ・フルタイムのパートタイム化	・働き方に応じた賃金

出所：「ワーキシェアリングに関する調査研究報告書」厚生労働省，平成13年4月26日．

図表9-12　短期と中長期のワークシェアリングのメリットとデメリット

	短期＝緊急避難・雇用維持型，雇用創出型，中高年雇用維持型，高齢者早期退職型	中期＝多様就業対応型，長期休職者の代替雇用型
メリット	・失業率上昇の歯止め ・企業としての社会的責任の遂行 ・雇用安定 → 消費下支え	・雇用慣行，人事制度改革のチャンス ・正社員とパート労働の賃金格差是正促進 ・多様な働き方による女性・高齢者の労働市場への参加 → 少子高齢化策 ・労働市場の流動化促進 → 産業構造転換 ・余暇の増加 → 内需型，サービス経済化
デメリット	・機械化のIT化による生産性向上のチャンスの喪失 ・企業競争力の低下 ・日本の産業構造転換，新規事業創出の遅れ ・労働者の能力・エンプロイアビリティーの低下 ・シェアをした分の賃金低下 ・新たな雇用の創出が起きない	・失業率低下への即効性がない ・雇用慣行，人事制度の大幅な改革による作業コストの発生 ・正社員とパート労働の賃金格差解消が困難 ・当面の雇用不安 → 消費の低下

出所：日本労働研究機構『欧州のワークシェアリング―フランス，ドイツ，オランダ―』調査研究報告書　No. 149，2002年，31ページ．

(4)　ワークシェアリングの効果に関する評価

このようなワークシェアリングの導入をめぐって賛否両方に意見が出されているが，その内容をより詳しく見てみると，賛成論は次のようにまとめられる．第1に，長期的・構造的レベルにおける雇用の維持・創出のことである[18]．上述したように1990年代以降日本における失業の増加は，国内外の長期にわたる不況と労働集約的な産業の衰退に加えて，労働節約的技術の進歩等に起因する構造的変化の結果である．特別な状況の変化が起こらない限りにおいては，失業は現在の高水準を維持すると考えられる．現在議論されているワークシェアリングは過去の「個別企業レベルにおける不況に対する一時的な措置」という認識を捨てて，不況期の短期的な処方箋ではなく，長期的・構造的処方箋として提起されているのがその特徴である．

第2に，社会的効用の側面から望ましいということである．総労働投入量＝労働時間×雇用量であることから，他の条件が一定であるならば，労働時間の短縮は新規労働力の需要を生じさせ，仕事の新しい創出効果が発生することに

図表9-13 失業の負担

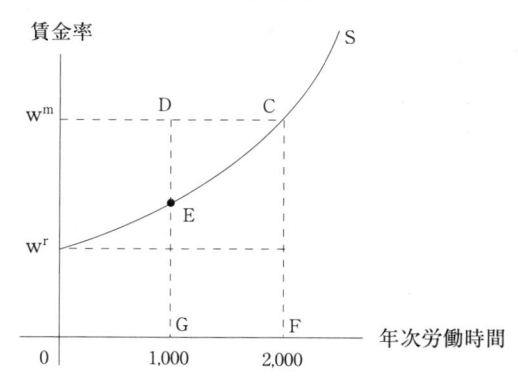

出所：Randall K. Filer, Daniel S. Hamermesh and Albert E. Rees, *The Economics of Work and Pay*, Sixth Edition, Harper Collins College Publisher, 1996, p. 313から引用.

なる．このように在職労働者の労働時間を減らして，その分失業者を雇用することは社会的効用の面において望ましいという主張である[19]（図表9-13を参照されたい）．

　同質的な労働者から構成されている経済を仮定して，各々の労働供給曲線が曲線Sのようである．市場賃金がx^mであると「典型的な労働者」は年間2000時間の労働供給をしようとする．状況が変わって，経済全体の労働需要が減少され，この（＝典型的な労働者）の2000時間労働に対する雇用ができなくなるとすると，この労働者は1年間ずっと失業者となる．そうなるとこの労働者の賃金の減少は面積Ow^mCFに当る．

　しかし，この労働者は失業状態から得られる余暇時間の効用が面積Ow^rCFだけ増加するので，実質的な効用減少は面積Ow^rCFに当る．もし，ワークシェアリング制度が導入されて2000時間の失業が2人の労働者に均等に配分されるならば，各々の労働者は年間1000時間働き，1000時間失業状態になるであろう．そうすると，2人の労働者の賃金減少は，それぞれが面積GDCFになり，2人の賃金減少の合計はOw^rCFとなり，1人が失業したときの面積と同じである．

図表 9-14　生産量一定のもとでの労働時間短縮に伴う雇用拡大効果

(単位：%)

	賃 金 の 上 昇 率		
	0.5%	0.9%	1.0%
全 産 業	0.79	0.62	0.57
製 造 業	0.75	0.55	0.51
（加工組立型産業）			
一般機械	0.91	0.83	0.81
電気機械	0.79	0.62	0.58
輸送機械	0.69	0.44	0.38
（素材型産業）			
一次金属	0.90	0.82	0.80
化　　学	0.64	0.36	0.29
パルプ・紙	0.79	0.63	0.59
繊　　維	0.80	0.65	0.61

出所：経済企画庁総合計画局『技術革新と雇用』1986年，180ページ．

　しかし，労働者1人当りの真の効用損失はEDCであり，したがって，2人の合計はこれの2倍になることになる．この面積（＝EDCの2倍）は，1人が失業したときの効用損失である$w^r w^m C$より小さいことは明らかである．結論的に言うと，社会全体から見れば，1人に失業の負担を強いるより，2人が分かち合えば損失を少なくしてより望ましい結果をもたらすということになる．

　第3に，生活の質（Quality of Life ; QOL）の向上のためのことである．ワークシェアリングの導入は雇用維持・創出の1つの手段である（図表9-14を参照されたい）．

　しかし，ワークシェアリング導入は，単なる労働時間の短縮に終わる問題ではなく，労働時間短縮が労働者の健康とQOLの向上に多大な貢献をするということである．特に他の先進国と比べて長時間労働をしている日本の場合にはこのことがもっと重要な意味を持つと思われる（図表9-15と図表9-16を参照されたい）．

第9章　日本企業の雇用システムにおける変容　255

図表9-15　労働時間（製造業，ILO統計報告）

(週あたり時間)

国・地域	1985年	1990	1995	1996	1997	1998	1999	備考
日　　本（労調）	46.2	45.7	43.5	43.3	42.7	42.5	42.6	a
日　　本（毎勤）	41.5	40.8	37.8	38.2	38.2	37.5	37.4	a
アメリカ	40.5	40.8	41.6	41.6	42.0	41.7	41.7	b
カ ナ ダ	38.6	38.2	38.5	38.4	39.3	38.6	38.7	b
イギリス	43.7	44.3	–	–	–	–	–	a
旧西ドイツ地域	40.7	39.5	38.3	37.4	37.4	37.7	37.5	b
フランス	38.6	38.8	38.7	38.7	38.6	–	–	a
スウェーデン	38.3	38.5	–	–	38.2	38.2	–	a
香　　港	44.8	44.2	43.7	45.0	43.8	44.0	–	a
韓　　国	53.8	49.8	49.2	48.4	47.8	46.1	50.0	a
シンガポール	46.5	48.5	49.3	49.4	49.5	48.4	49.2	b
タ　　イ	–	48.3	49.4	49.4	49.1	50.5	–	b
フィリピン	47.0	50.4	–	–	–	–	–	a
イ ン ド	–	46.4	46.5	46.7	46.5	–	–	a
オーストラリア	36.9	38.1	38.7	38.7	–	38.6	38.9	a
ニュージーランド	40.7	41.1	41.2	41.8	41.4	41.4	41.4	b

資料出所：ILO "Yearbook of Labour Statistics"
注：a：実労働時間　b：支払労働時間

【実労働時間】
　これは実際に労働者が使用者の指揮命令下にあって労働した時間数のことで，休憩時間等は除かれたものである．厚生労働省「毎月勤労統計調査」（毎勤）の労働時間は実労働時間のことである．

【支払労働時間】
　賃金の支払対象となる時間数のことで実際に就業した時間以外に年次有給休暇,有給休日[*]，賃金が支払われる病気休暇などを含むものである．
　なお，ILO "Yearbook of Labour Statistics"に掲載されているアメリカ，カナダ，ドイツ，の労働時間はこの支払労働時間である．

＊有給休日　休日には，週休日のように労働基準法で定められた休日のほかに，事業場で特定した日，例えば，国民の祝日，会社の創立記念日，メーデー，年末年始等があるが，これらの特定休日に休業した労働者に対しても通常支払われている賃金の全額または一定額(率)が支払われる場合は，これを有給休日と呼んでいる．

出所：『データブック国際労働比較 2002』日本労働機構，2001年，172ページ．

図表9-16 年間休日数

(日)

国	週休日	週休日以外の休日	年次有給休暇	年間休日数（計）
日　本	104	15（1999）	9（1999）	128
アメリカ	104	10（1999）	13（1997）	127
イギリス	104	8（1999）	24（1996）	136
ド イ ツ	104	8（1999）	31（1996）	143
フランス	104	11（1999）	25（1992）	140

資料出所：各国資料，厚生労働省労働基準局賃金時間課推計
注：1) 休日とは「日曜日」，「土曜日」などの「会社指定休日」をいい，ここでは完全週休二日制と仮定した．
　　2) 年次有給休暇は付与日数（一部各国資料から厚生労働省労働基準局賃金時間課推計）．日本は取得日数．
出所：『データブック国際労働比較 2002』日本労働機構，2001年，173ページ．

　長時間労働は労働者の精神的・肉体的疲労とストレスを増加させ，労働災害率を高めることはいろんな調査研究から明らかになったことである．特に労働時間中の最後の時間帯に労働災害率が急増することは経験的に実証されている[20]．たとえ長時間労働ではなくても，労働時間短縮は労働者の健康に重要な意味を持つものである．現代の機械制生産制の下においては，組立ラインと機械による速度調節は労働強度とストレスを高める原因の1つである．

　第4に挙げられるのはインセンティブ論である．労働時間短縮は生産性向上と離職率の減少とともに労働者の創造性や企業に対する貢献度を高めて，長期的には経営の効率性を高める利点を持っている．その他に，技術レベルの多様性の獲得，新入社員に対する教育訓練機会の提供などが指摘できる．特に労働時間短縮に伴う生産性向上は理論・実証の両方において証明されている（図表9-17を参照されたい）．

　労働時間短縮率と生産性との関係を見ると，労働省の調査結果[21]にしたがうと，調査企業の労働時間短縮率が平均年率2.3％であることに対して，生産性の向上率は年率7.8％であり，おおむね1％の労働時間短縮は3.4％の生産性向上に対応している．中でも，年率10.6％の卸売・小売業や10.1％の建設業が高

図表9-17　日本の製造業における労働時間短縮が生産性に及ぼす効果

	推定方法	分析時期	効　果
①経済企画庁 （1985）	CES生産関数	1974年～1984年	・雇用者数を一定とした場合，一人当り労働時間1％短縮は，労働生産性を0.6％上昇させる． ・生産量は0.4％減少する． ・生産量は一定とし，労働時間を1％短縮することによって時間当り賃金が1％上昇した場合，労働生産性は0.5％上昇する．
②労働省 （1980）	Cobb-Douglas 生産関数	1963年～1978年	・所定内労働時間1％の短縮は労働生産性を約0.4％上昇させ，総労働時間1％の短縮は約0.3％上昇させる．
③労働省 （1991）	Cobb-Douglas 生産関数	1973年～1987年	・所定内労働時間や出勤日数を1％短縮すると生産性は3.7パーセント向上する．

出所：①と②は経済企画庁総合計画局編『技術革新と雇用』1986年，177ページから，
　　　③は労働省労働基準局賃金時間部労働時間課編著『労働時間白書—労働時間短縮の現状と課題—』日本労働研究機構，1991年，78-83ページから引用．

いが，労働時間短縮率が高いことも注目に値する．

このように，労働時間短縮を行っている企業では労働時間短縮率を上回る生産性の向上を実現していることがわかる．また，労働時間短縮に伴う労働者の疲労度の減少，動機付与による社会・心理的変化，経営技術・ノウハウの変化，フレキシブル労働時間体制，新生産技術・組織変化，効率的な作業慣行，オートメーションのための設備投資などの要因による労働時間短縮は生産性を向上させる．また，労働時間短縮は離職率と欠勤率を減少させ，労使関係の改善と新技術の導入を容易にする．

しかし，ワークシェアリングに対する否定的な考え方も幅広い支持を集めている．特に製造業においては，7割強の企業がワークシェアリングの導入に否定的な考え方を持っていることがわかった（図表9-18を参照されたい）．

ワークシェアリング導入の反対の論拠としては次のようなことが指摘される．第1に，総労働コストへの悪影響がそれである[22]．労働時間短縮に伴う追加的な雇用増大が生じる場合，これは賃金費用および採用費用と訓練費用等を含む固定費用の増加をもたらす．たとえ追加的な雇用が発生しないとしても，残業

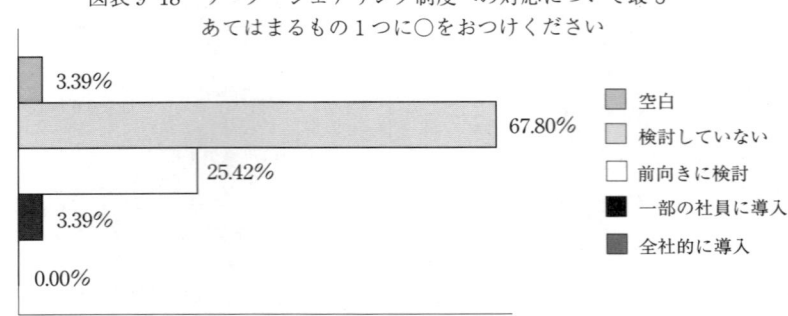

図表 9-18 ワーク・シェアリング制度への対応について最も
あてはまるもの1つに○をおつけください

- 空白：3.39%
- 検討していない：67.80%
- 前向きに検討：25.42%
- 一部の社員に導入：3.39%
- 全社的に導入：0.00%

等の付加的な勤務が必要な場合には割増費用が必要となる．

　このような主張には他の要因が一定であるとの仮定に立つ主張であるが，実際には，労働時間短縮による費用増大効果を相殺するために経営者は新しい作業組織，交代制，フレキシブル勤務制度，賃金制度の改革，オートメーション等の多様な措置を取り，その結果としての生産性向上は増大した費用の相当の部分あるいは全部をカバーするものである．

　第2に設備利用率への悪影響である[23]．労働時間短縮による設備利用率の低下とそれがもたらす産出量の減少は経営側が懸念する理由の1つである．たとえば，10時間2交代制で働く工場において，2時間ずつの労働時間短縮を行っても，合計4時間であることから，3交代制への変更は不可能である．したがって，設備稼働率の低下，その結果としての雇用量の低下をもたらすだけであるという主張である．法定勤労時間が短縮された場合に既存の設備稼働率を保つためには労働者に残業をさせることとなり，費用増大はもちろんのこと労働者が忌避する傾向もあり，最高労働時間に関する法的制約もある[24]ということから，労働時間短縮以前の設備稼働率を保つことは不可能であるというものである．

　しかし，このような主張には，労働時間が短縮されると交代制の変更・作業組織の再組織化等を含む労働利用方法のイノベーションが行われて設備利用率が反対に増大できるという反論もある．

第3に，雇用維持・創出に関する疑問がそれである[25]．経営者側と一部の学者の間には労働時間の短縮が雇用維持・創出に及ぼす効果に疑問を表している．暗黙的契約理論（Implicit contracts theory）にしたがうと，効率的な労働契約の下では雇用主と労働者はリスクを分担する．つまり，ある程度の需要供給の変動にも拘らず賃金は保護されるし，その結果として賃金は下方硬直的になる．その代わり，雇用初期の低賃金と好況時の過度な賃金引き上げの抑制を通じて賃金の下方硬直性を相殺する．経営側は労働の限界性産物価値と賃金を一致させることではなく，労働の限界性産物価値と全雇用期間にわたる雇用の機会費用を一致されるように雇用を調整するのである．

　不況期になると賃金は，下方硬直的であるから，労働の限界性産物価値より高くなる．それにも拘らず企業は雇用規模を減らそうとはしない．この意味においてこの企業は人力過剰状態であるといってよい．「労働死蔵」（Labour-hoarding）行動という．このとき，既存の労働者の労働短縮が行われるとしても，企業は新規労働者を雇用しようとはしない．つまり，労働死蔵的に行動する企業は労働時間が短縮されても新規雇用は行わないということである．

　この主張は，実証的にも，思うほどの雇用創出効果はないことを指摘している．1982年フランスにおける労働時間1時間短縮，ベルギーにおける労働時間5％短縮，1979年イギリスにおける1時間短縮はいずれも雇用創出効果が非常に少なかったのである．その理由としては労働時間が短縮されたとしても，生産性向上，技術革新，労働強化などによる相殺作用によって雇用創出にはつながらなかったからであるとの指摘がある[26]．

　また，OECD（1998）[27]においても，労働時間の短縮の効果を分析するには不確実な側面が多いことを指摘しながらも，労働時間の短縮がある程度の雇用維持・創出効果があり，大規模の新規雇用創出効果がないとはいえないという幾分緩和された主張がなされている．

図表9-19　年次有給休暇

日　　本	欧州諸国
最高20日間 消化率は55％（年間平均9日間が未消化のまま切り捨てられている）	6週間（42日） 消化率は100％（完全消化）

出所：ILOおよびOECDの資料から作成．

(5) ワークシェアリング導入のための先決問題

図表19で分かるように，日本の年次有給休暇は欧州の先進国に比べて少ない実情であり，これが年間総労働時間を長時間にする原因の1つと考えられる．日本の場合，年次有給休暇の取得は条件付で使用者に付与権が与えられている．

労働基準法第39条1項（年次有給休暇）を見てみると，使用者は，その雇い入れの日から起算して6箇月間継続勤務し全労働日の8割以上出勤した労働者に対して，継続し，又は分割した10労働日の有給休暇を与えなければならないと規定されている．欧州諸国にはこのような条件は見られない．さらに，転職すれば1からやり直しということになる．入社して半年経過したのちに要件を満たさなければ年休は取得できないからである．

たとえ土曜日が4時間勤務であっても長時間通勤[28]と残業[29]という現実を考慮に入れると，土曜日が半分休日とは到底思えない．

また，法定労働時間をみても，2002年2月現在に，フランスの週35時間（法定労働時間），ドイツの週35時間（産業別協定時間），そしてオランダの週36時間（標準労働時間）であることに対して，日本は週40時間（法定労働時間）であり，商業，映画演劇業，保健衛生業，接客娯楽業の10人未満の事業所は，特例措置により，現在[30]も，週44時間労働制である．改善のためには，週5日勤務制度を普及させながら年次有給休暇の利用率を高めることである．

4．変化に対する労働組合の対応

労働組合の影響力低下の要因としては次のことが指摘できる．日本産業の中

心が労働組合の牙城であった製造業からサービス産業にシフトしたこと[31]，雇用形態の多様化の結果，企業別労働組合の組織対象ではない非正規社員の比率が高まってきたこと，成果主義・能力主義による人事管理の個別化が浸透し組合員同士の利害・価値観の多様化が進み，従来の1つの集団的な枠組みのままでは律せられない問題が多発してきていることが挙げられる．

現在の日本の労働システムに見られる変容に関連して，長期安定型の正規社員をあるべき雇用の姿と考え，非正規雇用は最小限のとどめるべきであるとする立場と非正規労働者を現実の存在として認めたうえでその対応策を考えるべきであるとする立場の2つの考え方が存在する[32]．労働組合としては，製造業に限定して言うと，製造現場で起きている雇用形態の多様化（＝正規従業員の減少）を現実のものとして認めたうえで，雇用戦略と組織化戦略を見直すことの重要性がますます大きくなっている．

第1に，2001年9月の「電機産業における構造改革と雇用創出，雇用確保についての考え方と対応」における見解である[33]．この中で，「雇用形態の多様化」にふれ，「労働組合としてパートタイマーや派遣労働者など非典型労働者の労働条件，雇用のあり方について公正労働基準の徹底を図りつつ（省略），今後政労使の三者による検討を進め，雇用のためのワークシェアリングやワークルールの確立，雇用創出など『安心・信頼社会』の構築に向けた『社会的合意形成』を進めていくこととする」という考え方を明らかにしたのである．

第2に，労働組合の組織化戦略の見直しである．雇用形態の多様化の拡大は労働組合の存立基盤である正社員の減少を意味する．また，現実の労働組合の組織率は年々下降傾向である．非典型労働者の導入問題をめぐる労使協議の充実も必要ではあるが，どのように非正規労働者を労働組合員として抱え込むかを考えるべきである[34]．それには労働組合としての「顧客満足」のための新しいサービスメニューの開発が何より重要となる．

むすびに

　日本の雇用システムに見られる変化の特徴は次の3つに要約できる．第1に，雇用形態の多様化による労働市場の流動化である．それは正社員と非正規社員との割合の変化でもある．「日本型雇用システム」における年功序列制度だけを見ても，年の功を問題にするか年と功とを問題にするのか，また年と功をいかなる割合で評価するのかが問題になっている．つまり，割合の変化の問題であり，割合のことを問題にしていることであるということから進化うんぬんは進化の本質を誤る危険性が含まれているように思われる．その方向性としては正社員の割合は減り，非正規社員の形態と割合が増加する傾向を見せている．これは第1に，「正規職」労働者の権利と労働条件の「見直し」すなわち「切り下げ」が行われ，第2に，「年功序列主義型」から「成果主義型」への割合の進展である．第3に省人化・少人化の進行であり，日本の雇用システムにおける「個別化の一層の進展」である．

　現在進行中の日本企業における雇用形態の多様化とワークシェアリングとは全く異なる前提の上にたっている理論であるように思われる．つまり，雇用形態の多様化は「個人化」「個別化」を前提にすることに対してワークシェアリングは「一体化」を前提にする理論である．

　現在行われているワークシェアリング導入に関する議論は従来長期不況期の時期に個別企業次元で行われた「ワークシェアリング」とは区別する必要があると思われる．つまり，マクロ的には経済成長，ミクロ的には個別企業の成長をまって大量失業を解消することはもはやできなくなりつつある．現在議論されるワークシェアリングは，非自発的な失業をなくして雇用を積極的に維持・創出するために，仕事を再配分することによって，失業に伴う苦痛を社会的に分担することを目指す，長期的・構造的側面を持つと同時に，人間社会の質・生活の質を高めようとする社会連帯的な側面を持っている．協調的であるとされている日本の労使関係がワークシェアリングの導入をめぐるコンセンサスを形成し，「日本型ワークシェアリング」が確立するためには，ワークシェアリ

ングと雇用形態の多様化が,「労働の人間化」を実現するという同じ目的の下で, 相互作用的なベスト・マッチを模索する必要があると思われる.

　日本型雇用システムの変化を考えるときに見落とされがちなのが開発された技術の導入である. その技術が人間にとって代わる代替的なものなのか, 人間の労働を助ける補助的あるいは補完的なものなのかを見極めることも大事である.

　今後日本の労働システムに見られる変化が「合理性の追求」に傾くと, 部分の正しさがシステム全体を間違いに導く可能性があるということから, オープンでトータル的なシステム思考がますます重要となることが考えられる.

1) 林正樹「日本的経営論の研究潮流と研究課題」『商学論纂』第42巻第6号, 2001年, 227-251ページ.
2) 守島基博「内部労働市場論に基づく21世紀型人材マネジメントモデルの概要」『組織科学』Vol. 34 No. 4, 39-52ページ.
3) 終身雇用の起源に関するより具体的なことは, 島田晴雄『日本の雇用―21世紀への再設計―』ちくま新書, 1994年, 48-51ページを参照されたい.
4) 労働大臣官房政策調査部編『日本的雇用制度の現状と展望』1995年, 7-8ページ.
5) 同上書, 8ページ.
6) 同上書, 8-9ページ.
7) 例を取り上げるなら, 八代尚宏『日本的雇用慣行の経済学』日本経済新聞社, 1997年, 島田晴雄・大田 清『労働市場改革』東洋経済新報社, 1997年, 小池和男『仕事の経済学（第2版）』東洋経済新報社, 1999年, 等が上げられる.
8) Pfeffer, J., & Barron, J. N., "Taking the workers back out : recent trends in the structuring of employment," *Research in Organizational Behavior*. 10, pp. 257-303.
9) 中央大学企業研究所では, 上場企業の中から製造業1000社を対象に「グローバル時代の経営革新に関する調査」というアンケート調査を実施した. 有効回収率は19％である.
10) ここにおいては, ワークシェアリング導入をめぐる欧米の歴史や動向を考察するつもりはない. 欧米に関する詳しい記述は, 日本労働研究機構『欧州のワークシェアリング―フランス, ドイツ, オランダ―』調査研究報告書 No. 149, 2002年を参照されたい.
11) 総務省統計局「労働力調査研究」各年度版より作成した数字である.

12) 19世紀にすでに労働時間短縮によって失業を解消しようという主張はあった. Paul Blyton, *Changes in working time an international review*, CROOM HELM, 1985, p. 3. あるいは, MaCoy, R., and Morand, M. (eds.) *Short-Time Compensations : A formula for Work-Sharing*, Pergamon Press, New York, 1981. を参照されたい.
13) 『Weekly れんごう』No. 468, 2001年11月.
14) 日本労働研究機構, 前掲書, 2002年, 1ページ.
15) 日本労働研究機構『日本のワークシェアリングのあり方を探る (JIL労働政策フォーラム講演録④)』2002年3月, 3-4ページ.
16) 相澤洋次郎「日本におけるワークシェアリング導入に関する調査研究」『研究レポート』No. 131, 2002年, 富士通総研(FRI)経済研究所, 4ページ.
17) 労働大臣官房政策調査部編『ワークシェアリング—労働時間短縮と雇用, 賃金—』大蔵省印刷局, 1990年, 4ページ.
18) 労働時間短縮と雇用機会創出との関連性に関する理論は, 「労働時間短縮の雇用効果に関する調査研究 中間報告」ワークシェアリング研究会編『ワークシェアリング—雇用創出と働き方の変革を目指して—』財団法人 社会経済生産性本部 生産性労働情報センター, 2001年, 63-81ページを参照されたい.
19) Randall K. Filer, Daniel S. Hamermesh and Albert E. Rees, *The Economics of Work and Pay*, Sixth Edition, Harper Collins College Publisher, 1996, pp. 312-313. を参照されたい.
20) Michael White, Working Hours—Assessing the potential for reduction—, International Labour Office Geneva, 1987, pp. 40-45.
21) 労働省労働基準局賃金時間部労働時間課編著『労働時間白書—労働時間短縮の現状と課題—』日本労働機構, 1991年, 81ページ.
22) Michael White, op. cit., International Labour Office Geneva, 1987, pp.30-32.
23) Ibid, pp. 32-35.
24) 日本における時間外労働は協定が必要であり, 時間外労働の限度は年間360時間である.
25) Jacque H. Dreze, "Work Sharing : Why ? How ? How not," in Layard, R. and L. Calmfors (edis.) *The Fight Against Unemployment : Macroeconomic Papers from the Centre for European Studies*, The MIT Press, 1987. pp.166-167.
26) Michael White, Working Hours— Assessing the potential for reduction—, International Labour Office Geneva, 1987.
27) OECD, "*Working hours : latest trends and active labor market policies,*" Employment Outlook, 1998.を参照されたい.
28) 平成11年11月18日に発表された建設省都市局「東京都市圏の総合的な交通実態

調査」―第4回東京都市圏パーソントリップ調査―」によると，東京都市圏の平均通勤時間は43分，東京区部への区部内外からの平均通勤時間は56分であると発表された．

29) 1999年5月26日発表された労働時間短縮の雇用効果に関する調査研究の中間報告によれば，サービス残業をゼロにすると雇用機会創出効果は90万人，所定外労働時間（＝残業）をゼロにすると170万人の雇用機会創出効果を産むとの推計結果を明らかにした．ワークシェアリング研究会編『ワークシェアリング―雇用創出と働き方の変革を目指して―』財団法人 社会経済生産性本部 生産性労働情報センター，2001年，63ページ．

30) 正確には，2002年2月20日である．

31) 総務省統計局の調査によれば，産業別就業者数から言うと，1994年に製造業（1,496万人）とサービス業（1,542万人）の就業者数が逆転されたし，雇用者数から言うと，1995年に製造業（1,308万人）とサービス業（1,327万人）が逆転されたのである．

32) 小林良暢「請負労働者の急増と労働組合の対応」『日本労働機構雑誌』No.505, August 2002, 49-55ページを参照されたい．

33) 同上論文，53ページ．

34) 特に請負労働者の組織化戦略に関する具体的な方法は同上論文，54-55ページを参照されたい．

第10章　グローバルな時代の経営革新

はじめに

　わが国の製造業の国際競争力が機械工業における社会的生産分業構造を基盤にするものであることは1980年代末までにほぼ周知のこととなった．しかし，この社会的分業構造は決して固定的なものではなく，その内部においては，国際競争力強化という旗印の下で個々の企業の生産力の強化が図られ，それについて行けないものは切り捨てられるという形で再編成や強化がなされてきた．ところが，1980年代の後半の急激な円高の進行を契機に，まず，大企業がその生産拠点を海外に展開し，それに引っ張られる形で部品メーカーの海外進出が進み，また，1990年代におけるロシアや旧東欧諸国および中国などの市場経済化によって「メガ・コンペティション（地球規模の大競争）」の状況が生まれたために，製造コストの引き下げと成長が見込まれるアジア市場の確保のために日本企業はこぞって製造部門のアジア移転を加速させた．したがって，この分業構造はかつてないほどの大きな変化が生じることになった．

　1990年代におけるメガ・コンペティションの状況は欧米先進国企業を巻き込んで展開されたために，日本製造業は製造機能のアジア・シフトだけにとどまることはできなくなった．すなわち，先端技術（情報通信技術，バイオ技術，ナノテクノロジー，環境技術など）をめぐる技術革新競争や大量生産・大量廃棄システムの行き詰まりと「持続可能な開発」体制や「環境経営」を推進しなければ国際市場で生き残れないという状況が生まれてきた．そのために，大企業を頂点とする製造業の生産分業構造は国内という枠を越えて再編成を余儀なくされ，一方では，頂点に立つ大企業の世界最適立地戦略に基づいて国際的生産分業体

制が構築ないし再編成され，他方では，生産分業体制の再編成だけではなく，企業経営の理念・戦略・組織・人事・賃金などトップマネジメントの体制から工場や営業現場に至る経営システム全体にわたる経営革新が行われるようになっている．国際的分業体制と経営システムは密接に関連しており，全体を統一的な視点から分析し，統合的に把握する必要がある．一見すると国内に限られるように見える経営革新でも，国際的生産分業体制の再構築と密接に関連している．

現在，多くの企業が「経営革新」に取り組んでいるが，メガ・コンペティションの下における経営革新の特徴を正しく理解するためには，国際的生産分業体制の再編成を経営革新の一環として理解し，メガ・コンペティションの下におけるわが国製造業の国際的生産分業体制の再編成と経営革新の特徴を全体的・統一的視点で把握し，「経営革新」や「イノベーション」の調査に有効な理論仮説が提起される必要がある．国際的生産分業体制の再編成と国内の経営革新の特徴を全体的・統一的明らかにすること，それが，今回，中央大学企業研究所の「総合研究プロジェクト；グローバル時代の経営革新」チームが，わが国製造業企業1,000社を対象にアンケート調査を行った趣旨である．本章の課題は，これらの理論仮説の提起とアンケート調査の結果をそれに基づいて分析することである．

今回のわれわれの調査項目は，トップマネジメント，本社機能，目標・ビジョン，戦略，組織，企業文化，知識創造，研究開発，情報技術，環境対策，人的資源，およびグローバル化など経営革新全般および，合計12項目である．その内，本章は，「グローバル化」を中心に「トップマネジメント」の視点から分析し，その他の経営革新全般の分析は「目標・ビジョン」「戦略」「人的資源」の一部分に限定して分析することによって，日本製造業企業の「経営革新」の全体的特徴について考察する．したがって，「グローバル化」と「トップマネジメント」以外の「経営革新」に関する詳細な分析については，本書の他の章を参照していただきたい．

1．グローバルな時代の国際的生産分業ネットワーク

(1) 調査のための理論仮説 1）：国際的立地戦略

　生産分業体制に関する研究は，一方では，従来の「大量生産体制」を中心とする資本主義経済体制に対する批判として，マイケル・J. ピオーレ（Piore, M. J.）とチャールズ・F. セーブル（Sabel, C. F.）に代表される生産システムの歴史的研究やレギュラシオン学派の研究があり，他方では，グローバル企業の「持続可能な競争優位」の実現を図るマイケル E. ポーター（Porter, M. E.）やジェイ B. バーニー（Jay B. Barney）などの国際競争戦略の研究がある．一方では，生産システム（＝体制）の社会性や歴史性を問うという課題があり，他方には，国や企業の国際競争力をいかに高めるかという課題があり，「国際的な生産システムとそのネットワーク」に関するこれらの研究は別々に行われてきた．

　しかし，この2つ（生産システムの社会性・歴史性と競争優位性）は，本来密接に関連しているので，別のものとして切り離して研究したのでは，たとえば「産業の空洞化」問題などの現代の経済社会が抱える問題は何1つ解明されない．また，ポーターの産業組織論的アプローチとバーニーやハメルなどの資源ベース・アプローチは，企業システムの競争優位性の構築という点では共通の課題をもち，相互補完的関係にあると言えるが，グローバリゼーションと地域経済・地域企業の関係から見れば，対立する側面をもっている．共通点，対立点および相互補完関係の3点から検討する必要がある．

　特に，近年においては，グローバリゼーションが進めば進むほど，それに対抗するローカリゼーションが台頭し，「地域社会と企業の関係」に大きな関心が向けられるようになっている．このように「地域社会と企業の関係」に対する関心は，企業の競争力の強化や景気の回復という視点からだけではなく，地球環境の保全に対する地域住民の関心の高揚に代表されるように，経済だけではなく文化や倫理を含んだトータルな地域社会の活性化という視点からも着実に高揚している．地域の問題は，経済問題と社会問題とに区別することができるが，両者を区別するだけではなく，関連させて把握することが必要である．

そのためには，従来の「国や企業の国際競争力」を「トータルな地域社会の活性化」という視点から問い直すことが求められていると言えよう．

国際的生産分業体制の再構築には製造業をめぐるさまざまな問題があるが，「国や企業の国際競争力」を「トータルな地域社会の活性化」という視点から問い直すためには，「産業の空洞化」問題が最適である．「産業の空洞化」とは，企業が海外市場や国際競争力の優位性を求めて，国内に築いてきた生産拠点を海外に移すため，また国内企業が国際競争力を失い，国の基幹産業としての製造業が衰退するために，第二次産業の企業倒産件数や失業者数が大幅に増大することである．現在，多くの企業が経営革新に取り組んでいるが，経営革新を全体的に統一的視点から分析する際の「鍵」となるのが「産業の空洞化」問題である．

「産業の空洞化」問題の直接の要因が，「まず大企業がその生産拠点を海外に展開し，それに引っ張られる形で部品メーカーの海外進出が進んだ」ためであるとしても，その背景にある「メガ・コンペティション」の中では，大企業か中小企業かを問わず自らの生き残りを賭けて国際分業体制の構築・再編成に巻き込まれざるを得ない．「国内に工場を残す」としても，(「第3の道」を切り開いたイタリアの中小企業やアメリカ合衆国のシリコンバレーのように)「メガ・コンペティション」に対抗できるだけの競争力を国内に構築するのでなければ，この荒波を乗り越えることはできない．

ところが，「高付加価値製品の生産を国内に残して，低付加価値製品の生産は人件費の低い発展途上国で行う」のは，「『空洞化』として問題視すべきではなく，我が国産業の比較優位に沿った産業構造・質の高い就業構造実現の過程そのものである」(『通商白書』1995年版，184ページ)という考え方で，日本政府も企業もアジア諸国への生産移転を進めてきた．

もともと，産業の空洞化対策として，機械工業の産業集積，特に機械製作における中小企業の金属加工に関する高度な「基盤的技術」の集積構造(東京都大田区を中心とする城南地区や大阪府東大阪市などに典型的に見られる)に注目しつつ，その集積構造を国内における生産のフルセット構造から東アジア諸国との相互

依存関係に基づく国際的な生産ネットワークへの転換に見出す議論が大きな注目を集めた（関 満博『フルセット型産業構造を超えて』中央公論社, 1993年). そこには, 培ってきた「ものづくり」の優位性を, 国内にだけとどめておくのではなく, 国境を越えて利用し, 生かしていく. そのために「国際的な生産ネットワーク」を構築するという発想の転換があった.

　では,「国際的な生産ネットワーク」とは何か. 先ず,「生産ネットワーク」とは広い意味で社会的生産分業システムである. とすれば, それをこれまでのように一つの地域や国の範囲内でクローズドなシステムとして捉えるのではなく, 地域や国境を越えて機能する生産分業システムとして捉えるということである.

　従来も, 特定の地域に各種の製造業が集合する工業地域, 工業団地, 工業集積, 産業集積など, さまざまな形 (産地型, 企業城下町型, 都市型, 周辺都市型など) の生産ネットワークが形成されてきた. それらは1980年代までのわが国製造業の国際競争力 (低コスト＝低価格, 高品質, 短納期) の重要な位置を占めてきた.

　鎌倉 健は次のように言う.「かつて日本経済の競争力の源泉は, 下請け分業構造であった. それが中国や東アジアを巻き込み国際分業システムとして広がりをみせるもとでは, 従来の効率性に負けずと(も)劣らない形で『多品種・小ロット・短納期』に加え, 創造性や個性, さらには芸術性などがもとめられる. そしてこうした状況変化に対応した新たな競争力としては, 地域における企業レベルのflexible specialization*を基軸とした多種, 多様な業種構成と多機能を備えた産業集積がその源泉となろう.」(鎌倉 健『産業集積の地域経済論』勁草書房, 2002年, 147ページ.) と. 鎌倉氏によれば, 従来の産業集積を基盤にする生産システムは, 中国や東アジア諸国に同じものが形成されてきた段階においては, 従来型の「効率性」だけではもはや十分な競争力をもつことはできない, ということである. したがって,「新たな競争力」として,「多品種・小ロット・短納期」に加え,「創造性や個性, さらには芸術性」など,「地域における企業レベルのflexible specializationを基軸とした多種, 多様な業種構成と多機

能」を備えた「(新しい) 産業集積」の構築が必要である．「多品種・小ロット・短納期」に「創造性や個性，さらには芸術性」などを加え，「多種，多様な業種構成と多機能」を備える新しい「競争優位」を地域に構築することこそ，地域企業を活性化させる経営革新の現代的特徴である．

　　＊イタリア中部・北部の「第3のイタリア」を代表的事例とする，フレキシブルな分業関係（クラフト的生産体制）のことで，専門化した中小規模企業群が，需要や環境の変化に柔軟に対応する方式であり，「柔軟な専門化」と訳される．

　産業集積とよく似ている概念であるが，産業の「クラスター」(＝集団) という概念によって国や地域の競争優位性を説明する論者もいる．たとえば，マイケル・E．ポーターは，「(国や地域の) 4つのダイヤモンド」(生産要素の賦与条件，市場の需要条件，関連産業・支援産業の存在，ライバル企業間の競争関係) という概念を提起して，この「ダイヤモンド」がグローバルに競争力をもつ企業や産業を生む条件であるとしている．この4つの条件をもつ国や地域には，高い国際的競争力をもつ企業や産業が集まり，そして，競争力の強い産業は，いろいろな繋がりで関連した産業からなる「クラスターと呼ばれる産業集団」(M. E. ポーター著 (土岐 坤, 他訳)『国の競争優位 (上)』ダイヤモンド社, 194ページ) を形成する．その理由は，「競争力のある産業があると，相互強化作用によって，別の競争力のある産業の創造を助ける」(同, 220ページ) という「個々の企業を超えた，地域や国の企業グループ内で生じる経済性 (＝「外部経済性」)」(同, 210ページ) があるからである．外部経済性は，当該産業だけではなく，関連産業に拡大し，「その強さは地理的近接性で強められる」(同)．クラスターの典型例は，米国のシリコンバレーである．そこでは，「複数の競争企業とコンタクトを持つ供給企業や顧客との接触を通じて，情報は自由に流れ，イノベーションは急速に加速する．予想もしなかったクラスター内部での相互連結によって，新しい競争方法や全く新しい機会が発見できたりする．」(同, 221ページ)．こうして，クラスター内部に新しい「競争方法や機会」がつぎつぎに生まれるので，「他国に優位を奪われることはない」(同) というのである．

しかし，1985年の1ドル＝80円という超円高や1990年代以降のメガ・コンペティションの時代に入ると，中国などアジア諸国・地域の原材料の供給業者，機械加工などの部品製造企業，組立メーカー，その他の製造業企業が，「安くて，良質しかも豊富な労働力」を武器に成長・発展し始めた．特に，中国の賃金コストは日本の20分の1から30分の1であるだけでなく，都会に「出稼ぎ」に来る若年労働者は3年後には農村に帰郷して新しい労働者と入れ替わらなければならないということだから，工場は常に若年労働力を確保できると言われる．日本企業は，アジア諸国に進出して安くて良質な労働力を利用して国際的生産分業システムを国境を越えて再編成して国際競争力を維持しようとしている．国際競争力を維持しようとすれば，国内にとどまることは許されなくなっており，自らの強みである高品質・短納期という製造技術（日本的生産方式）をアジア諸国に移植せざるをえない．もちろん，日本的生産方式は，日系企業の枠を越えてアジア諸国の企業に普及していくことになる．しかも，現地の企業は，製造技術や労働者の技能レベルに合わせて日本方式の中の合理的なものだけを選択して導入するなど後発国の利点を生かすことができる．日本企業のアジア地域への進出が，国内産業の空洞化を生じる反面，日本を含むアジア諸国・地域の経済産業構造が全体として拡大し発展することに貢献している側面があることも否定できない．その結果として，中国などの製品が価格面だけでなく，品質や納期においても国際競争力をもつに至ったのである．

　しかし，1990年代における日本製造企業のアジア諸国への大々的な工場進出は，主に人件費が安いというのが最大の理由で（次に将来の市場拡大が望まれるという理由），グローバル市場に製造拠点を構築すれば，短期的にはともかく，中・長期的には，自社の競争優位条件を失う危険性を高めるのは明らかである．なぜなら，低賃金という条件は日本企業だけの条件ではなく，どの国の企業でも利用できるものだから，他の（国の）企業に対する競争優位にはならないからである．ポーターは，「生産要素の賦与条件，市場の需要条件，関連産業・支援産業の存在，ライバル企業間の競争関係」などの競争優位条件を備えた「クラスター（産業集団）」を自国の中（または海外）に構築することに成功した日本

の製造業（ロボット産業）の事例を採り上げている．しかし，日本のグローバル企業の中で，自らの経営戦略として，そのようなクラスターを構築している事例は広く製造業一般に見られるのであろうか．そのような事例はむしろ例外的で，ほとんどの企業が「4つのダイヤモンド」や本国の「ダイヤモンド」を強化するための特色のあるクラスターの構築とは関係のない次元で「経営革新」を行っているのではないか．低コスト戦略だけでは，「創造性や個性，さらには芸術性」など，「地域における企業レベルの flexible specialization を基軸とした多種，多様な業種構成と多機能」を備えた「新しい産業集積」，産業クラスターの構築はおぼつかない．

　自らの競争優位を築こうとした結果として，たとえそれが意図せざる結果であるとしても，海外に自分にそっくりな競争相手を作り出していることに対して，日本企業は何ら特別な戦略をもってこなかったのではないか．これは，国際的生産ネットワーク構築の罠（わな）である．罠というのは，安くて良質な労働力など低コストを求めて海外に生産拠点を設置したために，低コスト戦略から脱出できなくなり，気が付いてみたら，「低コスト，高品質，短納期」という日本の競争優位は競争相手に習得されてしまい，自らの競争優位を再構築（レベル・アップと質的改革）する自信を喪失してしまっているということである．国内における自らの競争優位と同じものを海外に作ろうとするだけで，地域における企業レベルの「多種，多様な業種構成と多機能」を備えた新しい生産ネットワーク（＝「新しい産業集積」）を構築しようとする戦略が欠けている．そういう戦略の必要性の認識が甘いのではないのか．

　「新しい産業集積」について，鎌倉氏によれば，「地域の優れた生産力」は「地域経済の持続的発展の条件である競争優位の源泉」であり，「専門特化した企業群の相互補完的なネットワーク」（鎌倉 健，前掲書，114ページ）によってのみ実現する．本章は，「専門特化した企業群」とその「相互補完的なネットワーク」に注目したい．しかも，そのネットワークは，「歴史的に形成された企業集積の厚みと，その構造的特質である高度な社会的分業」により形成される（同上）のであって，人件費の安い地域に工場移転すればよいというようなもの

ではない．また，この「生産ネットワーク」は，「個々の商品レベルでは国際的なマーケットと直結しているため（させることによって）大ロット生産が可能となる．それゆえ，こうした専門特化した企業の地域的集積によって産地全体としては多品種でかつ大量生産が可能となり，かかる構造が地域的には規模の経済性を実現していると考えられる」（同上）とする．つまり，地域の「専門特化した企業群の相互補完的なネットワーク」が「国際的なマーケットに直結」することによって「多品種でかつ大量生産」が可能となり，地域全体としては「規模の経済性」が実現するのである．

以上の考察に基づいて，調査仮説は次のようになる．

① 日本製造業企業の競争優位は，「低コスト（低価格），高品質および短納期」を実現した「日本的生産システム」であり，メガ・コンペティション下においては，中国やその他のアジア諸国（さらに欧米先進諸国）に日本的生産システムを移植（＝移転）してきた．

② ところが，1990年代に，海外において日本的生産システムの研究や学習が進み，「低コスト（低価格），高品質および短納期」は，もはや日本製造業の独壇場ではなくなった．

③ 日本製造業企業はアジア諸国の競争力の追い上げを受けて，「低コスト（低価格）」競争という罠にはまっている．日本企業はこの罠から脱出しなければならない．

④ 日本製造業の活路は，地域の特色のある「生産ネットワーク」を構築すると同時に，これを国際的なマーケットに直結させること，そのための産業支援ネットワークの構築も必要である．

(2) 調査のための理論仮説 2）：わが国製造企業の経営革新
——調査のため理論仮説と実態——

ここでは，国際的立地戦略以外の「経営革新」の実態を明らかにするための理論仮説を提起する．

まず，「経営革新」と言えば，必ず引き合いに出されるのがシュンペーターの

「企業家による新結合(Innovation)」の概念である．シュンペーター(Shumpeter, J. A.)の「新結合」とは，①新しい財貨の生産，②新しい生産方法の導入，③新しい販路の開拓，④原料・半製品の新しい供給源の獲得，⑤新しい組織の出現である（東畑精一訳『経済発展の理論（上）』岩波文庫，183ページ）．彼は，「企業家とは，新結合の遂行を自らの機能とし，その遂行にあたって能動的要素となるような経済主体である」として，単なる資本の提供者や投資家とは区別した．彼は"Innovation"を別の著作では「創造的破壊（Creative Destruction）」という言葉で次のように説明している．「内外の新市場の開拓及び手工業の店舗や工場からU.S.スチールの如き企業に至る組織上の発展は，不断に旧きものを破壊し新しきものを創造して，絶えず内部から経済構造を革命化する産業上の突然変異——生物学的用語を用いることが許されるとすれば——の同じ過程を例証する．この『創造的破壊』(Creative Destruction)の過程こそ資本主義についての本質的事実である．」（中山伊知郎・東畑精一共訳『資本主義・社会主義・民主主義』東洋経済新報社，146ページ）と．このように，「創造的破壊」と同義の"Innovation"の訳語として，わが国では「新結合」に代わって，まず「技術革新」という用語が普及した．しかし，その後，「新結合」や「創造的破壊」は「技術」に限らず「経営」全般に関わるという理由で，「経営革新」ないしは「イノベーション」という用語が一般化したのである．

　それでは，「経営革新」なり「イノベーション」という概念は議論の余地がないほど明確なのかとなると，依然として，新製品や新生産方法などの技術革新を中心にする捉え方や，マーケティングやマネジメントの方法を含むとしても「アイデア」や「改善・改良」を含むか含まないかとか，シュンペーターの「経済構造を革命化（＝転換）する」ほどのものではなくとも，かなりの数の企業において収益向上の成果をあげる「マーケティングやマネジメント（戦略や組織および制度）」は"Innovation"（経営革新）と言えるのではないか，等々，「経営革新」の定義は簡単ではない．たとえば，次のような記述がある．「イノベーションは，製品や製法が市場で受け入れられて初めて実現する．新しければイノベーション，変化すればイノベーションというものではない．あくまでも

経済的な成果を目指し，それが市場で実現されたものが，イノベーションである．単なる空想や思いつきはもちろん，発明，発見もイノベーションではない．」(後藤 晃「イノベーション・マネジメントとは」，一橋大学イノベーション研究センター編『イノベーション・マネジメント入門』日本経済新聞社，2001年．) 一見，問題なさそうであるが，「市場で実現」するタイムスパンをどれぐらい取るかは明らかではない．また，ポーター，M. E. (Porter, Micael E.) は，「多くのイノベーションには，狭い科学的意味での技術だけでなく，物事のやり方の改善が含まれる．」(『国の競争優位（上）』559ページ) と考えている．

ドラッカー (Drucker, Peter F.) は，企業の目的は「顧客の創造」であり，そのために経営者は「マーケティングとイノベーション」を行う，企業の利益は「顧客の創造の結果」であるという「マネジメントの原理」(野田一夫監修・現代経営研究会訳『現代の経営（上）』ダイヤモンド社) を説いているが，その後，豊富な事例に基づいて「イノベーションのための7つの機会」について考察している．「7つの機会」とは，①予期せぬことの生起（予期せぬ成功，予期せぬ失敗，予期せぬ出来事），②ギャップの存在（現実にあるものと，かくあるべきものとのギャップ），③ニーズの存在，④産業構造の変化，⑤人口構造の変化，⑥認識の変化（ものの見方，感じ方，考え方の変化），⑦新しい知識の出現，である．ドラッカーは，最初の4つが産業や企業の組織内部におけるイノベーションであり，あとの3つが産業や企業の外部におけるイノベーションであると，イノベーションを二種類に分類して考察している（上田淳生訳『イノベーションと企業家精神（上）』ダイヤモンド社）．要するに，ドラッカーによれば，「経営革新」とは，産業や企業の内部だけではなく外部における変化の機会を探して，それを分析し，「顧客の創造」という企業目的達成のために利用することである．

以上から，本章では，「経営革新」とは，短期的・即効薬的な収益改善の方策やその実施のすべてではなく，10～15年後の「経済構造の変革」につながるような「顧客の創造」という長期的な視点で事業の内容とその方法（戦略と組織）を革新することである，とする．

もちろん，現実には，差し迫った問題として，アジア諸国特に中国の台頭に

よって，日本の従来の生産分業構造が大きな転換点に立たされているという全体状況の中で，国内の製造企業が活路を見出していこうとすれば，中国で作れないものを作る，そのためにはよく言われる独自の技術と製品を持つこと，これにマーケティングとマネジメント（戦略と組織）を付け加わること，これが当面の経営革新の課題である．

　次に，経営革新のタイムスパンについて整理する．わが国の製造企業が今なすべきことは，ただ単に当面の経済的成果を追求する課題だけに夢中になって取り組むことではない．そういうことでは，羅針盤のない航海に出るようなもので成功はおぼつかない．やはり，長期的課題とは何かをしっかりと見極めることが第1に重要なことであり，その長期的課題に立ち向かうための大雑把なデザインというか目標を描くことが必要である．当面の課題を長期的課題や目標の方向に向かって追求することこそが，当面の経営課題で成果を出しつづけ，ひいては長期的な「経営革新」に成功する鍵である．ドラッカーの「企業の目的は顧客の創造であり，利益は顧客の創造の結果である」という言葉は，当面の経営課題と長期的な経営目標とを統合することの必要性を示しているのではないか．

　以上の考察を基に，本章では，「経営革新」と「イノベーション」は同義とし，経営革新の調査仮説を次のように整理する．①シュンペーターの「企業家による新結合」の概念に依拠しつつも，ドラッカーの「変化の機会」を探求・分析・利用するというプロセスを重視する．②経営革新の「成否を判断するのは市場である」（後藤　晃）が，「市場による判断」はタイムスパンをどう取るかによって変わってくる（バブル経済，株価至上主義経営，短期雇用と長期雇用，短期的または長期的取引関係など）ので，経済的な成果は社会的ないし倫理的および地球環境を含む全人類的視点からチェックされる必要がある．③企業の目的は「顧客の創造」である（ドラッカー）が，どのような「顧客の創造」が経営革新に相当するかが問われる．個々の企業が陥りやすいのは短期的に利益を生む「（短期的）顧客の創造」であり，10～15年後の「経済構造の変革」につながる

「(長期的) 顧客の創造」を見逃すことである．④「(長期的) 顧客の創造」と「(短期的) 顧客の創造」とを如何に結合するかが重要であり，長期の経営計画で方向性を明確にしつつ，その実現に向けて短期的な成果を積み重ねつづけることが重要である．

以上，1) 国際的立地戦略と，2) わが国製造企業の経営革新に関する調査のための理論仮説をまとめて，「グローバルな時代の経営革新」の調査仮説を示すと，次のようになる．

① シュンペーターの「企業家による新結合」の概念に依拠しつつも，ドラッカーの「変化の機会」を探求・分析・利用するというプロセスを重視する．

② 経営革新の「成否を判断するのは市場である」(後藤 晃) が，「市場による判断」はタイムスパンをどう取るかによって変わってくる (バブル経済，株価至上主義経営，短期雇用と長期雇用，短期的または長期的取引関係など) ので，経済的な成果は社会的ないし倫理的および地球環境を含む全人類的視点からチェックされる必要がある．

③ 企業の目的は「顧客の創造」である (ドラッカー) が，どのような「顧客の創造」が経営革新に相当するかが問われる．「(長期的) 顧客の創造」と「(短期的) 顧客の創造」とを如何に結合するかが重要であり，長期の経営計画で方向性を明確にしつつ，その実現に向けて短期的な成果を積み重ねつづけることが重要である．

④ アジア諸国の企業が「多品種・小ロット・短納期」という従来の日本企業の競争優位性を身につけた現段階においては，日本企業は新しい競争優位を構築する必要がある．

⑤ 新しい競争優位の源泉は，地域の中小規模企業群が「多品種・小ロット・短納期」だけではなく「創造性や個性，さらには芸術性」など「多種，多様な業種構成と多機能」を備えること，そのために「専門特化した企業群の相互補完的なネットワーク」を構築すること，さらに，この「生産ネットワークシステム」を国際的なマーケットに直結させることによって生まれる．

2．グローバル企業の国際立地戦略（アンケートに見る実態）

　グローバル企業は自らの競争優位を高めるために国内外の産業集積を利用すると同時に，自らも産業集積を構築し高度化する．しかし，産業集積といっても，その中身は国によってまた地域によってさまざまである．以下では，グローバル企業が海外に製造拠点を設置する場合にどのような要素（＝企業立地要素）を重要視しているのかを，アンケート結果に基づきながら検討する．そのねらいは，2つある．1つは，グローバル企業の企業立地戦略の特徴を従来の「国や企業の国際競争力」の限界という視点から明らかにしたいということである．あと1つは，「トータルな地域社会の活性化」という視点から，地域の経済を活性化させる（＝企業に魅力のある）地域づくり・街づくりのヒントを得たいということである．

　アンケートに見る実態
(1) 最も重要視する企業立地要素

　企業が海外子会社の設立など，「グローバルな視点で企業立地を決定する際に考慮する要素」について問うたものである．「ほとんど考慮しない」を①，「ある程度考慮する」を③，「極めて考慮する」を⑤とし，②と④をそれぞれの中間とした．アンケートの結果は，図表10-1のとおりであり，「大いに考慮する」④と「極めて考慮する」⑤の合計が50％を超える要素が，人件費（82.2％），販売市場（78.0％），為替安定（73.8％），産業集積（57.7％）の4つであり，5番目の要素として，電気・水道・道路（49.2％）が重要視されていることがわかる．

　　第1位；人件費　　④36.4％，⑤45.8％，合計82.2％．
　　第2位；販売市場　④31.4％，⑤46.6％，合計78.0％．
　　第3位；為替等安定　④50.9％，⑤22.9％，合計73.8％．
　　第4位；産業集積　④44.1％，⑤13.6％，合計57.7％．
　　第5位；電気・水道・道路　④32.2％，⑤17.0％，合計49.2％．

第10章 グローバルな時代の経営革新 281

図表10-1 グローバルな企業立地で考慮する要素

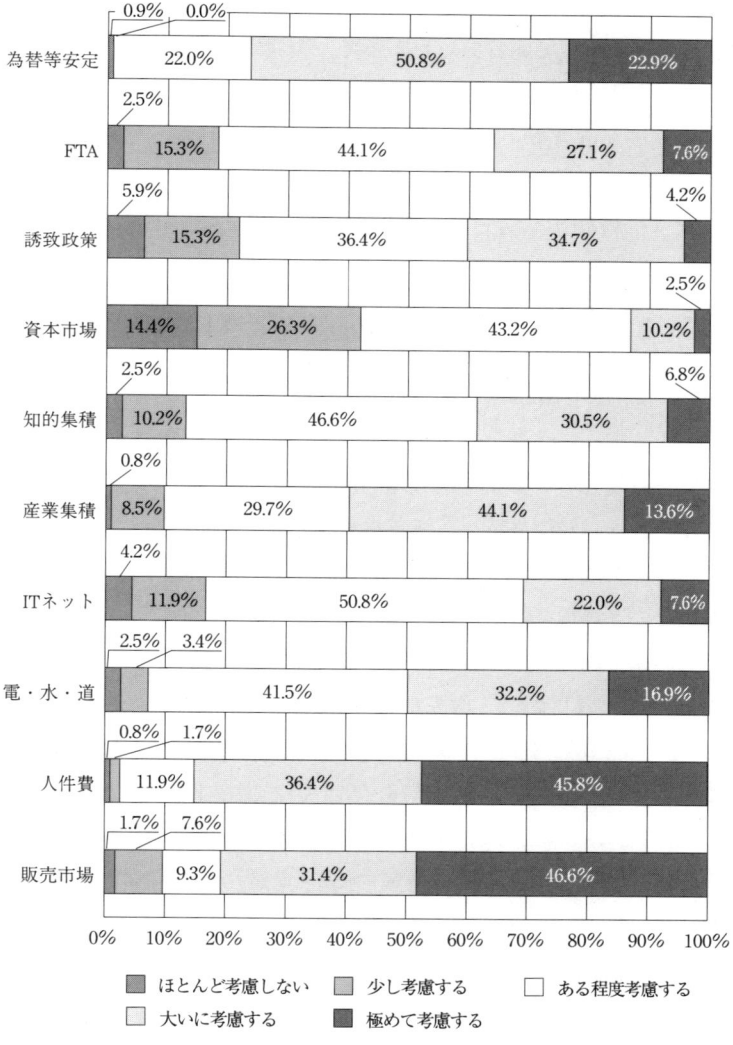

要素	ほとんど考慮しない	少し考慮する	ある程度考慮する	大いに考慮する	極めて考慮する
為替等安定	0.9%	0.0%	22.0%	50.8%	22.9%
FTA	2.5%	15.3%	44.1%	27.1%	7.6%
誘致政策	5.9%	15.3%	36.4%	34.7%	4.2%
資本市場	2.5%	14.4%	26.3%	43.2%	10.2%
知的集積	2.5%	10.2%	46.6%	30.5%	6.8%
産業集積	0.8%	8.5%	29.7%	44.1%	13.6%
ITネット	4.2%	11.9%	50.8%	22.0%	7.6%
電・水・道	2.5%	3.4%	41.5%	32.2%	16.9%
人件費	0.8%	1.7%	11.9%	36.4%	45.8%
販売市場	1.7%	7.6%	9.3%	31.4%	46.6%

注) 各要素とも，未記入の回答がある (3.4%) ため，合計が100にならない．

(2) 最も重視する地域・市場（企業立地要素別）

　企業がどの国・地域・市場に工場を建設するかはその国際経営戦略の成否を決める最高意思決定事項である．したがって，企業が海外に直接投資をする際に，重要視する企業立地要素を備えている国・地域はどこかが問題となる．そこで，世界の地域・市場を，北米，EU，日本，中国，台湾・韓国，その他のアジア諸国・地域，その他（オーストラリア，ニュージーランドなどのオセアニア諸国，中南米，アフリカ諸国）に分けて，「各企業立地要素ごとに最も重要な地域市場」はどこかを問うてみた（図表10-2）．

　これを見ると，日本企業が最も重要視する立地要素は，第1位が中国の人件費（78.8％），第2位が日本の資本市場（46.6％），第3位が日本の知的集積（43.2％），第4位が中国の産業集積（31.4％），第5位が日本の産業集積（30.51％）の順になっている．日本企業がグローバル立地戦略を決める際に，如何に人件費を重視しているかを最も端的に示している．しかし，同時に，中国の産業集積や日本の知的集積および産業集積を重視している企業も30％を超えていることは，ただ単に低賃金の魅力に惑わされて価格競争の罠に落ち込んではならないという意識も垣間見られるということである．

　次は，その結果を地域・市場ごとに整理したものである．

　　北米；ITネット（45.7％），販売市場（33.9％），為替等安定（31.3％），
　　EU；資本（10.2％），FTA（8.5％），為替等安定（7.6％），
　　日本；資本市場（46.6％），知的集積（43.2％），産業集積（30.51％），
　　中国；人件費（78.8％），販売市場（35.6％），産業集積（31.4％），
　　台湾・韓国；ITネット（5.9％），電気・水道・道路（5.9％），産業集積（5.1％），
　　その他のアジア；FTA（11.0％），誘致政策（11.0％），為替等安定（9.3％）．

　このように，この図表を国や地域がもつ立地要素という側から見れば，日本も資本市場，知的集積および産業集積という面で重要視されているのであるが，しかし，企業が今「最も重要視する企業立地要素」（図表10-1）とクロスしてみれば，特にその地域・市場の魅力的な要素とみなすものを，中国は3つ（人件費（78.8％），販売市場（35.6％），産業集積（31.4％）），しかも高い評価で備えて

第10章 グローバルな時代の経営革新　283

図表10-2　企業立地要素ごとに最も重要な地域・市場

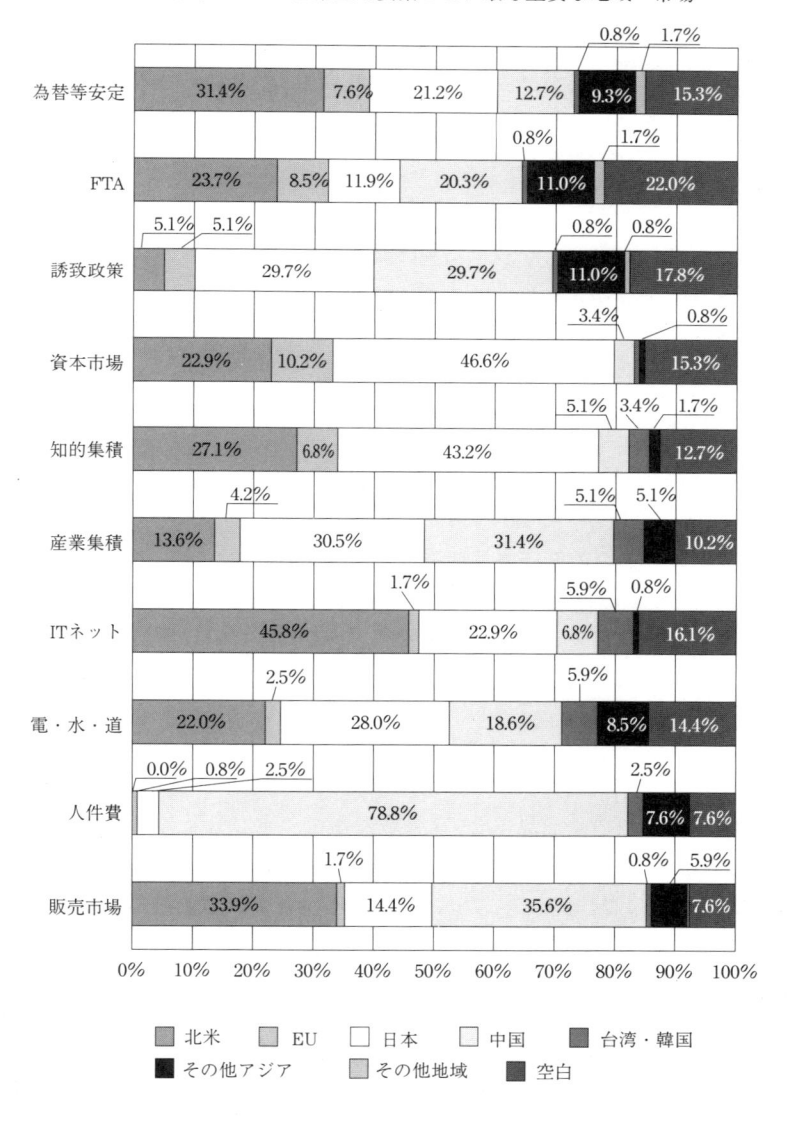

立地要素	北米	EU	日本	中国	台湾・韓国	その他アジア	その他地域	空白
為替等安定	31.4%	7.6%	21.2%	12.7%	0.8%	9.3%	1.7%	15.3%
FTA	23.7%	8.5%	11.9%	20.3%	0.8%	11.0%	1.7%	22.0%
誘致政策	5.1%	5.1%	29.7%	29.7%	0.8%	11.0%	0.8%	17.8%
資本市場	22.9%	10.2%	46.6%			3.4%	0.8%	15.3%
知的集積	27.1%	6.8%	43.2%	5.1%	3.4%	1.7%		12.7%
産業集積	13.6%	4.2%	30.5%	31.4%	5.1%	5.1%		10.2%
ITネット	45.8%		22.9%	1.7%	6.8%	5.9%	0.8%	16.1%
電・水・道	22.0%	2.5%	28.0%	18.6%	5.9%	8.5%		14.4%
人件費	0.0%	0.8%	2.5%	78.8%		2.5%	7.6%	7.6%
販売市場	33.9%	1.7%	14.4%	35.6%	0.8%	5.9%		7.6%

いるのに対して，日本は企業が「最も重要視する企業立地要素」のうち上位5位までに入る要素を1つ（産業集積（30.51％））しかもっていない．北米は「販売市場」（33.9％）と「為替等安定」（31.3％）の2つ，EU，台湾・韓国はそれぞれの地域・市場ごとの際立った特徴を備えているという評価そのものがひくい．

(3) 1980年代後半以降，アジア諸国の経済成長が著しく，日本企業がこの地域に製造拠点を設立する動機は「良質な労働力が安く大量に利用できるから」というだけではなく，現地市場の急激な成長・拡大による「現地市場の確保・拡大」にあったが，近年の特徴は，中国，韓国，台湾を始めとするアジア諸国・地域におけるいわば東アジア経済圏の台頭であり，またこの地域特に中国が「世界の製造拠点」として著しい成長を見せているのと対極的に，日本の「ものづくり大国」としての国際競争力の低下が問題となっている．

そこで，中国等からの低価格品輸入急増に対する戦略について，企業の考え方を問うてみた（図表10-3）．まず，「中国などアジア地域の製品は脅威ではない」という企業は「全くそのとおり」と「ややそのとおり」の合計で11.8％にすぎない．逆に，「脅威なし」は「全く違う」（すなわち「極めて脅威である」）が33.1％，「やや違う」（すなわち「やや脅威である」）が25.4％で，合計58.5％の企業が「違う」（すなわち「脅威である」）と答えている．では，次に，その「脅威」はどの程度のものなのかを見ると，「脅威だが打つ手なし」の項目に対する回答は，「全く違う」が22.9％，「やや違う」が36.4％で，合計59.3％の企業が「違う」と答え，「打つ手がない」という企業（4.2％）を大きく上回っている．

では，日本企業は，中国などアジアからの低価格製品に対してどのような手を打っているのであろうか．

対応戦略の第1位は，「国内で高付加価値製品の開発」で対応していると答えた企業が，「全くそのとおり」43.2％，「ややそのとおり」41.5％あり，合計で84.7％におよぶ．つまり，わが国製造業のほとんどの企業が大なり小なり「高付加価値製品の開発」で対応しようとしていることがわかる．

第10章 グローバルな時代の経営革新　285

図表 10-3　中国等アジア諸国からの低価格製品の輸入急増に対する戦略

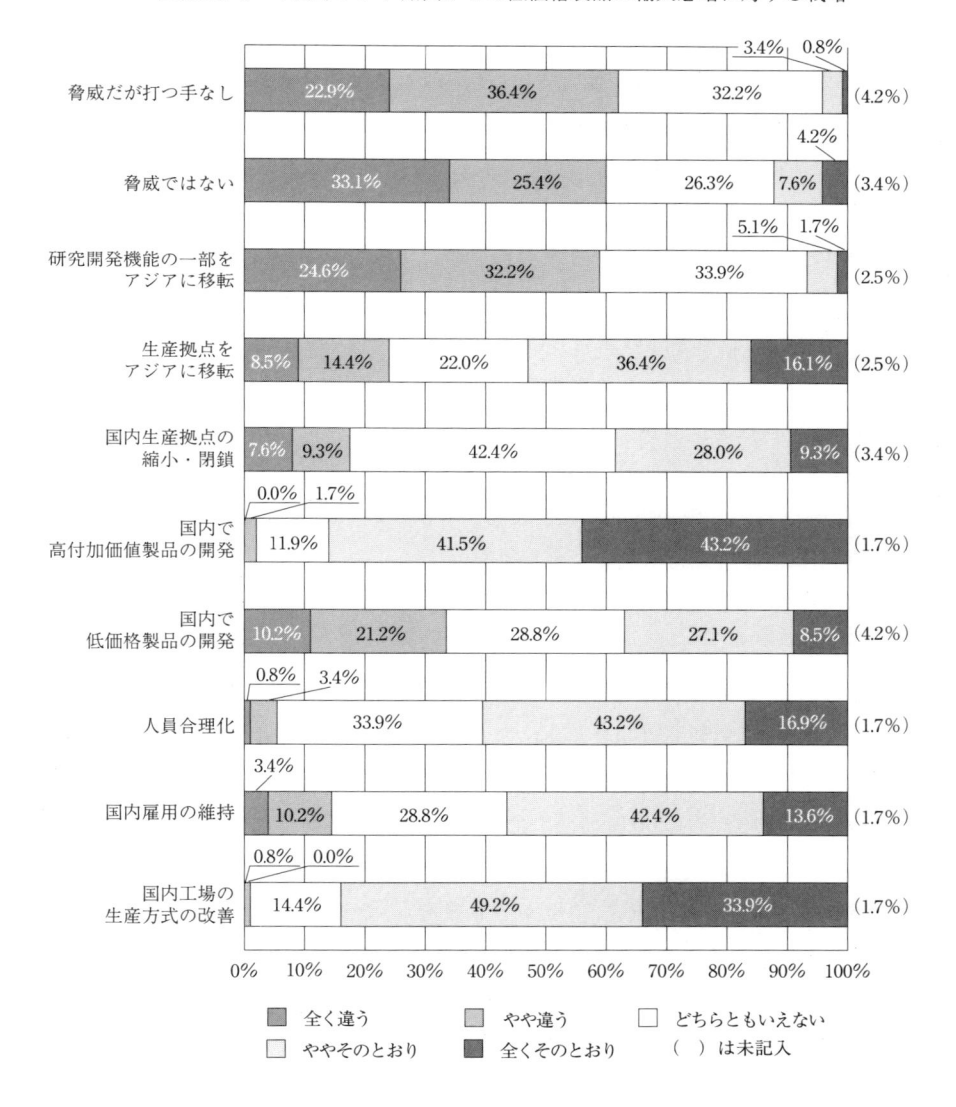

戦略	全く違う	やや違う	どちらともいえない	ややそのとおり	全くそのとおり	未記入
脅威だが打つ手なし	22.9%	36.4%	32.2%	3.4%	0.8%	(4.2%)
脅威ではない	33.1%	25.4%	26.3%	7.6%	4.2%	(3.4%)
研究開発機能の一部をアジアに移転	24.6%	32.2%	33.9%	5.1%	1.7%	(2.5%)
生産拠点をアジアに移転	8.5%	14.4%	22.0%	36.4%	16.1%	(2.5%)
国内生産拠点の縮小・閉鎖	7.6%	9.3%	42.4%	28.0%	9.3%	(3.4%)
国内で高付加価値製品の開発	0.0%	1.7%	11.9%	41.5%	43.2%	(1.7%)
国内で低価格製品の開発	10.2%	21.2%	28.8%	27.1%	8.5%	(4.2%)
人員合理化	0.8%	3.4%	33.9%	43.2%	16.9%	(1.7%)
国内雇用の維持	3.4%	10.2%	28.8%	42.4%	13.6%	(1.7%)
国内工場の生産方式の改善	0.8%	0.0%	14.4%	49.2%	33.9%	(1.7%)

■ 全く違う　■ やや違う　□ どちらともいえない
□ ややそのとおり　■ 全くそのとおり　（　）は未記入

このアンケート結果から見る限り，日本企業は，一方では，中国の低人件費を工場立地の最大の魅力としながら（その限りでは，低コスト・低価格競争戦略に完全に巻き込まれたままで），他方では，「国内で高付加価値製品の開発」で対応する戦略を展開しているつもりで，実際には「ものづくりの基盤（構造と機能）」を海外に流出させていることになる．したがって，われわれの調査仮説（279ページ参照）である「(4)アジア諸国の企業が『多品種・小ロット・短納期』という従来の日本企業の競争優位性を身につけた現段階においては，日本企業は新しい競争優位を構築する必要がある」という認識や戦略をとってはいるが，しかし，「高付加価値製品の開発」は「ものづくりの基盤」を失えば成功しないだけではなく，「ものづくりの基盤」を海外に全面的に移転させることが長期的に見て日本経済にとっていかに危険であるかという問題には何らの対策ももち合わせていないかの如くである．多くの企業が「高付加価値製品の開発」戦略を重視しているのが事実だとしても，「ものづくりの基盤」を喪失すれば，その戦略は，早晩，行き詰まざるを得ない．

対応戦略の第2位は，「国内工場の生産方式の改善」などの生産革新で対応していると答えた企業が，「全くそのとおり」33.9％，「ややそのとおり」49.2％あり，合計で83.1％となっている．つまり，わが国の製造企業のほとんどが「高付加価値製品の開発」（84.7％）と「国内工場の生産方式の改善」などの生産革新（83.1％）に取り組んでいることが確認できる．

しかし，そのために60％前後の企業が，「人員合理化で人件費を削減」している（「全くそのとおり」17.0％，「ややそのとおり」43.2％，計60.2％で第3位）が，その逆に，「国内の雇用を守る」という企業も，「全くそのとおり」13.6％，「ややそのとおり」42.4％を合わせると合計で計56％（第4位）に達する．「人員合理化」と「国内雇用の維持」という一見あい矛盾するかに見えるが，他の調査項目（雇用形態の多様化；図表10-4）と重ね合わせて考えると，正規社員から非正規社員（契約社員や派遣社員およびパート社員など）への切替えなどによる後者の増加によって，「国内の雇用」は数としては「守られ」ているが，「人件費の削減」は着実に進めていることが見えてくるのである．

第10章　グローバルな時代の経営革新　287

図表10-4　雇用形態の多様化を実施

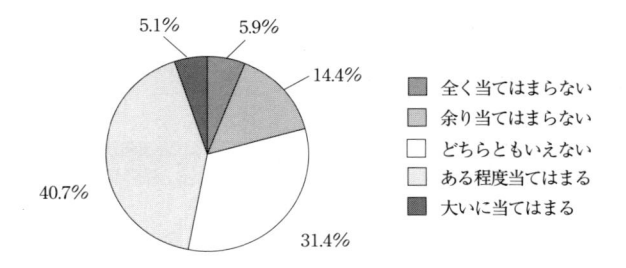

- 全く当てはまらない　5.1%
- 余り当てはまらない　5.9%
- どちらともいえない　14.4%
- ある程度当てはまる　40.7%
- 大いに当てはまる　31.4%

　これらに比べればやや取り組んでいる企業の割合は下がるが，50％の企業が「生産拠点をアジアに移転」（「全くそのとおり」16.1％，「ややそのとおり」36.4％，計50.0％で第5位）したり，3分の1を超える企業が「国内の生産拠点の縮小・閉鎖」や「国内で低価格製品の開発」を「全くそのとおり」か「ややそのとおり」と回答しており，アジアからの低価格製品の輸入が深刻な影響を与えていることがうかがえる．しかし，「研究開発機能の一部をアジアに移転」しているかとの問いには，「全く違う」が24.6％，「やや違う」が32.2％で，合計56.8％が「違う」と答えており，アジア地域は製造拠点として利用するが，研究開発拠点とする企業は，これまでのところでは，少ない（「全くそのとおり」(5.1％) と「ややそのとおり」(1.7％) の合計は6.8％，「どちらともいえない」が33.9％）ことがわかる．

3．トップマネジメントの経営革新（アンケートに見る実態）

　本調査の12項目（トップマネジメント，本社機能，目標・ビジョン，戦略，組織，企業文化，知識創造，研究開発，情報技術，環境対策，人的資源，およびグローバル化）の内，「グローバル化」については第2節で分析したので，ここでは「トップマネジメント」「目標・ビジョン」および「戦略」について，第1節の調査仮説に基づいて分析する．

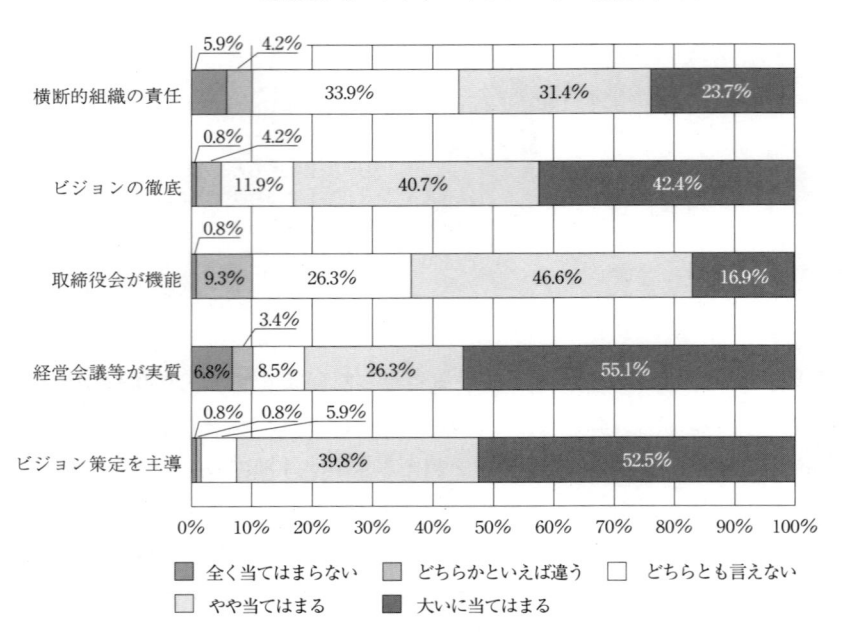

図表10-5　トップマネジメントの機能(1)〜(5)

項目	全く当てはまらない	どちらかといえば違う	どちらとも言えない	やや当てはまる	大いに当てはまる
横断的組織の責任	5.9%	4.2%	33.9%	31.4%	23.7%
ビジョンの徹底	0.8%	4.2%	11.9%	40.7%	42.4%
取締役会が機能	0.8%	9.3%	26.3%	46.6%	16.9%
経営会議等が実質	6.8%	3.4%	8.5%	26.3%	55.1%
ビジョン策定を主導	0.8%	0.8%	5.9%	39.8%	52.5%

(1) トップマネジメントの機能

　経営革新を遂行する上で，トップマネジメントの役割は決定的である．今回の調査では，トップマネジメントの機能を，5つの側面から分析しようとしている．第1は，経営ビジョンや方針を策定する際にリーダーシップを発揮しているかどうかである．回答は，「大いに当てはまる」(52.5%)と「やや当てはまる」(39.8%)の合計が92.3パーセントという大変優等生的な回答であり，問題がないかのごとくである．第2と第3は，トップマネジメントの最高意思決定は，実質的に，取締役会で行われているのか，それとも，経営会議や常務会などその他の重役会議で行われているのかという問題である．回答によれば，「取締役会が機能している」が「大いに当てはまる」16.9%であるのに対して，「経営会議やその他の重役会議で審議・決定する」が「大いに当てはまる」55.1%となっており，取締役会の形式化が進んでいることを示している．第4

は，経営トップが経営ビジョンの周知徹底をさまざまな機会に図っているかという問いに対して，回答は，「大いに当てはまる」(42.4％) と「やや当てはまる」(40.7％) の合計が83.1％となっており，経営ビジョンを全社に周知させようとする姿勢を持つ企業が多いことを示している．第5は，部門横断的なプロジェクト組織やタスクフォースの責任者に取締役が就任することによって，行動面においても，「トップが責任をとる体制」になっているかどうかを問うものである．回答は，「大いに当てはまる」(23.7％) と「やや当てはまる」(31.4％) の合計が55.1％となっており，「トップが責任をとる体制」がようやく過半数に達している．

ここで，取締役会の強化策としてどのような方策が検討されているかを見たのが，次の図表10-6である．調査時点は2002年2月であるが，その時点で商法改正を視野に入れた検討がすでにここまで進んでいたことが分かる．商法改正のポイントは，「委員会等設置会社」というトップマネジメントの方式の導入である（商法改正；2003年4月1日施行）．

図表10-6　取締役会の強化策

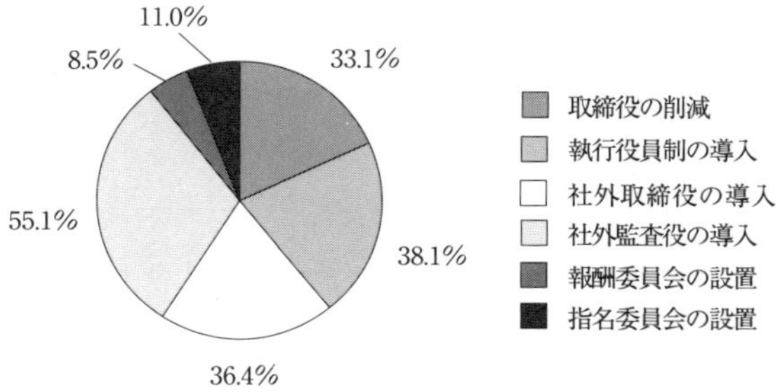

- 取締役の削減　33.1％
- 執行役員制の導入　38.1％
- 社外取締役の導入　36.4％
- 社外監査役の導入　55.1％
- 報酬委員会の設置　8.5％
- 指名委員会の設置　11.0％

「委員会等設置会社」方式導入のねらいは，トップマネジメントの意思決定の迅速化や企業不祥事のチェック体制の強化など，要するに，「企業統治」（コーポレートガバナンス）の強化である．そのために，検討されている対策は，多い順に，第1位が社外監査役の導入 (55.1％)，第2位が執行役員制の導入 (38.1％)，第3位が社外取締役制の導入 (36.4％)，第4位が取締役の削減

(33.1％) となっている．取締役の削減を検討している企業の比率が第4位となっているのは，今回の商法改正以前から，コーポレートガバナンス強化の必要性ゆえにすでに実施している企業がかなりあるためであろう．

(2) 経営目標

次に，わが国製造業企業の経営目標はいかなるものかを見ておこう．設問は，以下の6項目について，その重視度を5段階で問うた．アンケートの結果を，「大いに重視している」と「やや重視している」の合計が大きいもの順に示すと次のとおりである（図表10-7）．

第1位は利益率で，「大いに重視している」（64.4％）と「重視している」

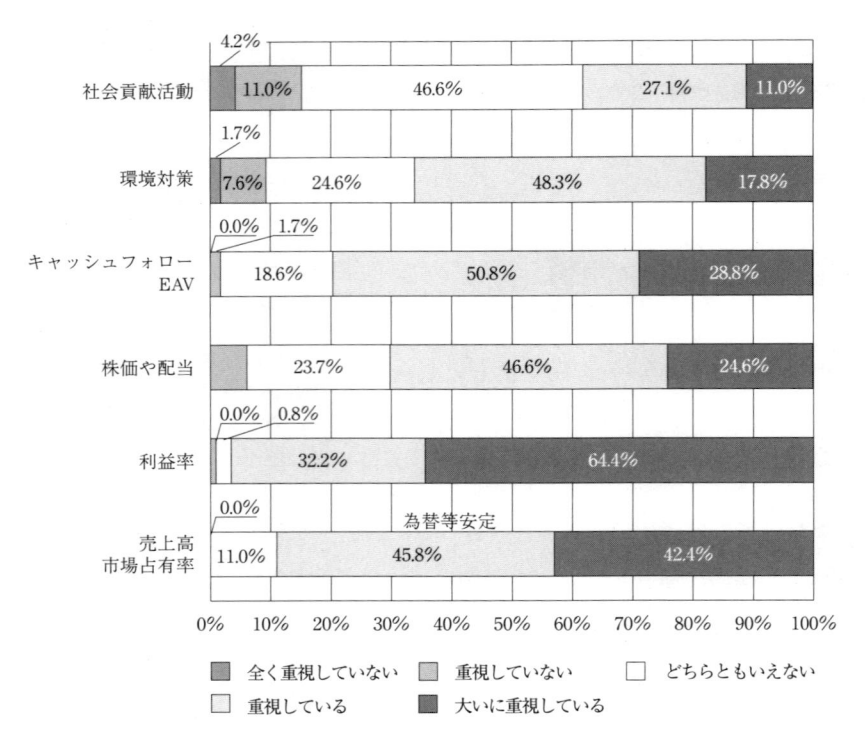

図表10-7 経営目標の重視度

項目	全く重視していない	重視していない	どちらともいえない	重視している	大いに重視している
社会貢献活動	4.2%	11.0%	46.6%	27.1%	11.0%
環境対策	1.7%	7.6%	24.6%	48.3%	17.8%
キャッシュフロー EAV	0.0%	1.7%	18.6%	50.8%	28.8%
株価や配当			23.7%	46.6%	24.6%
利益率	0.0%	0.8%		32.2%	64.4%
売上高市場占有率（為替等安定）	0.0%		11.0%	45.8%	42.4%

(32.2％)の合計が96.6％に達している．第2位は売上高や市場占有率で，「大いに重視している」(42.4％)と「重視している」(45.8％)の合計が89.2％となっている．かつて，1980年代初頭日米企業の経営目標の比較が行われ，アメリカ企業が利益率を最も重視するのに対して，日本企業は売上高や市場占有率を重視するという相違が明らかにされた．しかし，日本企業の経営目標は1980年代末を境に成長指向型から体質強化方へと転向した(＊通産省『日米企業行動比較』経済調査会，1991年)．また，第3位の「キャッシュフローやEVA」(「重視する」の合計が89.6％)と第4位の「株価や配当」(81.1％)を重視する企業の比率が高いことが注目される(＊われわれの前回調査との比較；池上一志編著『現代の経営革新』中央大学出版，2001年)．しかし，社会貢献活動を経営理念として重要視する企業は合計でも37.7％となっており，他の4つの経営目標に比べて，重視するという企業は40％以下である．社会貢献は企業の経営目標として重視されているとは言えないのが現状である．

(3) 経営戦略

企業は経営目標を達成するために，経営戦略を決定し，遂行する．次の図表10-8は，わが国の製造企業が経営目標を達成するためにどのような戦略を用いているのか，個々の経営戦略をどの程度重視しているのかを示すものである．「大いに重視している」と「重視している」の合計が大きいもの順に，製造企業が重視している経営戦略が明らかになる．重視している経営戦略の第1位は，新製品開発で，「大いに重視している」(70.3％)と「重視している」(26.3％)企業の合計が96.6％に達している．第2位は，新事業の開拓で，「大いに重視している」(45.8％)と「重視している」(35.6％)企業の合計が81.4％であり，やはりほとんどの企業が重視していることがわかる．第3位は，「マーケティングもしくは販売部門の製品企画力」で，「大いに重視している」(29.7％)と「重視している」(48.3％)企業が合計で78.0％なっており，約8割の企業が重視している．第4位は，「生産部門の海外への移転」で，「大いに重視している」(23.7％)と「重視している」(28.8％)企業の合計が52.5％となっており，半

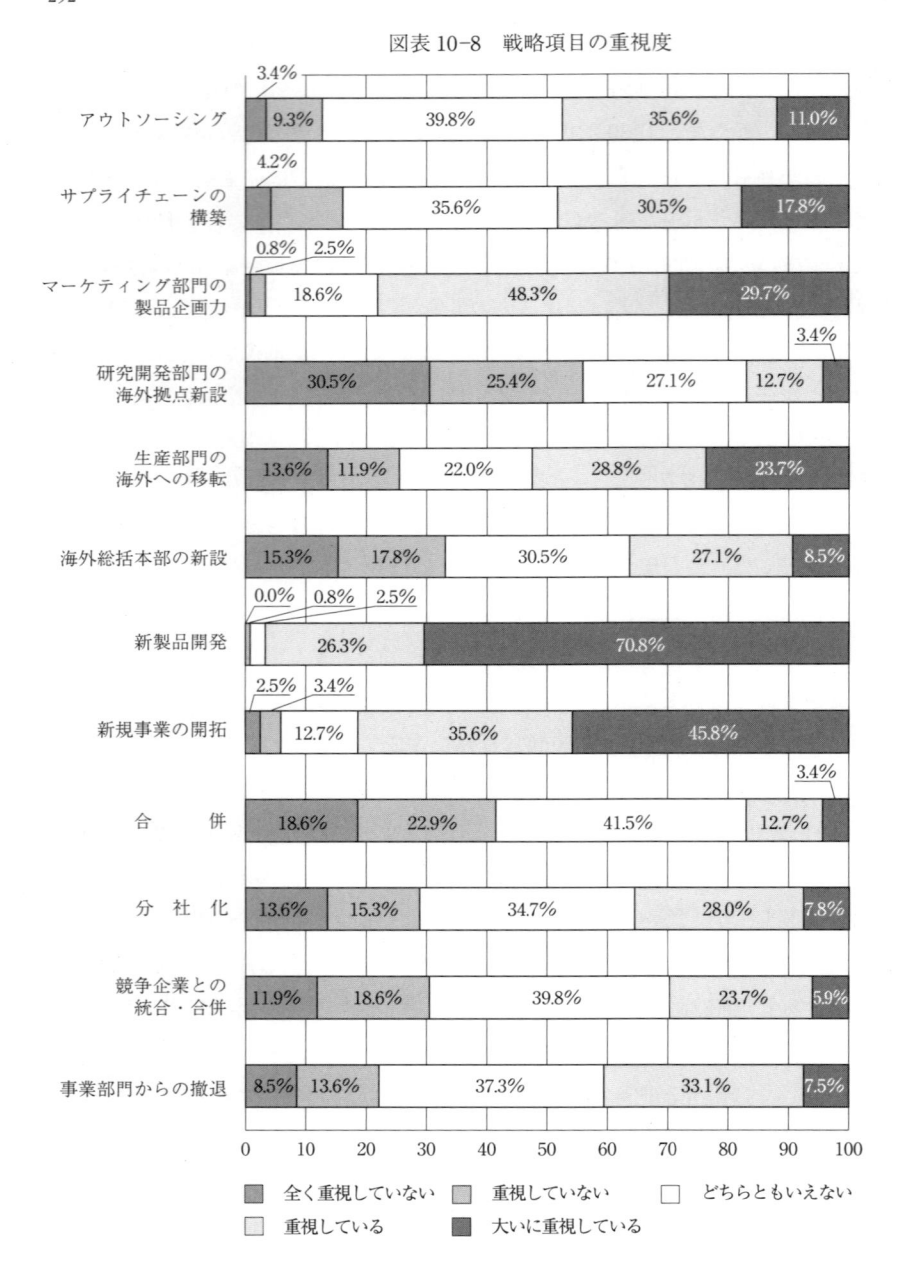

図表 10-8　戦略項目の重視度

戦略項目	全く重視していない	重視していない	どちらともいえない	重視している	大いに重視している
アウトソーシング	3.4%	9.3%	39.8%	35.6%	11.0%
サプライチェーンの構築	4.2%	11.9%※	35.6%	30.5%	17.8%
マーケティング部門の製品企画力	0.8%	2.5%	18.6%	48.3%	29.7%
研究開発部門の海外拠点新設	30.5%	25.4%	27.1%	12.7%	3.4%
生産部門の海外への移転	13.6%	11.9%	22.0%	28.8%	23.7%
海外総括本部の新設	15.3%	17.8%	30.5%	27.1%	8.5%
新製品開発	0.0%	0.8%	2.5%	26.3%	70.8%
新規事業の開拓	2.5%	3.4%	12.7%	35.6%	45.8%
合併	18.6%	22.9%	41.5%	12.7%	3.4%
分社化	13.6%	15.3%	34.7%	28.0%	7.8%
競争企業との統合・合併	11.9%	18.6%	39.8%	23.7%	5.9%
事業部門からの撤退	8.5%	13.6%	37.3%	33.1%	7.5%

数以上の企業が重視している．第5位は，サプライチェーンの構築で，「大いに重視している」（17.8％）と「重視している」（30.5％）企業の合計が48.3％，半数近くの企業が重視している．第6位は，「全社的規模で業務効率化のためのアウトソーシング」で，「重視」している企業の合計が46.6％，第7位は，「事業部門からの撤退」で，「重視」している企業の合計が40.7％，第8位は，「分社化」と「海外子会社の統括本部の新設・強化」で，「重視している」企業の合計が共に35.6％，第10位は，「競争企業との統合や合弁企業の設立」で，「重視している」企業の合計が29.6％となっている．第11位は，「合併」と「研究開発部門の海外拠点への新設や増設」で，「重視している」企業の合計は16.1％となっている．

　企業が重視している経営戦略の特徴を整理してみると，「新製品開発」や「新規事業開拓」および「マーケティング部門の製品企画力」がその他の戦略を大きく引き離して，「重視する経営戦略の御三家」となっている．「新製品開発」や「新規事業開拓」および「マーケティング部門の製品企画力」が経営戦略の「御三家」であるということは，わが国の製造企業は全般的には極めて積極的な経営戦略を重視していると考えられる．

　「重視している経営戦略」の分析結果は，先の「アジアからの低価格製品に対する戦略」の分析結果と全般においてほぼ整合性がある．

　以上のアンケート分析から見る限り，わが国製造企業は，メガ・コンペティション時代のグローバルな競争条件の下で，一方では，その競争優位性を単に国内に求めるだけではなく，近隣のアジア諸国・地域への積極的な製造拠点の展開によって国境を越えた国際的生産分業システムを構築すると共に，他方においては，「アジアからの低価格製品の輸入」に対しても「脅威」ではあるが，「研究開発部門」は国内に残していけば「新製品開発」や「新規事業開拓」および「マーケティング部門の製品企画力」を経営戦略の「御三家」として重視することによって競争優位を維持することは可能であり，「雇用形態の多様化」など「人員合理化による人件費の削減」はある程度避けられないが「国内の雇用は（数としては）守る」ことができると，考えていることになる．

4. インプリケーション

　アンケート調査の結果を以上のように分析することが許されるならば，次は，このような分析結果をどのように評価するべきかということが本章の課題となる．結論から言えば，わが国の製造企業が全体としては，メガ・コンペティションに対する経営戦略について自信をもっていることは，決して悪いことではない．また，その自信を（多少の「脅威」も感じつつも）失わないことが必要だと思う．

　しかし，今回のアンケート調査の結果を見るかぎり，残念ながら，その自信を裏付ける根拠は相当に危ういように思う．

　理由の第1は，このアンケート結果から見る限り，日本企業は，一方では，中国の低人件費を工場立地の最大の魅力としながら（その限りでは，低コスト・低価格競争戦略に完全に巻き込まれたままで），他方では，「国内で高付加価値製品の開発」で対応する戦略を展開しているつもりで，実際には，「ものづくりの基盤」（構造と機能）を海外に流失させていることになる．したがって，われわれの調査仮説（第1節参照）である「(4) アジア諸国の企業が「多品種・小ロット・短納期」という従来の日本企業の競争優位性を身につけた現段階においては，日本企業は新しい競争優位を構築する必要がある」という認識や戦略をもってはいるが，しかし，「高付加価値製品の開発」は「ものづくりの基盤」を喪失すればやがては行き詰まるものであり，それが長期的に見て日本経済にとっていかに危険であるかという問題に気づいていないかのごとくである．また，多くの企業が「高付加価値製品の開発」戦略を重視しているのが事実だとしても，高付加価値製品の開発には時間がかかり，「ものづくり」のすべてを付加価値の高い研究開発に特化できるわけではない．

　理由の第2は，「高付加価値を生む研究開発部門は国内で，低付加価値生産の『ものづくり』は海外（アジア地域，特に中国）で」という経営戦略そのものにある．すなわち，「研究開発は国内」で行い，「ものづくりは海外」で行うという国際分業のあり方にはいくつかの疑問があるからである．むしろ，この国

際分業のあり方に，現代日本製造業の地盤沈下の原因があるのではないか，ということである．この国際分業の出発点は，「比較(優位)生産費」説（リカード）にあるが，比較生産費説は経済成長に対する国際分業の有効性を解明したのであって，それを研究開発と「ものづくり」という生産の機能分業に適用して理解することは，比較生産費説の誤用ではないか．すでに，「日本では研究開発だけ行って生産活動は海外で行えばよいとの議論は，机上の空論に過ぎない」（木嶋 豊・昌子祐輔・竹森祐樹『日本製造業復活の戦略』ジェトロ，2003年，28ページ）との見解も出されている．もちろん，経済産業省（当時の通産省）がそんな誤解をするはずはない，と信じたい．『通商白書』は，「より安い製品の輸入」や国内は「付加価値の高い製品生産」へのシフトというわが国企業の国際展開自体は「我が国産業の比較優位に沿った産業構造・高い就業構造の実現の過程そのもの」であって，「産業の空洞化として問題視すべきではない」（『通商白書』平成7年版，184ページ）としているのである．しかし，それが言えるのは，生産される付加価値額が，「産業の高度化」によって，従来以上のペースで増大しなければならない．そのためには，これまで「低付加価値製品の生産」に従事してきた企業や業者の多くが「高付加価値製品の生産」にシフトすることが条件である．だが，その条件が満たされることはないであろう．

　第3は，ほとんどの企業が「高付加価値製品の生産は国内で，低付加価値製品＝標準品の生産はアジア諸国で」という戦略を実行してきた．しかし，「産業の高度化」の結果として，日本製造業の地盤沈下は深刻になるばかりで，産業の空洞化が深刻な問題になってきている．そうなった理由として，次の3点が考えられる．①従来の「産業の高度化」論は「開発は国内で，加工・組立は海外で」という間違った「国際分業」論として理解されてしまったために，日本の製造業がその基盤技術を喪失しつつある．②高付加価値製品の生産総額がアジア諸国に移転した低付加価値製品の生産総額を補うかそれを上回るほどに増加しなければ，国内産業が生産する総付加価値は減少し，経済の停滞は避けられない．中国等との低価格競争では国内需要が余り拡大しないので日本経済は停滞する．③「経済全体における貿易財産業のシェア」は，しばしば，「ボ

ーモルの命題」（＊）が成立するのであるが，中国製品との低価格競争においては，大幅なコスト・低価格化にもかかわらず国内での需要が余り伸びないので，「ボーモルの命題」が成立するためである．

　（＊）「ボーモルの命題」とは，一定の条件下で，比較優位の原則に反して，「生産性の上昇率の高い産業のシェアが相対的に縮小し，生産性の上昇率の低い産業のシェアが拡大する」ことをいう（長岡貞男「イノベーションと経済発展」，一橋大学イノベーションセンター編『イノベーション・メネジメント入門』日本経済新聞社，294ページ）

　第4は，企業の国際競争力という視点からすれば，「開発機能，製造機能，販売機能」のネットワーク化が重要である．この点では，日本企業の多くは，「新製品開発」や「新規事業開拓」および「マーケティング部門の製品企画力」を経営戦略の「御三家」として重視していることが確認された．

　第5は，それ以上に重要なのは，「販売・開発・製造・サービス」のネットワークの「特徴」である．アジア諸国の企業が「多品種・小ロット・短納期」という従来の日本企業の競争優位性を身につけた現段階においては，日本企業は新しい競争優位を構築する必要がある．コスト競争・低価格競争から脱出する必要がある．

　第6は，新しい競争優位の源泉は，各企業が「多品種・小ロット・短納期」だけではなく「創造性や個性，さらには芸術性」など「多種，多様な業種構成と多機能」を備えると同時に，そのために「専門特化した企業群」の産業クラスターの育成およびそのクラスターの「相互補完的なネットワーク」を構築することによって生まれる．さらに，この「生産ネットワークシステム」を国際的なマーケットに直結させることによって国際競争力が向上する．

　第7は，製造拠点と研究開発拠点を国内だけではなく国境を越えたネットワーク作りという発想で行うことになる．そのためには，自由貿易協定（FTA）の締結による自由貿易圏が構築される必要がある．そうなれば，当然のこととして，人材の国際的移動も避けられないということになる．これは最も困難な発想の転換を必要とする．自由貿易圏（FTA）実現の最大の障害は，日本人の意識の転換かもしれない．

参 考 文 献

シュンペーター（Shumpeter, J. A.）著，東畑精一訳『経済発展の理論（上）』岩波文庫．
─── , 中山伊知郎・東畑精一共訳『資本主義・社会主義・民主主義』東洋経済新報社．
ドラッカー（Drucker, Peter F.）著，野田一夫監修・現代経営研究会訳『現代の経営（上）』ダイヤモンド社．
─── , 上田淳生訳『イノベーションと企業家精神（上）』ダイヤモンド社．
M. E. ポーター著（土岐 坤，他訳）『国の競争優位（上）』ダイヤモンド社，1992年．
ピオーレ＆セーブル（Piore, M. J. and C. F. Sable）著，山之内靖他訳『第二の産業分水嶺』筑摩書房，1993年．
一橋大学イノベーション研究センター編『イノベーション・マネジメント入門』日本経済新聞社，2001年．
鎌倉健『産業集積の地域経済論』勁草書房，2002年．
木場　豊・昌子祐輔・竹森祐樹『日本製造業復活の戦略──メイド・イン・チャイナとの競争と共存──』JETRO，2003年2月．

アンケート集計表

I. トップマネジメントの機能

		全くあてはまらない	あてはまらない	どちらともいえない	あてはまる	大いにあてはまる	(空白)	合計
(1)	ビジョン策定で主導的役割	1	1	7	47	62	0	118
		0.8%	0.8%	5.9%	39.8%	52.5%	0.0%	100%
(2)	経営会議や重役会で重要事項を審議・決定	8	4	10	31	65	0	118
		6.8%	3.4%	8.5%	26.3%	55.1%	0.0%	100%
(3)	取締役会が実質的に機能	1	11	31	55	20	0	118
		0.8%	9.3%	26.3%	46.6%	16.9%	0.0%	100%
(4)	経営ビジョンを社長・会長が周知徹底	1	5	14	48	50	0	118
		0.8%	4.2%	11.9%	40.7%	42.4%	0.0%	100%
(5)	プロジェクト・タスクフォースの責任者は取締役	7	5	40	37	28	1	118
		5.9%	4.2%	33.9%	31.4%	23.7%	0.8%	100%

(6) 取締役会の強化策（複数回答可）

取締役会の削減	39	33.1%
執行役員制の導入	45	38.1%
社外取締役の導入	43	36.4%
社外監査役の導入	65	55.1%
報酬委員会の設置	10	8.5%
指名委員会の設置	13	11.0%
何も考えていない	11	9.3%

Ⅱ. 本社機能
1. 本社の役割, 機能
(1) 事業本部

本社に事業部もしくは事業グループの本部を設置	68	57.6 %
本社に事業本部を設置していない	26	22.0 %
事業部, 事業本部制を採用していない	22	18.6 %
(空　　白)	2	1.7 %
合　　　計	118	100 %

		全くあてはまらない	あてはまらない	どちらともいえない	あてはまる	大いにあてはまる	(空　白)	合　計
(2)	事業部や部門の研究開発活動を支援	19	18	19	35	26	1	118
		16.1 %	15.3 %	16.1 %	29.7 %	22.0 %	0.8 %	100 %
(3)	本社と事業部・職能部門との人事交流	7	18	43	34	13	3	118
		5.9 %	15.3 %	36.4 %	28.8 %	11.0 %	2.5 %	100 %

2. 本社スタッフ部門の機能・役割

		全くあてはまらない	あてはまらない	どちらともいえない	あてはまる	大いにあてはまる	(空　白)	合　計
(1)	情報収集と専門的知識の提供	0	2	12	67	36	1	118
		0.0 %	1.7 %	10.2 %	56.8 %	30.5 %	0.8 %	100 %
(2)	組織横断的なプロジェクトのとりまとめと促進	1	7	23	55	31	1	118
		0.8 %	5.9 %	19.5 %	46.6 %	26.3 %	0.8 %	100 %
(3)	トップと事業部管理者との会議を企画	2	9	21	47	38	1	118
		1.7 %	7.6 %	17.8 %	39.8 %	32.2 %	0.8 %	100 %
(4)	知識管理の統括	5	16	54	31	10	2	118
		4.2 %	13.6 %	45.8 %	26.3 %	8.5 %	1.7 %	100 %
(5)	事業統合や提携の中心的な担当部門	4	10	24	48	31	1	118
		3.4 %	8.5 %	20.3 %	40.7 %	26.3 %	0.8 %	100 %
(6)	情報収集・提供	1	13	50	41	12	1	118
		0.8 %	11.0 %	42.4 %	34.7 %	10.2 %	0.8 %	100 %
(7)	戦略策定に際して具体的内容については事業部に任せる	8	30	29	40	9	2	118
		6.8 %	25.4 %	24.6 %	33.9 %	7.6 %	1.7 %	100 %

III. 目標・ビジョン

(1) 経営ビジョンの策定方法

トップが独自に定義し，取締役会で審議・決定	24	20.3 %
経営企画や総務部門で素案が作られ，取締役会で審議	73	61.9 %
ミドルを含めボトムアップで素案が作られ，取締役会で審議・決定	12	10.2 %
とくに決まっていない	9	7.6 %
合　　　計	118	100 %

(2) ビジョンや目標の重視項目

	全く重視していない	重視していない	どちらともいえない	重視している	大いに重視している	(空白)	合　計
①売上高，市場占有率	0	0	13	54	50	1	118
	0.0 %	0.0 %	11.0 %	45.8 %	42.4 %	0.8 %	100 %
②利益率	0	1	3	38	76	0	118
	0.0 %	0.8 %	2.5 %	32.2 %	64.4 %	0.0 %	100 %
③株価や配当	0	6	28	55	29	0	118
	0.0 %	5.1 %	23.7 %	46.6 %	24.6 %	0.0 %	100 %
④キャッシュフロー，EVA	0	2	22	60	34	0	118
	0.0 %	1.7 %	18.6 %	50.8 %	28.8 %	0.0 %	100 %
⑤環境対策	2	9	29	57	21	0	118
	1.7 %	7.6 %	24.6 %	48.3 %	17.8 %	0.0 %	100 %
⑥社会貢献活動	5	13	55	32	13	0	118
	4.2 %	11.0 %	46.6 %	27.1 %	11.0 %	0.0 %	100 %
(3) 経営ビジョンを社外に公表	3	8	20	48	38	1	118
	2.5 %	6.8 %	16.9 %	40.7 %	32.2 %	0.8 %	100 %

IV. 戦　　略
1. 戦略の内容，ビジネスプロセス
(1) 戦略の重視項目

	全く重視していない	重視していない	どちらともいえない	重視している	大いに重視している	(空　白)	合　計
①事業部門からの撤退	10	16	44	39	9	0	118
	8.5 %	13.6 %	37.3 %	33.1 %	7.6 %	0.0 %	100 %
②競争企業との統合（合弁等）	14	22	47	28	7	0	118
	11.9 %	18.6 %	39.8 %	23.7 %	5.9 %	0.0 %	100 %
③分　社　化	16	18	41	33	9	1	118
	13.6 %	15.3 %	34.7 %	28.0 %	7.6 %	0.8 %	100 %
④合　　併	22	27	49	15	4	1	118
	18.6 %	22.9 %	41.5 %	12.7 %	3.4 %	0.8 %	100 %
⑤新規事業の開拓	3	4	15	42	54	0	118
	2.5 %	3.4 %	12.7 %	35.6 %	45.8 %	0.0 %	100 %
⑥新製品開発	0	1	3	31	83	0	118
	0.0 %	0.8 %	2.5 %	26.3 %	70.3 %	0.0 %	100 %
⑦海外子会社の統括本部の新設・強化	18	21	36	32	10	1	118
	15.3 %	17.8 %	30.5 %	27.1 %	8.5 %	0.8 %	100 %
⑧生産部門の海外への移転	16	14	26	34	28	0	118
	13.6 %	11.9 %	22.0 %	28.8 %	23.7 %	0.0 %	100 %
⑨研究開発部門の海外拠点への新設・増設	36	30	32	15	4	1	118
	30.5 %	25.4 %	27.1 %	12.7 %	3.4 %	0.8 %	100 %
⑩マーケティングもしくは販売部門の製品企画力	1	3	22	57	35	0	118
	0.8 %	2.5 %	18.6 %	48.3 %	29.7 %	0.0 %	100 %
⑪サプライチェーンの構築	5	14	42	36	21	0	118
	4.2 %	11.9 %	35.6 %	30.5 %	17.8 %	0.0 %	100 %
⑫全社的規模で業務効率化のためのアウトソーシング	4	11	47	42	13	1	118
	3.4 %	9.3 %	39.8 %	35.6 %	11.0 %	0.8 %	100 %

(2) アウトソーシング実施分野（複数回答可）

人事，経理，教育訓練，福利構成などを含む事務管理部門	37	31.4%
システム開発を含む情報処理部門	57	48.3%
製造・点検・保全業務	53	44.9%
物流業務	62	52.5%
研究開発	11	9.3%
広告・営業	13	11.0%
その他	1	0.8%
実施していない	23	19.5%

(3) 製品イノベーションとビジネスプロセスイノベーションの重視度

製品重視	やや製品重視	両方とも	ややプロセス重視	プロセス重視	（空白）	合計
15	33	52	11	5	2	118
12.7%	28.0%	44.1%	9.3%	4.2%	1.7%	100%

(4) ビジネスプロセスの変化（3年前との比較）

	短くなった	やや短くなった	変化なし	やや長くなった	長くなった	（空白）	合計
長さ	26	50	33	6	2	1	118
	22.0%	42.4%	28.0%	5.1%	1.7%	0.8%	100%

	単純化	やや単純化	変化なし	やや複雑化	複雑化	（空白）	合計
複雑さ	6	20	23	53	15	1	118
	5.1%	16.9%	19.5%	44.9%	12.7%	0.8%	100%

2．戦略策定方法

(1) 全社レベルの戦略策定方法

1～3人のトップ経営者が自ら経営企画部等のスタッフ部門や各事業部・部門間の情報をもとに戦略を策定する（トップ主導型）．	33	28.0%
経営企画部などのスタッフ部門の主導で各部門・事業部の意見・情報を取りまとめ，全社的な戦略案を策定する（スタッフ主導型）．	30	25.4%
各部門・事業部の主導で戦略を策定し，それを経営ビジョンに基づいて統合して全社規模の戦略を作る（ミドル主導型）．	25	21.2%
経営企画部等のスタッフ部門が各事業部・部門から情報を収集し，トップの意向と具体的な指示のもとに戦略の策定を行う（共同作業型）．	29	24.6%
その他	1	0.8%
合計	118	100%

(2) 事業部・部門の戦略策定方法

事業部・部門の戦略策定は全社戦略の一部とされ、本社の主導で行われる．	19	16.1 %
事業部の戦略策定に際して，本社は財務目標を設定するが，具体的内容については事業部・部門の判断に任される．	54	45.8 %
戦略策定を行う前提として，本社によるさまざまな条件が提示されるが，事業部・部門の判断も尊重される（共同作業型）．	43	36.4 %
（空白）	2	1.7 %
	118	100 %

(3) 情報化戦略と経営戦略の関連性

経営（事業・競争）戦略を策定した後に，情報化戦略を策定する．	22	18.6 %
経営（事業・競争）戦略の策定と情報化戦略の策定は，融合的・統合的に行われる．	69	58.5 %
情報化戦略は、経営（事業・競争）戦略と関係なく策定される．	27	22.9 %
その他	0	0.0 %
合計	118	100 %

(4) 利益率・シェアとキャッシュフローとの重視度

利益率・シェア重視	やや利益率・シェア重視	同程度	ややキャッシュフロー重視	キャッシュフロー重視	（空　白）	合　計
13	45	43	12	4	1	118
11.0 %	38.1 %	36.4 %	10.2 %	3.4 %	0.8 %	100 %

V. 組織

		全くあてはまらない	あてはまらない	どちらともいえない	あてはまる	大いにあてはまる	(空白)	合計
(1)	部門横断的な組織を設置・強化	3	20	51	33	11	0	118
		2.5%	16.9%	43.2%	28.0%	9.3%	0.0%	100%
(2)	カンパニー化・子会社化の促進	29	27	30	26	6	0	118
		24.6%	22.9%	25.4%	22.0%	5.1%	0.0%	100%
(3)	部門,事業部間の統合の促進	17	37	39	22	3	0	118
		14.4%	31.4%	33.1%	18.6%	2.5%	0.0%	100%
(4)	本社が事業部の戦略策定を支援する戦略本社化	7	23	41	39	6	2	118
		5.9%	19.5%	34.7%	33.1%	5.1%	1.7%	100%
(5)	情報化と組織の設計							

	合計	
全社的業務改善活動や組織設計・開発を行った後に,情報システム設計・開発を行う.	18	15.3%
全社的業務改善や組織設計・開発と,情報システム設計・開発は並行・補完的に行われる.	78	66.1%
情報システム設計・開発は,全社的業務改善や組織設計・開発と連動せずに自己完結的に行う.	22	18.6%
その他	0	0.0%
合計	118	100%

VI. 組織文化

		全くあてはまらない	あてはまらない	どちらともいえない	あてはまる	大いにあてはまる	(空白)	合計
(1)	開放的	1	12	48	47	10	0	118
		0.8%	10.2%	40.7%	39.8%	8.5%	0.0%	100%
(2)	革新的	0	20	45	46	6	1	118
		0.0%	16.9%	38.1%	39.0%	5.1%	0.8%	100%

Ⅶ. 知識創造

		全くあてはまらない	あてはまらない	どちらともいえない	あてはまる	大いにあてはまる	(空白)	合計
(1)	プロジェクト組織やチームを部門横断的に設置	5 4.2%	14 11.9%	30 25.4%	48 40.7%	21 17.8%	0 0.0%	118 100%
(2)	組織横断的な会議を公式・非公式に設置	3 2.5%	4 3.4%	34 28.8%	59 50.0%	18 15.3%	0 0.0%	118 100%
(3)	組織縦断的な会議の場を設置	7 5.9%	20 16.9%	47 39.8%	36 30.5%	8 6.8%	0 0.0%	118 100%
(4)	現場からの提案やアイディアを重視	0 0.0%	3 2.5%	38 32.2%	62 52.5%	15 12.7%	0 0.0%	118 100%
(5)	知識やノウハウを共有・活用するために情報技術を積極的に活用	0 0.0%	12 10.2%	37 31.4%	49 41.5%	19 16.1%	1 0.8%	118 100%
(6)	関連企業との間に対面の会合を設置	4 3.4%	16 13.6%	48 40.7%	39 33.1%	11 9.3%	0 0.0%	118 100%
(7)	消費者との間対面の会合を設置	19 16.1%	36 30.5%	42 35.6%	15 12.7%	5 4.2%	1 0.8%	118 100%

改善・革新に伴う知識やノウハウが最も得られる場

社員の共同作業の場	67	56.8%
関連企業との取引の場	25	21.2%
消費者とのコミュニケーションの場	20	16.9%
その他	5	4.2%
(空白)	1	0.8%
合計	118	100%

Ⅷ. 研究開発

		全くあてはまらない	あてはまらない	どちらともいえない	あてはまる	大いにあてはまる	(空白)	合計
(1)	本社が事業部間の協力関係を作り製品開発の企画や案をとりまとめる	12 10.2%	35 29.7%	38 32.2%	25 21.2%	8 6.8%	0 0.0%	118 100%
(2)	研究開発の全権(予算・人事)をプロジェクトの責任者に付与	12 10.2%	26 22.0%	39 33.1%	32 27.1%	8 6.8%	1 0.8%	118 100%
(3)	新製品開発で各事業部や職能部門の意見を重視	1 0.8%	7 5.9%	21 17.8%	66 55.9%	22 18.6%	1 0.8%	118 100%
(4)	研究開発本部が支援	12 10.2%	14 11.9%	30 25.4%	41 34.7%	21 17.8%	0 0.0%	118 100%

IX. 情報技術

1. 情報文化・支援体制

		全くあてはまらない	あてはまらない	どちらともいえない	あてはまる	大いにあてはまる	(空白)	合計
(1)	情報技術を積極的に活用	0	6	15	61	36	0	118
		0.0%	5.1%	12.7%	51.7%	30.5%	0.0%	100%
(2)	情報(システム)部門はユーザに対して積極的に支援	3	9	23	56	26	1	118
		2.5%	7.6%	19.5%	47.5%	22.0%	0.8%	100%
(3)	ユーザは情報システムの構築や改善に積極的に参加	2	18	42	42	13	1	118
		1.7%	15.3%	35.6%	35.6%	11.0%	0.8%	100%
(4)	ユーザに対する情報技術の教育訓練・学習の体制整備	8	21	46	33	10	0	118
		6.8%	17.8%	39.0%	28.0%	8.5%	0.0%	100%
(5)	中央の情報(システム)部門が情報技術を統合	2	8	15	53	40	0	118
		1.7%	6.8%	12.7%	44.9%	33.9%	0.0%	100%
(6)	経営戦略策定は情報技術の活用が前提	4	16	42	44	12	0	118
		3.4%	13.6%	35.6%	37.3%	10.2%	0.0%	100%

2. 情報技術特性

		全くあてはまらない	あてはまらない	どちらともいえない	あてはまる	大いにあてはまる	(空白)	合計
(1)	基幹系情報化度合が高い	0	9	62	35	11	1	118
		0.0%	7.6%	52.5%	29.7%	9.3%	0.8%	100%
(2)	情報系情報化度合が高い	2	11	59	34	12	0	118
		1.7%	9.3%	50.0%	28.8%	10.2%	0.0%	100%
(3)	基幹系と情報系の連携・統合度合が高い	2	15	62	30	9	0	118
		1.7%	12.7%	52.5%	25.4%	7.6%	0.0%	100%
(4)	アプリケーションの開発を専門業者に委託する	9	27	26	45	11	0	118
		7.6%	22.9%	22.0%	38.1%	9.3%	0.0%	100%
(5)	アプリケーションの運用を専門業者に委託する	10	36	38	26	8	0	118
		8.5%	30.5%	32.2%	22.0%	6.8%	0.0%	100%

(6) 情報化投資の変化(3年前との比較)

21%以上減少	3	2.5%
11～20%減少	3	2.5%
1～10%減少	8	6.8%
変化なし	28	23.7%
1～10%増加	22	18.6%
11～20%増加	28	23.7%
21%以上増加	26	22.0%
合計	118	100%

3. 電子コミュニケーション技術

	全く活用していない	あまり活用していない	どちらともいえない	やや活用している	大いに活用している	(空白)	合計

(1) 社内コミュニケーションでの活用程度

情報収集	1	4	17	47	48	1	118
	0.8%	3.4%	14.4%	39.8%	40.7%	0.8%	100%
討議, 決定	8	30	38	30	11	1	118
	6.8%	25.4%	32.2%	25.4%	9.3%	0.8%	100%
連絡, 調整	1	3	8	35	70	1	118
	0.8%	2.5%	6.8%	29.7%	59.3%	0.8%	100%

(2) 関連企業とのコミュニケーションでの活用程度

情報収集	3	13	24	50	28	0	118
	2.5%	11.0%	20.3%	42.4%	23.7%	0.0%	100%
討議, 決定	21	25	49	18	5	0	118
	17.8%	21.2%	41.5%	15.3%	4.2%	0.0%	100%
連絡, 調整	2	12	18	47	39	0	118
	1.7%	10.2%	15.3%	39.8%	33.1%	0.0%	100%

4. インターネット活用状況

	全く活用していない	あまり活用していない	どちらともいえない	やや活用している	大いに活用している	(空白)	合計

(1) 企業間取引での活用限度

問い合わせ, 情報収集	2	6	19	56	34	1	118
	1.7%	5.1%	16.1%	47.5%	28.8%	0.8%	100%
見積, 注文	7	21	40	33	16	1	118
	5.9%	17.8%	33.9%	28.0%	13.6%	0.8%	100%
請求書, 領収書発行	26	32	38	15	4	3	118
	22.0%	27.1%	32.2%	12.7%	3.4%	2.5%	100%
メンテナンス, サポート	13	30	41	25	6	3	118
	11.0%	25.4%	34.7%	21.2%	5.1%	2.5%	100%

(2) 消費者との取引での活用程度

問い合わせ，情報収集	11	10	29	37	23	8	118
	9.3%	8.5%	24.6%	31.4%	19.5%	6.8%	100%
見積，注文	26	23	42	13	6	8	118
	22.0%	19.5%	35.6%	11.0%	5.1%	6.8%	100%
請求書，領収書発行	40	27	37	2	4	8	118
	33.9%	22.9%	31.4%	1.7%	3.4%	6.8%	100%
メンテナンス，サポート	29	23	38	15	5	8	118
	24.6%	19.5%	32.2%	12.7%	4.2%	6.8%	100%

5．情報技術活用効果

	全く効果なし	あまり効果なし	どちらともいえない	やや効果あり	大いに効果あり	(空白)	合計
(1) 効率性向上	1	5	40	52	19	1	118
	0.8%	4.2%	33.9%	44.1%	16.1%	0.8%	100%
(2) 管理の質的向上	0	7	51	47	12	1	118
	0.0%	5.9%	43.2%	39.8%	10.2%	0.8%	100%
(3) 知識や情報の共有化	0	3	20	72	22	1	118
	0.0%	2.5%	16.9%	61.0%	18.6%	0.8%	100%
(4) 社員のやる気・モチベーション	0	13	73	25	5	2	118
	0.0%	11.0%	61.9%	21.2%	4.2%	1.7%	100%
(5) 社員の学習活動の質的向上	0	11	66	38	1	2	118
	0.0%	9.3%	55.9%	32.2%	0.8%	1.7%	100%
(6) 企業間の連携や調整の質的向上	1	10	56	44	5	2	118
	0.8%	8.5%	47.5%	37.3%	4.2%	1.7%	100%
(7) 顧客満足	0	11	67	36	2	2	118
	0.0%	9.3%	56.8%	30.5%	1.7%	1.7%	100%
(8) 業務プロセスの抜本的改革	1	16	55	40	4	2	118
	0.8%	13.6%	46.6%	33.9%	3.4%	1.7%	100%
(9) 事業転換や組織転換	9	28	73	4	2	2	118
	7.6%	23.7%	61.9%	3.4%	1.7%	1.7%	100%
(10) 競争優位の獲得	8	22	71	13	2	2	118
	6.8%	18.6%	60.2%	11.0%	1.7%	1.7%	100%
(11) 知識やノウハウの創造	2	15	60	27	5	9	118
	1.7%	12.7%	50.8%	22.9%	4.2%	7.6%	100%

X．環境対策

	全く実施していない	あまり実施していない	どちらともいえない	やや実施している	大いに実施している	(空白)	合計

1．リスク管理

		全く実施していない	あまり実施していない	どちらともいえない	やや実施している	大いに実施している	(空白)	合計
(1)	大気や水質，土壌汚染に対する対策	4	5	13	42	52	2	118
		3.4 %	4.2 %	11.0 %	35.6 %	44.1 %	1.7 %	100 %
(2)	汚染情報を蓄積	5	10	22	38	41	2	118
		4.2 %	8.5 %	18.6 %	32.2 %	34.7 %	1.7 %	100 %
(3)	ゼロエミッション	4	14	27	39	32	2	118
		3.4 %	11.9 %	22.9 %	33.1 %	27.1 %	1.7 %	100 %
(4)	環境汚染対策に関する情報をステークホルダーに開示	13	15	30	34	24	2	118
		11.0 %	12.7 %	25.4 %	28.8 %	20.3 %	1.7 %	100 %
(5)	環境影響評価制度	13	22	35	26	18	4	118
		11.0 %	18.6 %	29.7 %	22.0 %	15.3 %	3.4 %	100 %

2．研究開発

		全く実施していない	あまり実施していない	どちらともいえない	やや実施している	大いに実施している	(空白)	合計
(1)	環境配慮型製品・サービスの開発	4	12	16	48	35	3	118
		3.4 %	10.2 %	13.6 %	40.7 %	29.7 %	2.5 %	100 %
(2)	省資源・省エネルギー技術の開発	5	6	19	49	36	3	118
		4.2 %	5.1 %	16.1 %	41.5 %	30.5 %	2.5 %	100 %
(3)	代替・自然エネルギーの開発	28	26	34	17	10	3	118
		23.7 %	22.0 %	28.8 %	14.4 %	8.5 %	2.5 %	100 %
(4)	他企業・他組織との間で共同の研究開発	17	14	32	36	16	3	118
		14.4 %	11.9 %	27.1 %	30.5 %	13.6 %	2.5 %	100 %

3．リサイクル対策

		全く実施していない	あまり実施していない	どちらともいえない	やや実施している	大いに実施している	(空白)	合計
(1)	使用済み製品の回収システムを構築	20	20	32	25	19	2	118
		16.9 %	16.9 %	27.1 %	21.2 %	16.1 %	1.7 %	100 %
(2)	リサイクルに関する知識・技術・ノウハウを蓄積	3	14	23	58	18	2	118
		2.5 %	11.9 %	19.5 %	49.2 %	15.3 %	1.7 %	100 %
(3)	リサイクルを想定した製品設計を実施	7	16	27	48	18	2	118
		5.9 %	13.6 %	22.9 %	40.7 %	15.3 %	1.7 %	100 %
(4)	他企業・他組織との間でリサイクル設備を共有	38	20	34	11	12	3	118
		32.2 %	16.9 %	28.8 %	9.3 %	10.2 %	2.5 %	100 %

4. 情報公開

(1)	環境報告書の内容にステークホルダーの意見を反映させている	34	16	39	17	7	5	118
		28.8 %	13.6 %	33.1 %	14.4 %	5.9 %	4.2 %	100 %
(2)	環境報告書の発行の際に第3者評価を受けている	37	17	30	15	14	5	118
		31.4 %	14.4 %	25.4 %	12.7 %	11.9 %	4.2 %	100 %
(3)	特定の層をターゲットにして環境報告書を作成	36	18	44	9	5	6	118
		30.5 %	15.3 %	37.3 %	7.6 %	4.2 %	5.1 %	100 %
(4)	環境会計に環境省のガイドラインとは別の指標を導入	47	16	31	13	8	3	118
		39.8 %	13.6 %	26.3 %	11.0 %	6.8 %	2.5 %	100 %
(5)	環境会計の結果を社員のコスト意識改革に結びつけている	38	24	34	15	4	3	118
		32.2 %	20.3 %	28.8 %	12.7 %	3.4 %	2.5 %	100 %

XI. 人的資源

1. 人的資源の対応

(1) 最近3年間で人員削減を行った最も大きな原因

機械・新技術の導入	9	7.6 %
M&A・アウトソーシング等による組織の再構築	13	11.0 %
特定部門からの戦略的撤退	13	11.0 %
特定部門の海外移転	13	11.0 %
その他	30	25.4 %
実施していない	38	32.2 %
（空　白）	2	1.7 %
合　計	118	100 %

(2) 年俸制の実施状況

管理職だけを対象	34	28.8 %
間接部門社員を対象	1	0.8 %
全社員を対象	3	2.5 %
実施を検討中	24	20.3 %
検討していない	55	46.6 %
（空　白）	1	0.8 %
	118	100 %

(3) 人事考課の内容開示

考課結果のみ	21	17.8 %
さらに効果の項目と手続	12	10.2 %
さらに各項目の判断基準及び比重	22	18.6 %
さらに効果者の名前	33	28.0 %
開示していない	30	25.4 %
	118	100 %

(4) 目標管理制度の実施範囲

役員のみを対象	0	0.0 %
管理職までを対象	29	24.6 %
間接部門社員までを対象	13	11.0 %
全社員を対象	61	51.7 %
実施していない	15	12.7 %
	118	100 %

2．人的資源活用体制

		全くあてはまらない	あてはまらない	どちらともいえない	あてはまる	大いにあてはまる	（空　白）	合　計
(1)	教育訓練制度が充実	2	17	42	46	11	0	118
		1.7 %	14.4 %	35.6 %	39.0 %	9.3 %	0.0 %	100 %
(2)	組織横断的な人事異動・ローテーションを実施	3	31	53	27	4	0	118
		2.5 %	26.3 %	44.9 %	22.9 %	3.4 %	0.0 %	100 %
(3)	成果主義賃金制度を導入	9	17	31	51	10	0	118
		7.6 %	14.4 %	26.3 %	43.2 %	8.5 %	0.0 %	100 %
(4)	小集団活動を実施	1	21	34	44	18	0	118
		0.8 %	17.8 %	28.8 %	37.3 %	15.3 %	0.0 %	100 %

3．雇用形態

		全くあてはまらない	あてはまらない	どちらともいえない	あてはまる	大いにあてはまる	（空　白）	合　計
(1)	雇用形態を多様化	7	17	37	48	6	3	118
		5.9 %	14.4 %	31.4 %	40.7 %	5.1 %	2.5 %	100 %

(2) 非正規社員の割合変化（最近3年間で）

	かなり減少	やや減少	変化なし	やや増加	かなり増加	(空　白)	合　計
パート社員	14	29	39	30	5	1	118
	11.9 %	24.6 %	33.1 %	25.4 %	4.2 %	0.8 %	100 %
アルバイト	15	17	65	16	0	5	118
	12.7 %	14.4 %	55.1 %	13.6 %	0.0 %	4.2 %	100 %
臨　時　職	12	26	62	14	0	4	118
	10.2 %	22.0 %	52.5 %	11.9 %	0.0 %	3.4 %	100 %
契　約　社　員	9	18	44	35	6	6	118
	7.6 %	15.3 %	37.3 %	29.7 %	5.1 %	5.1 %	100 %
派　遣　社　員	8	13	31	46	14	6	118
	6.8 %	11.0 %	26.3 %	39.0 %	11.9 %	5.1 %	100 %

(3) 雇用形態の多様化における労働組合の対応考慮

団体交渉を通じて	7	5.9 %
労使協議会を通じて	82	69.5 %
経営者の通知によって	11	9.3 %
経営権に関する問題なので、労働組合に連絡する必要なし	13	11.0 %
(空　白)	5	4.2 %
合　　計	118	100 %

(4) ワーク・シェアリング制度

全社員に導入	0	0.0 %
一部の社員に導入	4	3.4 %
前向きに検討	30	25.4 %
検討していない	80	67.8 %
(空　白)	4	3.4 %
合　　計	118	100 %

XII. グローバル化

1. グローバルな企業立地で考慮する要素

		ほとんど考慮しない	やや考慮する	ある程度考慮する	考慮する	きわめて考慮する	(空白)	合計
(1)	販売市場としての魅力	2	9	11	37	55	4	118
		1.7%	7.6%	9.3%	31.4%	46.6%	3.4%	100%
(2)	賃金等の人件費コスト	1	2	14	43	54	4	118
		0.8%	1.7%	11.9%	36.4%	45.8%	3.4%	100%
(3)	電力・水道・交通手段	3	4	49	38	20	4	118
		2.5%	3.4%	41.5%	32.2%	16.9%	3.4%	100%
(4)	インターネット等の情報網	5	14	60	26	9	4	118
		4.2%	11.9%	50.8%	22.0%	7.6%	3.4%	100%
(5)	製造業関連産業の集積	1	10	35	52	16	4	118
		0.8%	8.5%	29.7%	44.1%	13.6%	3.4%	100%
(6)	知識や知識労働者の集積	3	12	55	36	8	4	118
		2.5%	10.2%	46.6%	30.5%	6.8%	3.4%	100%
(7)	資金調達市場としての条件	17	31	51	12	3	4	118
		14.4%	26.3%	43.2%	10.2%	2.5%	3.4%	100%
(8)	国や自治体の企業誘致政策	7	18	43	41	5	4	118
		5.9%	15.3%	36.4%	34.7%	4.2%	3.4%	100%
(9)	自由貿易協定の存在	3	18	52	32	9	4	118
		2.5%	15.3%	44.1%	27.1%	7.6%	3.4%	100%
(10)	為替の安定、政治の安定	1	0	26	60	27	4	118
		0.8%	0.0%	22.0%	50.8%	22.9%	3.4%	100%

２．グローバル競争で考慮する企業立地要素ごとに最も重要な地域

		北米	EU	日本	中国	台湾韓国	その他のアジア(*1)	その他(*2)	(空白)	合　計
1	販売市場としての魅力	40	2	17	42	1	7	0	9	118
		33.9 %	1.7 %	14.4 %	35.6 %	0.8 %	5.9 %	0.0 %	7.6 %	100 %
2	賃金等の人件費コスト	0	1	3	93	3	9	0	9	118
		0.0 %	0.8 %	2.5 %	78.8 %	2.5 %	7.6 %	0.0 %	7.6 %	100 %
3	電力・水道・交通手段	26	3	33	22	7	10	0	17	118
		22.0 %	2.5 %	28.0 %	18.6 %	5.9 %	8.5 %	0.0 %	14.4 %	100 %
4	インターネット等の情報網	54	2	27	8	7	1	0	19	118
		45.8 %	1.7 %	22.9 %	6.8 %	5.9 %	0.8 %	0.0 %	16.1 %	100 %
5	製造業関連産業の集積	16	5	36	37	6	6	0	12	118
		13.6 %	4.2 %	30.5 %	31.4 %	5.1 %	5.1 %	0.0 %	10.2 %	100 %
6	知識や知識労働者の集積	32	8	51	6	4	2	0	15	118
		27.1 %	6.8 %	43.2 %	5.1 %	3.4 %	1.7 %	0.0 %	12.7 %	100 %
7	資金調達市場としての条件	27	12	55	4	1	0	1	18	118
		22.9 %	10.2 %	46.6 %	3.4 %	0.8 %	0.0 %	0.8 %	15.3 %	100 %
8	国や自治体の企業誘致政策	6	6	35	35	1	13	1	21	118
		5.1 %	5.1 %	29.7 %	29.7 %	0.8 %	11.0 %	0.8 %	17.8 %	100 %
9	自由貿易協定の存在	28	10	14	24	1	13	2	26	118
		23.7 %	8.5 %	11.9 %	20.3 %	0.8 %	11.0 %	1.7 %	22.0 %	100 %
10	為替の安定，政治の安定	37	9	25	15	1	11	2	18	118
		31.4 %	7.6 %	21.2 %	12.7 %	0.8 %	9.3 %	1.7 %	15.3 %	100 %

3．中国等アジア諸国からの低価格製品の輸入急増に対する考え方や戦略（現在および今後）

		全く違う	やや違う	どちらともいえない	ややそのとおり	全くそのとおり	（空白）	合　計
(1)	国内工場の生産方式の改善	1	0	17	58	40	2	118
		0.8 %	0.0 %	14.4 %	49.2 %	33.9 %	1.7 %	100 %
(2)	国内の雇用を守る	4	12	34	50	16	2	118
		3.4 %	10.2 %	28.8 %	42.4 %	13.6 %	1.7 %	100 %
(3)	人員合理化	1	4	40	51	20	2	118
		0.8 %	3.4 %	33.9 %	43.2 %	16.9 %	1.7 %	100 %
(4)	国内での低価格製品の開発	12	25	34	32	10	5	118
		10.2 %	21.2 %	28.8 %	27.1 %	8.5 %	4.2 %	100 %
(5)	国内での高付加価値製品の開発	0	2	14	49	51	2	118
		0.0 %	1.7 %	11.9 %	41.5 %	43.2 %	1.7 %	100 %
(6)	国内生産拠点を縮小・閉鎖	9	11	50	33	11	4	118
		7.6 %	9.3 %	42.4 %	28.0 %	9.3 %	3.4 %	100 %
(7)	国内の生産拠点をアジア地域に移転	10	17	26	43	19	3	118
		8.5 %	14.4 %	22.0 %	36.4 %	16.1 %	2.5 %	100 %
(8)	研究開発機能の一部をアジア地域に移転	29	38	40	6	2	3	118
		24.6 %	32.2 %	33.9 %	5.1 %	1.7 %	2.5 %	100 %
(9)	アジア地域の製品は脅威ではない	39	30	31	9	5	4	118
		33.1 %	25.4 %	26.3 %	7.6 %	4.2 %	3.4 %	100 %
(10)	アジア地域の製品は脅威だが打つ手がない。	27	43	38	4	1	5	118
		22.9 %	36.4 %	32.2 %	3.4 %	0.8 %	4.2 %	100 %

執筆者紹介 （執筆順）

遠山　　曉（とおやま　あきら）	研究員・中央大学商学部教授
海老澤　栄一（えびざわ　えいいち）	客員研究員・神奈川大学経営学部教授
田中　史人（たなか　ふみと）	客員研究員・北海学園大学経営学部専任講師
本庄　裕司（ほんじょう　ゆうじ）	研究員・中央大学商学部助教授
中山　健（なかやま　たけし）	元客員研究員・千葉商科大学商経学部教授
芦澤　成光（あしざわ　しげみつ）	元客員研究員・玉川大学経営学部教授
安積　淳（あづみ　じゅん）	客員研究員・駿河台大学経済学部専任講師
所　伸之（ところ　のぶゆき）	元客員研究員・玉川大学経営学部助教授
鄭　炳武（ちょん　びょんむ）	準研究員・中央大学商学部兼任講師
林　正樹（はやし　まさき）	研究員・中央大学商学部教授

グローバルな時代の経営革新

中央大学企業研究所研究叢書　24

2003年10月15日	初版第1刷印刷
2003年10月24日	初版第1刷発行

編著者　　林　　正　樹
　　　　　遠　山　　曉

発行者　　中央大学出版部
代表者　　辰　川　弘　敬

発行所　192-0393 東京都八王子市東中野742-1
　　　　電話 0426(74)2351 FAX 0426(74)2354
　　　　http://www2.chuo-u.ac.jp/up/

中央大学出版部

© 2003〈検印廃止〉　　　　　　　　　ニシキ印刷

ISBN4-8057-3223-7